KB047422

살아 있는 과거를 찾아서
searching for the living past

트라우마와
TRAUMA AND MEMORY
기억

Peter A. Levine 저 | 권승희 역

학지사

기억은 영혼의 서기이다.

– 아리스토텔레스

역자의
글

요즘 트라우마라는 말이 어느덧 우리 일상에 낯설지 않은 단어로 들어와 있는 것을 보게 됩니다. 이것이 트라우마에 대한 우리 사회의 전반적인 인식이 높아져서일까 아니면 그만큼 개개인의 삶이 더 고단해져서일까 궁금해지면서 반가움과 안타까움을 함께 느낍니다. 어찌 되었든 트라우마의 치유에 대한 관심이 예전보다 훨씬 높아진 것은 사실인 것 같습니다.

상담을 하는 많은 동료분과 마찬가지로 저 역시도 '말로 하는' 치료를 하도록 훈련받은 사람입니다. 그런데 트라우마를 경험한 분들과 함께하다 보면, 대화를 하는 것만으로는 충분하지 않다는 것을 느낄 때가 많습니다. 때로는 섣불리 말을 하는 것이 아픈 상처를 덧나게 하기도 합니다. '말로 교육을 받은 사람이 언어로만 상담을 풀어 나갈 수 없다면 과연 어떻게 해야 할까'라는 고민에 빠져 주위를 둘러봤을 때, 저만 이런 고민을 하는 것이 아니었고 트라우마 경험에 접근하는 다른 길을 개척한 분들이 있다는 것을 알게 되었습니다. 이렇게 해서 접하게 된 것이 이 책의 저자 피터 르빈Peter Levine이 창시한 Somatic ExperiencingSE입니다. SE는 트라우마에 대한 신체적 접근 방식 중 하나입니다. 우리가 트라우마를 온 마음과 몸으로 경험한다는 것, 그래서 트라우마의 치유를 위해서는 몸의 경험과 기억에 닿을 수 있는 길을 찾아야 한다는 것을 간파한 피터 르빈은 기존에 알려진 것과는 다른 방식으로 트라우마에 접근합니다. 특히 이 책에서는 우리가 기억이라고 하면 떠올리는 의식적이고 서술적인 기억보다 훨씬 본능적이고 무의식적인 기억의 존재가 있고, 그것이 트라우마의 이해와 치유에 어떤 의미를 가지는지 조명합니다. 이 책은 구체적인 사례들을 담고 있어서 이론을 알고 싶어 하는 전문가뿐만 아니라 트라우마 치료의 실제를 보고 싶어 하는 많은 분에게 매력적으로 느껴지지 않을까 생각합니다.

최근에 SE의 정식 교육과정이 우리나라에서도 시작되었고, 많은 분이 관심을 갖고 계신 것으로 알고 있습니다. 이 책을 통해 보다 많은 분이 SE를 만나고, 트라우마에 대한 이해의 폭을 넓히는 데 일조할 수 있겠다는 기쁜 마음으로 번역을 시작했습니다. 그런데 번역은 제가 예상했던 것보다 훨씬 어려운 작업이었고, 스스로의 부족함을 많이 느꼈습니다. 원래는 기쁘고 설렜던 마음이 번역을 하는 과정에서 걱정과 두려움으로 번지기도 했습니다. 아직도 부족함이 많겠지만, 부디 트라우마와 트라우마의 치료에 관심을 가져왔던 분들에게 이 책을 읽는 것이 즐겁고 의미 있는 경험이기를 희망합니다. 제가 SE를 처음 만났을 때 느꼈던 신선함, 흥분, 호기심과 희망을 이 책을 읽는 분들과 함께할 수 있다면 정말 기쁘고 감사하겠습니다.

번역을 한다고 책상 너머로 사라져 버린 저를 변함없이 아끼고 기다려 준 가족들에게 감사와 사랑을 보냅니다. 그리고 번역을 할 수 있도록 저에게 용기를 주고 교정 과정에서의 고민을 함께해 준 저의 정다운 벗이자 든든한 동지인 윤화 언니, 조윤화 선생님께 진심으로 감사드립니다. 마지막으로, 세심하게 원고를 검토해 주신 학지사의 담당 편집자 박수민 님, 초반 작업에 도움을 주셨던 소민지 님, 김은지 님 그리고 제가 직접 소통해 볼 기회는 없었지만 보이지 않는 곳에서 이 책이 나오기까지 정성을 모아 주신 모든 분께 고생 많으셨다고, 덕분이라고 전하고 싶습니다.

2019년 어느 봄날
권승희 드림

추천의
글

트라우마 기억에 대한 연구는 심리학과 정신 의학에서 오랫동안
존중을 받으며 명맥을 이어 오고 있습니다. 유래를 따지자면, 최소
한 1870년대에 파리에서 신경학의 아버지라 불리는 장-마르탱 샤
르코Jean-Martin Charcol가 살페트리에 병원[1] 병동의 히스테리 환자들이
보이는 마비, 돌발적인 몸의 움직임, 졸도, 갑작스러운 쓰러짐, 정
신 나간 듯한 웃음과 격한 울음 등이 무엇 때문에 생기는 것일까라

---

1) 역주: 17세기에 세워진 프랑스의 유서 깊은 병원으로, 정신질환의 치료에 중대한 영향
   을 미친 것으로 평가됩니다. 현재 파리에 있는 가장 큰 종합병원이자 유럽 전역에서 손
   에 꼽히는 전문의 수련기관으로 알려져 있습니다. 살페트리에란 화약을 만드는 물질인
   초석saltpeter을 말하는데, 병원이 있던 자리가 원래는 화약 공장이었기에 병원으로서
   는 흔치 않은 이런 이름을 갖게 되었다고 합니다.

는 물음에 몰두해 있던 때로 거슬러 올라갑니다. 샤르코와 그의 학생들은 이런 이상한 움직임과 자세들이 트라우마의 신체적 각인이었음을 서서히 이해하게 되었습니다.

샤르코의 제자였던 피에르 자네Pierre Janet는 1889년에 우리가 지금은 외상 후 스트레스 장애Posttraumatic Stress Disorder: PTSD라고 부르는 L'automatisme psychologique[2]를 주제로 첫 번째 책을 썼습니다.[*] 이 책에서 그는 트라우마가 절차 기억procedural memory 속에 자동적인 행동과 반응, 감각과 태도로 남아 있으며, 본능적 감각(불안과 공포), 신체 움직임이나 시각적 이미지(악몽이나 플래시백flashback)로 다시 살아나서 재현된다고 했습니다. 자네는 트라우마를 다루는 데 있어서 기억이라는 논제를 정중앙으로 갖다 놓았습니다. 그에 따르면, 어떤 사건은 오직 압도적인 감정이 그 사건에 대한 기억을 제대로 처리하는 과정을 방해할 때에만 트라우마가 됩니다. 트라우마를 겪은 환자들은 사건이 끝난 후에도 무언가가 트라우마를 기억나게 하면 위기 반응으로 대처합니다. 그러나 이런 반응은 물을 담은 유리잔이 땅에 떨어졌을 때 공포에 떨며 식탁 밑으로 숨는다거나, 어린아이가 울자 격분하는 것처럼 현재 상황과는 전혀 어울리지 않습니다.

트라우마의 각인이 과거 언젠가에 있었던 나쁜 일에 대한 서사로 저장되는 것이 아니라 **지금 당장** 즉각적인 생명의 위협으로 경험되

---

2) 역주: 영어로는 psychological automatism, 심리적 자동화라고 번역할 수 있습니다.

[*] Pierre Janet, *L'automatisme psychologique: Essai de psychologie experimentale sur les formes Inferieures de l'activite humaine* (Paris: Societe Pierre Janet/Payot, 1973).

는 신체 감각으로 저장된다는 것을 우리가 이해하게 된 것은 한 세기가 훨씬 넘었습니다. 그 사이에 우리는 트라우마 기억(공포, 수치심, 분노, 와해와 같은 극심하게 부정적인 감정을 수반하며 반복적으로 일어나는 감각과 움직임)이 일상적인 기억(시간이 지나면 바뀌고 희미해지는 이야기)과 다른 것은 '자서전적 기억autobiographical memories'의 형성에 관여하는 뇌의 체계가 제대로 작동히지 않은 결과라는 것을 차츰 이해하게 되었습니다.*

피에르 자네는 트라우마를 겪은 사람들이 과거에 갇혀 버린다는 것도 언급했습니다. 그들은 자신이 의식적으로는 잊고 싶어 하는 공포에 집착하게 되어, 마치 그 공포 상황이 지금도 계속되고 있는 것처럼 느끼고 행동합니다. 그들은 트라우마에서 벗어나지 못한 채, 자신의 감정을 통제하는 데 에너지를 쏟느라 정작 현재 상황이 요구하는 바에는 소홀하게 됩니다. 자네와 그의 동료들은 트라우마를 겪은 그들의 여성 환자들이 논리나 통찰, 행동 수정이나 처벌3)로는 나아지지 않았지만 최면암시hypnotic suggestion에는 반응을 하는 씁쓸한 경험을 하게 됩니다. 이 여성들은 최면 상태에서 원래의 사건을 다시 체험함으로써 트라우마를 해소할 수 있었습니다. 마음속으로 원래의 사건을 안전하게 재연하고 그 안에서 만족스러운 결

---

* Bessel van der Kolk, *The Body Keeps the Score: Brain, Mind, and Body in the Healing of Trauma* (New York: Viking, 2014).

3) 역주: 행동주의 심리학에서는 어떤 행동이 일어난 뒤에 나타난 반응으로 인해 그 행동이 다시 일어날 가능성이 줄어들 때, 그런 반응을 처벌이라고 말합니다.

론, 즉 원래의 상황에서는 공포나 무력함에 너무 압도되어 할 수 없었던 무언가를 상상했을 때, 그들은 자신이 정말로 트라우마에서 살아남았으며 이제 일상으로 돌아가도 된다는 것을 깨닫기 시작했습니다.

한 25년 전에 피터 르빈Peter Levine을 처음 만났을 때, 저는 오래된 병원 도서관 서고에서 발견한 퀴퀴한 냄새가 나는 원고들 속에서 본 듯한 옛날 마법사 중 한 명이 환생한 게 아닌가 싶었습니다. 다른 것이 있었다면, 옛날 사진에서 보았던 나비넥타이나 격식 차린 이브닝드레스 대신, 피터는 밥 말리[4]가 그려진 티셔츠와 반바지를 입고 캘리포니아 빅 서Big Sur에 있는 에설렌 기관the Esalen Institute의 잔디밭에 서 있었다는 점입니다. 피터는 트라우마가 몸에 각인되어 있고, 트라우마를 치유하기 위해서는 끔찍한 과거를 안전하게 관찰할 수 있도록 보호해 주는 트랜스trance 상태[5]가 필요함을 완벽하게 이해하고 있었습니다. 또한 그는 트라우마가 남긴 미묘한 **신체적** 각인을 탐색하는 것의 중요성에 대해 덧붙였으며, 몸과 마음을 다시 연결해야 한다는 것을 강조했습니다.

저는 바로 흥미를 느꼈습니다. 트라우마에서 오는 스트레스에 대해 공부했던 최초의 학생들로부터 가장 최근의 신경과학 연구자들

---

4) 역주: 세계적으로 유명한 자메이카의 뮤지선입니다.
5) 역주: 흔히 최면에 걸렸거나 잠에서 반쯤 깬 것처럼 의식이 제한적인 상태를 트랜스라고 하는데, 여기서는 보다 폭넓은 의미에서 깨어 있으면서도 우리의 잠재의식과 소통할 수 있는 상태를 일컫는 것으로 보입니다.

에 이르기까지 과학자들은 신체 행동과 기억 간의 중대한 관계에 주목해 왔습니다. 유기체로서의 인간이 압도되어서 어떤 경험에 무력함과 마비로 반응할 때 그 경험은 트라우마가 됩니다. 사건의 결과를 바꾸기 위해서 어떤 사람이 할 수 있는 일이 하나도 없을 때, 그 사람 전체가 무너지게 됩니다. 지그문트 프로이트Sigmund Freud조차도 트라우마와 신체 행동의 관계에 매료되어 있었습니다. 프로이트는 사람들이 자신의 트라우마를 반복하는 이유는 그들이 무슨 일이 일어났는지를 온전히 기억할 수 없기 때문일 거라고 제시했습니다. 그는 기억이 억압되어 있기 때문에 환자는 그것을 "과거에 있었던 일로 기억하는 대신 현재 경험으로 반복하도록 되어 있다."라고 하였습니다.* 과거를 기억하지 못하면 그것을 행동으로 나타낼 가능성이 높다는 말입니다. "환자는 기억나지 않는 것을 기억이 아니라 행동으로 재생산한다. 그는 그런 행동을 **반복**한다. 물론 반복한다는 것을 알지 못하면서……. 결국에 우리는 이것이 그 사람의 기억하는 방식임을 알게 된다."** 그러나 프로이트가 깨닫지 못했던 바는 사람은 내적으로 안전하고 평온하다고 느낄 수 있어야 비로소 자기 자신을 되찾을 수 있다는 것입니다.

피터는 트라우마를 해소하려면 신체적인 마비, 동요, 무력함을 다

* Sigmund Freud, *Beyond the Pleasure Principle* (The Standard Edition). (New York: W. W. Norton & Company, 1990), 19.

** Sigmund Freud, "Remembering, Repeating, and Working Through." In *Standard Edition of the Complete Psychological Works, Vol. XII*. (New York: W. W. Norton & Company, 1990), 150.

뤄야 하며, 스스로의 삶을 되찾기 위해 **신체적** 행동을 취할 수 있는 방법을 찾아야 한다는 것을 이해하고 있었습니다. 무슨 일이 있었는지를 이야기하는 것도 자기 지신과 주위 사람들을 납득시킬 수 있는 서사를 만들어 낸다는 점에서 효과적인 행동의 일종으로 볼 수 있습니다. 안타깝게도 트라우마를 겪은 수많은 사람은 트라우마에 갇혀 버려서 그 중요한 서사를 만들어 낼 기회를 영영 갖지 못합니다.

피터를 더 잘 알게 되면서 저는 그가 신체 감각과 신체 행동의 중대한 역할에 대해서 얼마나 깊이 이해하고 있는지를 점점 깨닫게 되었습니다. 피터는 트라우마 후의 행동이 기분을 상하게 한 사람한테 버럭 화를 내거나, 무서워서 마비가 되는 등의 총체적인 것으로만 나타나는 것이 아니라, 숨을 참는다든지, 근육이 긴장되거나 괄약근을 조이는 등의 겉으로 봐서는 잘 알 수 없는 식으로도 나타난다는 것을 보여 주었습니다. 그에 따르면, 유기체 전체(몸, 마음, 영혼)가 과거에 갇혀서 마치 분명한 위험이 계속 나타나고 있는 것처럼 행동하게 된다는 것입니다. 피터는 원래 신경 생리학자였다가 에설렌 기관에서 아이다 롤프Ida Rolf에게 몸작업bodywork을 배우게 되었습니다. 피터가 자신의 기술을 연습하는 걸 보았을 때, 저는 완전히 정신적인 경험은 없다고 주장했던 모세 펠덴크라이스Moshe Feldenkrais[6]를 떠올렸습니다. 그는 "신체와 정신이 별도로 존재한다는

---

6) 역주: 펠덴크라이스 요법을 창시한 물리학자입니다. 펠덴크라이스 요법은 습관적인 움직임과 자세를 교정함으로써 사람의 심리적·신체적 기능을 향상시키고자 하는 신체적 접근입니다.

생각은 그 수명이 다했다."라고 했습니다.* 소위 신체적 경험이라고 하는 것에 정신적 요소가 있는 것처럼, 우리의 주관적 경험에는 항상 신체적인 요소가 있습니다.

뇌는 몸으로 표현되는 정신적 경험에 의해 작동됩니다. 감정은 얼굴 표정과 몸의 자세로 나타납니다. 예를 들어, 화는 주먹을 움켜쥐고 이를 악무는 것으로 경험됩니다. 경직된 근육과 얕은 호흡이 두려움을 낳습니다. 생각과 감정에 따라 근육의 긴장도에 변화가 생기고, 누군가가 갖고 있는 습관적인 패턴을 바꾸려면 그 사람의 감각, 생각, 기억 그리고 행동을 연결하는 신체적 회로를 변화시키는 것이 필요합니다. 그렇다면 치료자의 가장 주된 과업은 신체적 변화를 관찰하고 다루는 일일 것입니다.

제가 시카고 대학교의 학생이었을 때, 유진 젠들린Eugene Gendlin[7]이 자기 자신, 그리고 사고와 행동 사이의 공간에 대한 인식인 '느껴지는 감각the felt sense'[8]에 대해 가르쳐 주려고 했었습니다. 하지만 피터가 신체적 인식을 배움의 핵심으로 활용하는 것을 목격하기 전까지 저는 그 개념의 진가를 제대로 알지 못했습니다. 피터가 신체 접촉

---

* Moshe Feldenkrais, *Body and Mature Behavior.* (Berkeley: North Atlantic Books, 2005), 191.

7) 역주: 미국의 철학자로 시카고 대학교에서 칼 로저스와 연구를 했으며, focusing이라고 알려진 치유 방법을 개발한 것을 비롯해서 심리학 전공은 아니지만 심리학에 광범위한 영향을 미쳐 미국 심리학 협회에서도 그 공로를 인정받았습니다.

8) 역주: 젠들린은 자신의 저서 『Focusing』에서 felt sense를 어떤 상황, 사건이나 사람에 대한 몸의 인식이라고 설명했으며, 이것은 정신적인 것이 아닌 신체적인 경험이라고 했습니다. felt sense를 '감각 느낌'이라고 번역하기도 합니다.

touch을 사용하는 것을 본 것이 저에게는 엄청난 도움이 되었습니다. 신체 접촉은 저의 수련 과정에서 철저하게 금지되었고 가정교육에서도 매우 도외시되었는데, 피티가 신체 집촉을 활용하는 방식은 제가 저 스스로의 내적인 경험을 보다 잘 인식할 수 있도록 도와주었습니다. 또한 저는 인간이 서로에게 위안과 신체적 안전감을 얻는 데 있어서 신체 접촉이 발휘하는 거대한 힘을 이해하게 되었습니다.

원초적인 느낌이라고 할 수 있는 내적 감각inner sensations을 인식하는 것은 우리 몸이 살아서 직접 겪는 경험에 접근할 수 있도록 해 줍니다. 그 경험은 대뇌피질cerebral cortex보다는 뇌간brain stem의 가장 깊숙한 곳에서 비롯되는 기쁨에서 고통에 이르는 다양한 감정을 아우릅니다. 이 점을 이해하는 것은 굉장히 중요한데, 왜냐하면 트라우마를 겪은 사람들은 자신의 내적 경험에 접근하는 것을 매우 두려워하기 때문입니다. 그들에게 스스로의 호흡에 집중하도록 하는 것은 공황 반응을 일으킬 수 있습니다. 그저 가만히 있어 달라고 요청했던 것이 그들을 동요시킬지도 모릅니다.

신체적 자아로부터의 분리가 신경계에 일으키는 결과는 뇌 스캔을 통해 확인할 수 있습니다. 만성적인 PTSD를 겪는 사람들의 뇌를 스캔해 보면 자기인식을 위한 부위(내측 전전두엽medial prefrontal cortex)와 신체인식을 위한 부위(섬엽insula)가 줄어든 것을 종종 볼 수 있습니다. 그들의 몸, 마음, 뇌가 스스로 문을 닫아 버린 것입니다. 이런 폐쇄에는 엄청난 대가가 따릅니다. 고통과 괴로움을 전달하는 뇌의 바로 그 부위는 기쁨, 즐거움, 목적의식이나 친밀감의 전달도 관장합니다.

예전에 저에게 그랬던 것처럼, 피터는 이 책을 통해 자신이나 타인에 대한 부정적인 평가가 어떻게 몸과 마음을 긴장시키며, 그 결과 어떻게 배움을 불가능하게 만드는지를 우리에게 보여 줍니다. 회복을 하려면, 사람은 움직일 수 있는 새로운 방법을 자유롭게 탐색하고 배울 수 있어야 합니다. 그제서야 신경계가 재편되면서 새로운 패턴이 생겨날 수 있습니다. 이런 일은 움직이고, 숨 쉬고, 참여하는 새로운 방식을 탐구할 때에만 가능하며, 뭔가를 '고치려고' 특정한 행동을 처방할 때에는 일어날 수가 없습니다.

피터 르빈은 이 책에서 트라우마 기억이 암묵적이라는 것을 설명하고, 그것이 어떻게 감각, 감정, 행동의 조각보로서 몸과 뇌에 남게 되는지를 논합니다. 트라우마는 우리도 모르는 새에 각인되는데, 이야기나 의식적 기억보다는 주로 감정, 감각, '절차'(심리적 자동화psychological automatism가 일어난 것처럼 우리 몸이 의식하지 않고 자동적으로 하는 것들)로 남습니다. 만일 트라우마가 절차적 자동화로 나타난다면, 치유는 조언이나 약물, 이해나 교정으로 이루어질 수가 없고, 그보다는 피터가 '끈기와 성공을 위한 우리의 타고난 추동'이라고 불렀고 저는 '타고난 생명력'이라고 이름 붙인 것에 접근함으로써 일어날 수 있습니다.

타고난 생명력에 접근한다는 것은 무엇을 말하는 것일까요? 그것은 자신의 내면 세계에 대한 인식이 증가하면서 스스로를 알아 가고, 신체적 충동을 느끼며, 몸이 굳어지거나 수축되는 것 또는 감정, 기억, 충동이 올라오는 것을 알아차리는 것을 말합니다. 신체 감각으로 각인된 트라우마는 우리의 반응, 행동 및 감정 상태에 강력한 영향을 끼칠 수 있습니다. 과거로부터의 악령이 우리의 마음속에 들어오지 못하도록 끊임없이 경계하는 데 너무 익숙해져 버렸다면, 우리는 이제 과거를 판단하지 않고 그저 있는 그대로 알아차리고 관찰하는 방법을 배워야 합니다. 즉, 그것을 악령이 아닌 타고난 운동 행동 프로그램을 활성화하는 신호로 보는 것입니다. 이런 자연스러운 과정을 따르는 것은 우리가 스스로와의 관계를 재정립하는 것을 도와줄 것입니다. 하지만 의식적인 자기 관찰은 쉽게 압도되고, 그 결과 극심한 공포, 위험한 행동, 동결 혹은 붕괴를 촉발합니다.

이렇게 무너지기 쉬운 섬세함을 다루기 위한 기본적인 개념 중의 하나가 피터가 말한 '진자처럼 양쪽으로 왔다 갔다 하는 움직임 pendulation'인데, 이것은 자기 내부의 감각에 접촉하고 그것을 느껴도 괜찮을 거라는 것을 이해함으로써 그 감각을 견디되, 그리고 나서는 의식적으로 보다 안전하고 익숙한 경험으로 돌아오는 것을 말합니다. 이런 작업은 해제 반응 abreaction [9]을 일으키거나 혹은 제가 잘 쓰는 표현을 빌리자면, '트라우마를 토해 내는 것'이 아닙니다. '느껴지는 감각'에 조심스럽게 접근하는 것을 배우는 것은 내 안 깊숙이 숨어 있던 위험 신호를 알아 가고 그것을 숙달할 수 있는 가능성을 열어 줍니다. 공포와 몰락에 관련된 감각을 안전하게 느끼려면,

---

9) 역주: 피터 르빈은 본문에서 해제 반응을 억눌러 왔던 트라우마 사건을 의식하고 다시 체험하는 것으로 설명했습니다.

그 전에 우선 내 안에 있는 힘과 건강한 공격성에 접촉해서 느껴 봐야 합니다.

이 책에서 가장 빛나고 독창적인 논의 중 하나는 극심한 역경을 대면하기 위해서 우리가 어떻게 뇌의 동기와 행동 시스템 둘 다에 관여해야 하는지에 대한 피터의 설명입니다. 동기 시스템은 뇌의 도파민 체계, 행동 시스템은 노르아드레날린 체계에 의해 작동됩니다. 목적의식을 갖고 커다란 도전에 임하기 위해서는 이 두 가지 시스템 모두가 치료 과정에서 활성화되어야 합니다. 이것은 과거의 악령을 직면하고, 과거에 무력하게 항복했던 우리가 능숙한 주체로 변화하는 데 필요한 조건입니다.

좋은 치료는 내담자가 자기 내면에 도사리고 있는 것에 압도되지 않으면서 느껴지는 감각을 불러낼 수 있도록 합니다. 어떤 치료에서건 가장 중요한 말은 "그걸 알아차려 보세요Notice that."[10]와 "다음에 어떤 일이 일어나는지 보세요Notice what happens next."입니다. 자기 안에서 일어나는 과정을 스스로 관찰하도록 하는 것은 뇌의 이성적인 부분과 감정적인 부분을 연결하는 경로를 활성화시킵니다. 그리고 **이것은 인간이 의식적으로 뇌의 인식 체계를 재배열할 수 있도록 해 준다고 알려진 유일한 경로입니다.** 자기 스스로와 접촉하기 위해서는 자기 몸과 자기 자신에 대해 어떻게 느끼는지를 관장하는 중요한 뇌 부위인 섬엽 앞쪽을 활성화시켜야 합니다. 르빈은 대부분의 영

---

10) 역주: "거기에 주목해 보세요."라고 할 수도 있습니다.

적인 전통에서는 깊은 감정적·감각적 상태를 견디고 통합하기 위해서 호흡, 움직임 그리고 명상 기법을 개발해 왔다고 지적합니다.

내부 감각 및 미세한 움직임에 대한 Somatic Experiencing$_{SE}$[11]의 완만하고, 꼼꼼하며, 주의 깊은 관심은 대부분의 표현적인expressive 치료와는 매우 다릅니다. 표현적인 치료에서는 대개 스스로에 대해 느껴지는 감각보다는 밖으로 표출되는 행동에 집중합니다. 내적 경험에 대한 주의는 절차적 움직임을 드러내는데, 이런 움직임은 비자발적이고 반사적인 경향이 있습니다. 여기에는 의도적인 행동을 관장하는 것과는 다른 뇌의 체계, 아마도 소뇌cerebellum나 추체외로계extrapyramidal system 같은 부분이 관여할 것입니다.

SE 작업은 생존자들로 하여금 자신의 트라우마를 대단히 자세하게, 반복적으로 경험하기를 권장하는 다른 치료적 접근들과도 현저한 대비를 보입니다. 그런 접근들을 썼을 때는, 생존자들이 고도의 공포와 신체적 각성 상태에서 벗어나지 못하는 상황이 생길 수 있고, 결과적으로 과거의 극심한 고통이 강화될 위험이 있습니다. 만일 그렇게 된다면, 트라우마 기억은 새로운 공포 상태와 결부되어서 다시 견고해지고, 스스로의 내부 세계에 의해 압도되는 느낌은 오히려 더 심해질 수 있습니다.

이 책은 SE의 원칙이 자동차 사고와 같은 트라우마의 피해자들뿐만 아니라, 신생아, 유아, 학교 다닐 나이의 어린이들과 참전 군인

---

11) 역주: 피터 르빈이 창시한 트라우마 치료 방식으로, 신체 경험을 기반으로 합니다.

들에게 실제로 어떻게 적용될 수 있는지를 사례를 들어가며 자세하게 설명합니다. SE는 트라우마에 대한 조건화된 반응을 자꾸 반복함으로써 '탈피'하기보다는 압도적인 무력감과 상반되는 새로운 경험을 만들어 내서 무력감을 신체 반응과 감각에 대한 주인 의식으로 대체하는 것에 주력합니다.

이런 작업은 몸을 향한 트라우마의 폭발적인 공격이 완결되고 해소되도록 도움으로써 얼어붙은 수치심, 애도, 분노와 상실감이 녹아내리도록 합니다. 피터의 작업은 우리가 피터 스스로 '파괴적인 설명 충동'이라고 부른 것을 넘어서서 이전에는 통제할 수 없었던 감각과 반응에 대한 주인 의식과 통제감을 얻도록 돕습니다. 그러기 위해서 우리는 무력한 항복이나 통제할 수 없는 분노와는 상반되는 신체화된 행동의 경험을 만들어 낼 필요가 있습니다. 오직 우리가 뒤로 물러서서 우리 자신에 대해 생각해 보고, 감각과 감정의 강도를 낮추고, 타고난 신체적 방어 반응을 활성화시킬 수 있게 된 다음에야, 우리는 우리 안에 깊게 뿌리 내린 부적응적인 자동적 생존 반응을 수정하는 방법을 배울 수 있고, 그렇게 함으로써 우리를 쫓아다니며 괴롭히는 기억을 잠재울 수 있습니다.

2015년 7월 26일 버몬트 주 캐벗에서

베셀 반 데어 콜크 Bessel A. van der Kolk, MD

지형

과거의 횡포

시대를 막론하고 인간은 두려움과 공포, 무력감, 분노, 미움, 복수심 그리고 돌이킬 수 없는 상실감에 가득 찬 기억으로 고통을 받아 왔습니다. 트라우마에 대한 현대의 수많은 서적, 저녁 뉴스, 유명 인사들의 고백뿐만 아니라 그리스, 수메르, 이집트의 서사 비극과 같은 고전 문학에서도 트라우마는 늘 인간 경험의 진원지였습니다.

타인에게 고통과 트라우마를 가하는 인간의 성향은 무한한 것처럼 보이지만, 우리는 또 한편으로는 트라우마 경험에서 살아남고, 적응하며, 결국에는 그 경험을 탈바꿈하는 능력을 갖고 있기도 합니다. 노련한 치료자들은 생명을 위협하는 압도적인 사건의 후유증으로 고통 받는 이들과 작업할 때, 회복과 치유를 위해 타고난 인간의 이런 능력을 활용합니다. 그런 사건으로는 전쟁, 폭행, 추행, 학대, 사고, 몸에 칼을 대거나 기구를 넣어야 하는 침습적인 의료 절차, 자연재해, 소중한 사람의 심각한 부상이나 갑작스런 죽음을 목격하는 것이 포함되지만, 결코 이런 예들에만 국한된 것은 아닙니다. 생명체에 대한 이런 '충격'은 어떤 특정 사건에 대한 기억이 다른 모든 경험을 망가뜨리거나 주도하여 지금 이 순간을 망쳐 놓을 정도로 사람의 생물학적·심리적·사회적 균형을 흔들 수 있습니다. **과거의 횡포**는 우리가 새롭거나 친숙한 상황에 효과적으로 집중하는 것을 방해합니다. 사람이 과거를 상기시키는 것에만 빠져들어서 선택적으로 주의를 집중하게 되면, 잠자는 것도 고통스럽고 인생이 무미건조해집니다.

트라우마 기억이 병리와 치유에 어떤 역할을 하느냐는 것처럼 트라우마 분야에서 혼란을 일으키는 주제도 없을 것입니다. 실제로, 각기 다른 실험실에서 이루어진 연구들은 종종 서로를 부정하는 듯 보입니다. 게다가 이것은 매우 불행한 사태인데, 치료자들과 연구자들이 서로 소통하는 것은 드문 일입니다. 가장 중요한 것은 트라우마 기억이 다른 종류의 기억과는 근본적으로 다르다는 점인데, 이 때문에 심각한 혼란과 치료적 기법의 오용이 생길 수 있습니다.

이 책은 트라우마 기억을 가진 내담자와 일하는 치료자를 염두에 두고 쓰였지만, 잊으려 해도 뇌리를 떠나지 않는 자신의 기억을 이해하려고 하거나 그런 기억과 어떻게 평화롭게 공존할 수 있는지 알기를 갈망하는 분들을 위한 책이기도 합니다. 또 이 책은 기억이 자신의 삶, 그리고 삶이 가진 광대하고 당혹스런 불확실성을 다스리는 데 어떤 역할을 하며, 이 모든 것을 이해하기 위해서는 무엇을 알아야 하는가에 대한 과학적이고 임상적인 연구에 순수하게 호기심을 가진 열렬한 독자들을 위한 것이기도 합니다.

저는 기억이 구조와 기능 모두에 있어서 근본적으로 서로 다른 여러 가지 형태로 존재한다는 것을 이해하는 것에서부터 우리의 탐색을 시작하려 합니다. 한편으로는 뇌의 각기 다른 부분들을 포함하는 서로 다른 기억의 체계들은 효과적인 기능과 안녕을 위해 서로 협력하며 작동해야만 합니다. 이 책은 어떻게 하면 우리를 쫓아다니는 괴로운 기억과 친해지고, 그들의 횡포에서 해방될 수 있을까에 관한 내용입니다.

현대의 심리치료자 대부분은 프로이트Sigmund Freud와 그의 계승자들의 영향을 받았거나, 혹은 다양한 인지행동적 접근의 가르침을 받았습니다. 하지만 인간의 고통을 완화하기 위한 이런 방식들은 트라우마나 트라우마로 각인된 기억을 치료하는 데 있어서는 한계를 보입니다. 두 가지 치료적 접근 모두 트라우마와 관련된 역기능을 어느 정도 다루고는 있지만, 트라우마의 원초적 핵심에는 미치지 못합니다. 이들 접근은 트라우마에 영향을 받은 몸과 뇌의 기제mechanism를 충분히 다루지 않습니다. 이로 인해 치유를 위한 인간의 가장 기본적인 필요와 추동drive은 대부분 충족되지 않은 채로 남게 됩니다.

트라우마는 뇌에 충격을 주고, 마음을 멍하게 하며, 몸을 꼼짝 못하게 만듭니다. 트라우마는 불운한 희생자를 압도하고, 그들을 고통, 무력감과 절망이 범람하는 바다에서 표류하도록 몰아칩니다. 치료자로서는 내담자가 이런 절망에 빠져 있는 것을 목격하면, 내담자의 고통을 효과적으로 덜어 주고 싶은 강렬한 사명감을 느낄 것입니다. 다양한 기법, 그리고 그 변형들이 널리 알려지고, 교육되고, 사용되면서 치료자들은 트라우마 기억을 다루는 데 점점 더 많은 관심을 보이고 있습니다. 이런 다양한 기법을 연대순으로 대략 정리하자면, 메스머리즘mesmerism,[1] 최면, 정신분석, 노출 치료exposure, Somatic ExperiencingSE, Eye Movement Desensitization

---

1) 역주: 18세기 독일의 의사였던 프란츠 메스머는 인간을 비롯한 모든 동물에게 자기력이 있다는 동물자기론을 주장하였습니다. 메스머리즘은 동물 자기론에 기반을 둔 치료 요법으로, 자기력이 부족하거나 그 흐름이 막히면 병이 생긴다고 봅니다. 메스머리즘에서 발전한 것이 최면요법이기에 메스머는 현대 최면술의 아버지로 불립니다.

Reprocessing~EMDR~,[2] 그 외 다양한 '에너지 심리요법'예: point tapping[3]과 같습니다.

많은 정신역동 치료자는 내담자의 과거가 현재에 어떻게 나타나는가에 대한 작업을 해야 한다고 믿습니다. 그들은 이런 작업을 통해 내담자가 더 나은, 보다 건강한, 한층 집중된, 효과적이고, 활력 있는 미래를 가질 수 있도록 돕고자 합니다. 하지만 트라우마가 심리적으로뿐만 아니라 어떻게 몸과 뇌와 마음에 기억으로 각인되는지를 이해하지 못한다면 치료자는 원인과 결과의 미로에서 길을 잃게 될 것이 분명합니다. 효과적인 치료를 하려면 어떻게 해서 트라우마가 감지된 위협에 대한 몸의 직관적 반응에 단단히 뿌리박히게 되는지, 또 어떻게 우울, 조울이나 활기 없음과 같은 습관적인 기분의 상태뿐만 아니라 특정 감정, 특히 두려움, 공포, 격렬한 분노에 고착되는지, 그리고 마지막으로 어떻게 자기파괴적이고 반복적인 각종 행동에 영향을 미치는지를 이해하는 것이 대단히 중요합니다.

뇌와 몸에 저장되는 트라우마 기억의 다차원적인 구조에 대한 명확한 이해가 없으면, 치료자는 종종 모호함과 불확실성의 늪에서 허우적거리게 됩니다. 실제로 소위 복원된 기억recovered memory이라고 하는 것에 대한 잘못된 믿음은 내담자와 내담자 가족에게 불필요한 고통

---

2) 역주: 1980년대에 미국의 심리학자인 프랜신 샤피로(Francine Shapiro)에 의해 개발된 트라우마 치료법으로, 내담자의 안구 운동을 촉진시키면서 동시에 트라우마에 대한 기억을 재처리하도록 합니다. 주로 안구 운동을 이용하지만 시각적 자극 외에 청각이나 촉각으로 자극을 대체하기도 합니다.
3) 역주: 몸의 경혈을 손가락으로 두드리는 요법입니다.

과 괴로움을 야기해 왔으며, 치료자들에게는 혼란과 자기회의를 불러일으켰습니다.

　아마도 우리가 인정하고 싶어 하는 것 이상으로 많은 치료자가 기억의 본질에 대한 흔한 오해의 영향을 받을 것입니다. 전통적으로, 심리학자들은 학계에 있든 임상 현장에 있든 간에 모두 '언어적으로 접근 가능한' 기억을 연구해 왔습니다. 이런 '서술' 형태의 기억은 대학이나 대학원뿐만 아니라 초등학교, 중학교, 고등학교에서도 요구되고 인정받습니다. 이런 맥락에서 봤을 때, 학계에서 양산된 심리학자와 심리치료자가 이 특정 형태의 의식적 기억에 반사적으로 끌리는 것은 전혀 놀라운 일이 아닙니다. 그러나 의식적인 **외현 기억**explicit memory은 흔히 말하듯이 매우 깊고 거대한 빙산의 일각일 뿐입니다. 외현 기억은 의식적 마음이 상상하는 이상의 방식으로 우리를 움직이고 동기를 부여하는 **원초적 암묵 경험**의 감춰진 단층을 겨우 암시하고 있는 정도에 그칩니다. 트라우마를 치료하고, 트라우마가 몸과 마음에 남긴 기억의 흔적을 효과적이고 지혜롭게 다루고자 한다면, 우리는 그런 감춰진 경험을 생각해 보고, 이해해야만 합니다.

차례

▦ 역자의 글 • 5

▦ 추천의 글 • 9

▦ 시작하는 글 • 23

CHAPTER 1

기억:
선물이자 저주

기억이라는 환상 • 33

기억의 길을 따라 걷기 • 39

트라우마 기억 • 42

돌아보며 • 44

기억 전쟁: 허위 기억에 대한 진실, 진짜 기억의 허위
    그리고 '기억 삭제'의 불경스러운 술잔 • 47

베스 • 50

CHAPTER 2
기억의
구조

외현 기억: 서술 및 일화 기억 • 56

지나간 일에 대한 기억 • 58

암묵 기억: 감정 및 절차 기억 • 64

감정의 방향타 • 65

내가 당신에 대해 무엇을 아는지 당신은 그것을 어떻
게 알 수 있나요…… • 68

CHAPTER 3
절차 기억

아놀드와 나 • 74

무인도에 고립된 데이비드 • 82

CHAPTER 4
감정, 절차 기억과
트라우마의 구조

친구 혹은 적? • 94

긍정 오류로의 편향 • 98

재협상 • 100

SIBAM • 106

CHAPTER 5
영웅의
여정

페드로 • 114

불굴의 의지로 • 135

섬엽, aMCC와 황홀경: 트라우마를 변형시키는 것의
영적인 측면 • 142

CHAPTER 6
두 가지 사례 연구:
친밀한 방문

아기 잭 • 147

잭의 후속 방문 • 178

레이: 내 안에서 일어난 전쟁의 치유 • 182

레이의 에필로그 • 207

CHAPTER 7

정확성의 덫과 잘못된 기억의 함정

정확성의 덫 • 218

기억의 조작 • 221

트라우마의 블랙홀 밖으로 • 227

때 아닌 고백 • 230

CHAPTER 8

기억의 분자

재응고: 기억의 연금술 • 233

타이밍의 치료적 시사점: 요약 • 242

기억 상기의 종류와 임상적 시사점 • 247

과거, 현재와 미래에서 기억의 변화 가능성 • 250

기억 삭제의 미래–잊은 자의 어리석음? • 251

CHAPTER 9

세대를 타고 전해지는 트라우마: 계속되는 괴로움

얼마나 먼 시간과 공간까지 • 268

세대를 타고 전해지는 내면의 지혜 • 272

▓ 마치는 글 • 279

▓ 미주 • 282

▓ 찾아보기 • 291

TRAUMA AND MEMORY

CHAPTER 1

기억:
선물이자 저주

기억이라는 환상

> 기억은 선택된 이미지의 모음이다. 어떤 것은 포착하기 힘들고, 또 어떤 것은 뇌리에 남아 지워지지 않는다. 각각의 이미지는 실과 같다. …… 각각의 실은 서로 얽혀서 복잡한 질감의 태피스트리[1]를 만들어 낸다. 그리고 그렇게 만들어진 태피스트리는 하나의 이야기가 된다. 그리고 그 이야기는 우리의 과거이다. …… 내 이전의 다른 사람들처럼, 나도 볼 수 있는 능력을 선

---

1) 역주: 다양한 색깔의 실을 엮거나 수를 놓아 그림이나 디자인을 짜 넣은 두꺼운 직물로, 주로 벽에 걸거나 가구를 덮는 등 실내 장식물로 사용합니다.

물 받았다. 하지만 빛에 따라서 진실은 색깔을 바꾼다. 그리고 내일은 어제보다 더 밝을 수 있다.

— 카시 레몬즈Kasl Lemmons의 극본 〈이브의 시신Eve's Bayou〉에서 **"**

매우 존경받는 저널리스트이자 방송 매체의 스타였던 브라이언 윌리엄스[2]는 2015년 초에 전쟁터에서 자신이 겪은 극심한 위협에 대한 '거짓말'과 과장에 대한 수치와 좌절 속에 자리에서 물러났습니다. 이제까지 우리에게 알려진 사실은 이렇습니다. 윌리엄스는 로켓추진식 수류탄에 맞은 헬리콥터 뒤를 따르는 다른 헬리콥터에 타고 있었습니다. 시간이 지나면서 그의 이야기는 자신이 공격 받은 그 헬리콥터에 타고 있었다는 것으로 바뀌었습니다. 대중과 전문가 모두 윌리엄스가 이렇게 허울만 그럴듯한 영웅담과 자기 과시로 스스로의 명성을 위태롭게 했다는 것에 충격을 받았습니다. 다들 어떻게 이런 성실하고 진솔한 방송인이 우리를 기만하는 일이 생길 수 있었는지 의문을 던졌습니다.

하지만 유명 인사들이 저지른 비슷한 다른 '실수'를 생각해 보십시오. 힐러리 클린턴[3]은 보스니아에서 총격에 노출되었다고 주장한 적이 있지만, 나중에 가서는 "사실 관계가 잘못되었다."라고 인정했습니다. 편파적이지 않기 위해서 미트 롬니[4]가 자신이 태어나

---

2) 역주: 미국의 유명 저널리스트로, 2004년부터 2015년까지 NBC 방송사의 저녁 뉴스 프로그램 〈NBC Nightly News〉의 앵커였습니다.
3) 역주: 미국 민주당 소속 정치인이자 2016년 미국 대통령 선거 후보였습니다.
4) 역주: 미국 공화당 소속 정치인이자 2012년 미국 대통령 선거 후보였습니다.

기 아홉 달 전에 디트로이트에서 열린 미국 자동차 50주년 행사를 기억한다고 했던 것도 잊지 맙시다! 이 모든 유명 인사들이 순전 거짓말쟁이들인 걸까요, 아니면 뭔가 다른 게 있을까요? 정답은 이런 식의 기억의 왜곡이, 특히 높은 스트레스와 위험의 순간에 처해 있을 때에는 우리 모두에게 쉽게 일어날 수 있다는 것입니다. 좀 덜 심각한 얘기를 해 보자면, 롬니가 말한 '태어나기 전의 기억'은 우리에게도 익숙한 것입니다. 우리 중 다수가 가족사진이나 자주 반복해서 들은 얘기를 '실제로 기억해 낸' 개인적 회상에 집어넣으니까 말입니다. 사실 우리가 특정 사건에 부여하는 의미는 그 사건에 대한 기억의 내용에 중대한 영향을 미칠 수 있습니다. 정신분석학자 알프레드 아들러Alfred Adler의 말을 빌리자면 다음과 같습니다. "사람은 헤아릴 수 없이 많은 감상을 접하게 되지만, 정도에 상관없이 그중에 자신의 상황과 관련되어 있다고 느끼는 것만 선택적으로 기억한다."

아리스토텔레스는 사람이 백지 상태의 마음 혹은 빈 석판의 상태로 태어났으며, 납으로 형을 뜨듯이, 사람도 일련의 기억으로 찍어낸 삶의 산물이라고 믿었습니다. 하지만 기억은 그런 것이 아닙니다. 우리는 기억이란 마음대로 돌려 볼 수 있는 비디오 영상처럼 구체적이고 정확하며 재생 가능한 것이 아니라는 불편한 사실을 받아들여야 합니다. 기억은 보다 일시적이고, 그 형태와 의미가 계속 바뀝니다. 기억이란 독립적인 현상이 아니고, 초석 위에 시멘트로 굳어진 고정된 구조물도 아닙니다. 그보다는 오히려 흔들리는 시간이라는 모래 위에 카드5)로 위태롭게 쌓아올린 취약한 집과 같으며,

해석과 왜곡에 좌지우지됩니다. 사실 기억은 계속해서 재건되는 것이고, 하이젠베르크의 불확정성 원리[6]에서 말하는 다스리기 힘들고 극도로 종잡을 수 없는 전자electrons에 기깝습니다. 마치 진자를 관찰하는 행위 자체가 전자의 위치나 동력을 바꾸는 것처럼, 기억의 기본적인 요소가 엮어 낸 부드러운 직물은 시간과 계절이 흐르면서 움직이는 빛과 그림자에 따라 그 빛깔과 윤곽이 바뀝니다.

문학과 영화는 오랫동안 기억의 오류에 매료되어 왔습니다. 기억의 취약성 및 기억이 가진 본질적인 주관성을 탁월하게 그려 낸 구로사와 아키라의 1950년 작 영화 〈라쇼몽〉에서는 네 명의 인물이 똑같은 사건에 대해 서로 완전히 다르게 기억을 합니다. 영화에서처럼 기억은 잠깐 스쳐가는 꿈과 같습니다. 기억은 우리가 붙잡으려고 하면, 기억을 정의하는 유일하게 믿을 만한 특성이라고는 어쩌면 시시각각으로 변하는 보는 사람의 시각 뿐이라는 냉혹한 위안을 남기며 우리를 떠나가 버립니다. 그런데 우리가 기억을 불러오는 과정에서 기억을 변화시키지 않고 관찰할 수가 있을까요? 짧게 대답하면 그렇지 않습니다.

점점 늘어나는 현대의 인지 신경과학자들과 더불어, 철학자와 영화 제작자들은 기억의 타당성 자체에 의문을 던집니다. 마크 트웨

---

5) 역주: 카드놀이 할 때 쓰는 카드를 말합니다.
6) 역주: 독일의 물리학자였던 하이젠베르크의 불확정성 원리에 따르면 전자와 같이 미세한 물질에 대해서 정확히 아는 것에는 근본적으로 한계가 있으며, 전자의 동력과 위치를 정확히 판단하는 것은 불가능하다고 합니다.

인은 언젠가 이렇게 고백한 적이 있습니다. "나는 늙은 사람이고 수많은 불행을 알고 있지만, 그 불행 중 대부분은 일어난 적이 없다." 다른 말로 하자면, 트웨인의 현재에 닥친 즉각적인 고통이 그로 하여금 사실은 일어나지도 않았던 사건을 '기억하게(즉, 구성하게)' 했던 것입니다. 실제로 최근의 연구들은 기억이 정보를 지속적으로 선택하고, 더하고, 지우고, 다시 배열하고, 업데이트하는 **재건의 과정**이라는 것을 확연하게 보여 줍니다. 이것은 모두 생존하고 살아가기 위한 계속적인 적응 과정을 위한 것입니다.

이어지는 장들에서 우리는 트라우마와 특히 관련 있는 기억의 종류에 대해 살펴볼 뿐만 아니라 기억이 쉽게 변한다는 것이 시사하는 바를 탐색할 것입니다. 이런 탐색에서 살펴볼 핵심적인 전제는 우리의 현재 느낌 상태가 특정 사건에 대해 우리가 무엇을, 그리고 어떻게 기억하는가를 결정하는 주요한 요인일 수 있다는 것입니다. 실제로 일단 우리의 현재 느낌 상태를 바꾸는 것은 트라우마 기억을 효과적으로 다루는 데 있어서 필수적입니다. 트라우마 기억에 대한 치료 작업에 있어서 제대로 이해받지 못해 온 것은 그것이 어떤 이유로 생겨났든 간에 현재의 기분, 감정, 그리고 신체 감각이 우리가 무엇을 '기억하고 있느냐'에 엄청난 영향을 끼친다는 점입니다. 우리가 인식하는 영역에 나타난 기억된 이미지와 생각은 현재 감정 상태에 의해 유발되며, 무의식적으로 현재 감정 상태에 맞게 선택됩니다. 현재의 기분과 감각은 우리가 특정 사건을 **어떻게** 기억하느냐를 결정하는 데 주된 역할을 합니다. 그것은 우리가 이

'기억들'과 맺는 계속 진화하는 관계를 구축하고, 또 우리가 그 기억들을 어떻게 다루고 새롭게 재건할 것인지에 영향을 미칩니다.

기억의 유용성과 신뢰성을 조사하는 데 있어서 핵심은 기억이 깃고 있는 심리적·발달적·사회적 기능과 더불어, 기억의 생물학적 뿌리를 탐구하는 데 있습니다. 만일 기억이 파악하기 어렵고 믿을 수 없는 것으로 명백히 판명된다면, 과연 그 가치는 무엇이고 본질적인 한계는 무엇일까요? 언제 기억을 믿을 수 있고, 또 언제는 그것이 우리를 애매함과 불확실성의 바다에서 허우적거리게 놓아둔 채 배신하는 걸까요? 게다가 언제는 기억이 '마술사'가 꾸며 낸 조작일까요? 그 마술사가 치료자이든, 가족이든, 변호사이든 정치인이든 간에 말입니다. 또 어떤 때에는 기억이 사회, 부족이나 일족의 집단적 무의식이 조장한 역사의 왜곡이라고 할 수 있을까요? 그리고 이런 마술사들의 행동과 힘의 작용이 언제는 의도적이고, 또 언제는 의도하지 않은 것일까요?

많은 치료 방식이 트라우마를 변형시키는 데 있어서 핵심적인 질문들을 잘못 이해하거나 심지어는 무시하는 듯합니다. 즉, 어떤 상황에서는 기억이 치유력으로 작용하고 어떤 때는 해로울 수 있을까요? 기억은 언제 불필요한 고통과 아픔을 자초할 수 있을까요? 궁극적으로, 그리고 가장 중요한 것은 우리는 어떻게 이러한 차이를 구분할 수 있을까요?

기억의 길을 따라 걷기

기억은 우리 정체성의 가장 밑바탕을 형성하고 사람으로 존재한다는 것이 어떤 의미인지를 정의하는 것을 도와줍니다. 완전히 정확하거나 영구적인 것은 아니더라도, 기억은 새로운 상황에서 우리를 안내하는 자석 나침반과 같습니다. 기억은 새로 생겨나는 경험을 위한 **맥락**을 만들도록 돕고, 그로 인해 우리는 인생을 살아온 과정에 대한 일관성 있는 이야기를 발전시키면서 자신 있게 다음 단계를 계획할 수 있습니다. 간단히 말하자면, 우리는 기억을 통해서 이 세상을 살아갈 길을 찾게 됩니다. 새로운 취미를 시작했을 때, 새로운 춤 동작을 배울 때, 어떤 사람을 처음 만났을 때, 그리고 몰랐던 개념을 배울 때 문제와 어려움이 생기는 것은 우리가 새로운 정보와 경험을 정리하기 위해 이미 만들어 놓은 양식이 없다는 것과 직접적으로 연관이 있습니다.

가장 필수적인 기능에 한정해서 보자면, 기억은 효과적이었던 것을 토대로 과거로부터 **선별적으로** 선택하고 타격을 입혔거나 해로웠던 반응을 반복하지 않음으로써 미래를 보호하는 것이라고 할 수 있습니다. 간단히 말해서, 역사의 영향을 받지만 지나치게 역사로부터 제한을 받지 않는 미래를 확보하는 것입니다. 우리는 기억을 통해서 현재와 과거를 하나의 연속성 있는 줄기로 연결시켜 유지하게 됩니다. 과거와 현재, 중요한 성취와 실패, 위험했던 시간과 안전하고 만족스러웠던 시간 간의 유사점과 차이점을 지속적으로 비교해 나가는 과정에서 우리는 현재와 미래에 올 선택을 형성하기 위한 정부를 정리하고 재편하게 됩니다. 우리는 이런 식으로 과거보다 더 적응적이고, 보람이 있으며, 이로운 미래를 만들기를 갈망합니다. 컨트리 음악 가수인 빈스 길의 가사는 사실인 것 같습니다.

"과거에는 미래가 없습니다."

마치 단풍으로 물든 청명한 가을날 나뭇잎 더미를 발로 차면서 친한 친구에게 속내와 감정을 털어 놓으며 숲 속을 걸었던 멋진 산책을 회상하는 것처럼, 기억은 우리의 의식을 포개 놓은 곳으로 기분 좋게 환영을 받으며 돌아옵니다. 이런 회상들은 때때로 분명하지는 않지만, 나뭇잎의 퀴퀴한 냄새나 나뭇잎을 높이 차 올릴 때 나는 탁 하는 소리, 신선한 공기 한 모금, 가을 단풍의 너무나 아름다운 색깔과 같이 어렴풋한 감각으로 채워지기도 합니다. 우리를 움찔하게 하는 잊고 싶은 불쾌한 기억도 이와 비슷합니다. 부정적인 회상에는 우리의 주의를 끄는 아주 강력한 힘이 있을 때가 많습니다. 예를 들어, 연인에게 거절 당했거나 승진에서 제외되었을 때 우리는 그 일을 마음에서 떨쳐 낼 수가 없습니다. 실제로 이런 기억은 수년 동안 날카롭고 고통스럽게 지속될 수도 있으며, 어떤 경우에는 기억이 나면 처음 그 일이 생겼을 때와 같은 고통을 느끼기도 합니다. 그 기억과 연관된 모든 냄새, 장면, 소리, 감각이 마음을 어지럽히고, 불쾌하게 하고, 화나게 하며, 심지어 혐오감을 불러일으킬 수도 있습니다. 이런 반응은 그 사건을 생각나게 하는 그 무엇과도

자발적으로 혹은 잠재의식적으로 접촉하는 것을 피하게 만듭니다. 그럼에도 불구하고, 우리는 친구나 치료자에게 이런 고통스러운 기억에 대해 제법 말이 되고 일관성 있게 이야기할 수 있습니다. 그것이 과거에 있었던 즐거운 경험이든, 고통스러운 경험이든 간에 그렇습니다. 우리는 대개 이런 기억들을 돌아보고 그것으로부터 무언가를 배우며 우리의 삶을 계속해 나갈 수 있습니다. 우리는 크고 작은 성공과 성취뿐만 아니라 실수와 실패를 통해 성장하고 더 강해질 수가 있습니다.

우리의 기억 중에 가장 두드러지는 부분은 감각과 느낌으로 채워져 있습니다. 그것이 좋거나 나쁘거나, 기쁘거나 슬프거나, 화나거나 만족스럽거나 간에 말입니다. 사실 배움을 시작하고 강화하도록 하는 것은 주로 기억에 얽힌 감정의 영향입니다. 실제로 우리가 배움이라고 부르는 것은 현재 직면한 상황에서 요구하는 것을 충족하기 위해 예전 경험으로부터 남아 있는 패턴, 감정, 행동, 인식이나 개념, 즉, 기억 엔그램(기억이 뇌에 남긴 물리적 혹은 화학적 각인memory engram)[1]을 들여 오는 과정입니다. 간단히 말하자면, 과거로부터의 각인은 현재와 미래의 계획에 영향을 미치는데, 이런 일은 종종 우리가 의식하는 영역 밖에서 일어납니다. 우리의 기억은 반복적으로 재생되는 뉴스 동영상과는 달리 변하기 쉽고, 살아가는 동안 여러 차례 재구성됩니다. 기억은 형성되고, 다시 형성되는 과정을 끝없이 이어 나가며 계속 변화합니다.

트라우마 기억

좋은 기억이든, 나쁜 기억이든 간에 시간이 지나면 쉽게 변화하는 동적인 '일상적인' 기억과는 다르게, 트라우마 기억은 고정되어 있고 정적입니다. 트라우마 기억은 과거의 압도적인 경험에서 나온 각인(엔그램engram)으로, 트라우마를 경험한 사람의 뇌, 몸과 정신에 깊게 새겨집니다. 얼어붙어 버린 이런 잔혹한 각인은 변화하려 들지도 않고, 현재의 정보를 선뜻 받아들이지도 않습니다. 각인의 '고정성'은 우리가 새로운 전략을 세우고 새로운 의미를 끌어내지 못하도록 막습니다. 계속 변화하는 새로운 지금이 없으며, 인생에 진정한 흐름이 없게 됩니다. 이런 식으로 **과거가 현재에 계속 살아가는 것입니다.** 혹은 윌리엄 포크너가 『어느 수녀를 위한 진혼곡Requiem for a Nun』에서 말했듯이, *"과거는 결코 죽지 않습니다. 그것은 지나가지도 않았습니다."* 대신에, 과거는 다양한 두려움, 공포, 신체 증상과 병의 집합체로 존재하고 있습니다.

우리는 기분 좋은 기억이나 심지어 거슬리는 기억도 대개 일관성 있는 이야기로 만들어서 돌이켜 볼 수가 있습니다. 이와는 상반되게, '트라우마 기억'은 아직 완성되지 않았고 이해하기 힘든 감각,

감정, 이미지, 냄새, 맛, 생각 등등의 파편화된 조각들로 떠오르는 경향이 있습니다. 예를 들어, 화재로 번진 자동차 충돌사고에서 살아남은 운전자는 주유소에서 주유를 하다가 휘발유 냄새를 맡았을 때, 마구 뛰는 심장, 극심한 공포, 도망쳐야 될 것 같은 절박함에 갑작스럽게 사로잡힐 수 있습니다. 이렇게 뒤범벅이 된 조각들은 서술형으로만은 기억될 수 없고, 원치 않고 일관성이 없는 침습intrusion이나 신체적 증상으로 계속해서 '재생되고' 재경험됩니다. 우리가 이런 '플래시백flashback'[7]을 없애려고 하면 할수록 그것은 점점 더 우리의 생명력을 쫓아다니고, 괴롭히며, 목을 조르면서, 우리가 지금 여기에서 살 수 있는 역량을 심각하게 제한합니다.

트라우마 기억은 무의식적인 '행동화acting out'[8]로 나타날 수도 있습니다. 이를 테면, 반복적으로 '사고'를 내거나 자기도 모르게 스스로를 위험에 노출시키는 것을 포함합니다. 관련된 사례를 들자면, 어린 시절에 성추행을 겪었던 사람이 이제는 성매매업에 종사하면서 폭력적인 남성들과 교류하거나 스스로를 성병이나 원치 않는 임신으로부터 보호하지 않고 성행위를 하는 경우를 꼽을 수 있습니다. 또는 스릴과 위험에 '중독되어서' 전역하자마자 바로 위험한 상황을 다루

---

7) 역주: 마치 과거의 어떤 순간으로 돌아간 것처럼 과거의 경험이 매우 생생하게 떠오르는 것을 말합니다. 트라우마와 관련된 플래시백은 대개 의식적으로 떠올린 것이 아니라 의도하지 않았는데도 반복적이고 침습적으로 나타납니다.

8) 역주: 사회적 규범이나 행동의 결과를 고려하지 않고 절제 없이 충동적으로 행동하는 것을 말하는데, 억눌렸거나 스스로 감당하기 힘든 과정을 행동으로 나타낸 것이라고 해석하기도 합니다.

는 경찰 내 특수 기동대에 지원한 참전 군인의 예를 들 수 있습니다.

'다시 살아난' 트라우마 기억은 생존자의 의도와는 상관없이 정제되지 않은 날것의 경험으로 분출되면서 취약한 생존자들을 갑작스레 압도합니다. 이렇게 분출된 조각들은 아무런 개연성 없이 튀어나온 것처럼 보이며, 생존자가 깨어 있든 잠을 자고 있든 간에 생존자의 삶에 치고 들어옵니다. 트라우마를 겪는다는 것은 다양한 강박 사고와 행동에 시달리는 것 뿐 아니라, 끝없는 악몽과 견딜 수 없는 고통을 되풀이하도록 선고 받은 것입니다. 트라우마를 겪는 사람들의 삶은 그들이 어떻게든 이런 기억의 침투를 다루고, 이해하고, 그리고 마침내 이런 기억들을 잠재울 수 있는 일관성 있는 이야기를 만들 때까지, 다르게 말하자면 자신의 기억과 평화롭게 공존할 수 있을 때까지 억류되어 있습니다. 이런 **완결**은 과거와 미래 사이의 연속성을 복구하고, 동기를 불어넣는 끈기와 현실적인 낙관주의, 그리고 삶에서 앞으로 나아가려는 움직임을 불러옵니다.

돌아보며

'신경증neurosis' 치료에 있어 트라우마 기억의 역할은 20세기 초반에 정신분석을 이해하는 중대한 단서였습니다. 병을 유발하는 감춰진(억압된) 기억에 대하여 논한 사람들은 이전에도 있었지만, 프로이트Sigmund Freud는 그중에서 가장 잘 알려진 사람이 되었습니다. 사실 프로이트는 그 이전의 거목들, 특히 파리에 있는 살페트리에 병원에서 일했던 장-마르탱 샤르코Jean-Martin Charcot나 피에르 자네Pierre Janet의 업적을 토대로 트라우마를 연구할 수 있었습니다. 이들이야말로 어떻게 트라우마 기억이 그들 스스로 억압이나 해리dissociation[9]라고 칭했던 기제를 통해 의식으로부터 분리될 수 있으며, 치료를 통해 분리된 부분을 어떻게 의식으로 가져올 수 있는지에 주목한 최초의 사람들이었습니다. 이들의 선구적인 기여는 분명히 프로이트에게 영감을 주었을 것이며, 그의 초기 트라우마 이론에 영향을 미쳤습니다.

하지만 프로이트가 트라우마의 근원을 압도적인 외부 사건에서 찾는 것을 그만두고 '오이디푸스'나 다른 '본능적 갈등'의 내적 음모로 눈을 돌리면서 피에르 자네의 훌륭한 기여는 가려지게 되었습니다. 프로이트의 카리스마 있는 주도와 함께 가정 내 학대와 성추행이라는 엉망진창인 현실로 인해 트라우마가 압도적인 외부 사건에서 온다는 개념은 심리학에서 거의 사라졌습니다. 더 정확히 말하자면, 제1차 세계 대전 때 '참전 경험으로 심한 스트레스와 트라우마를 겪은' 군인들이 귀환할 때까지는 그랬습니다. 사회와 심리학

---

9) 역주: 경험을 이루는 요소들이 서로 연결되어 하나로 통합되지 않고 따로 떨어져 분리되어 있는 상태를 말합니다. 예를 들어, 느낌, 생각, 몸의 감각, 주위 환경에 대한 인식, 정체성 등 다양한 경험의 요소들로부터 해리가 일어날 수 있습니다. 해리 상태에서는 현재의 경험을 온전히 느끼고, 인식하는 능력이 제한되므로 그 경험을 총체적으로 기억하기 어렵습니다. 사람은 정도의 차이가 있을 뿐 누구나 해리를 경험한다고 알려져 있으며, 모든 해리가 다 병리적인 것은 아닙니다.

은 '오이디푸스 콤플렉스' 같이 프로이트가 새롭게 주목한, 내적 갈등이라는 개념을 선호하면서 빅토리아 여왕 시대의 명망 있는 의사, 변호사나 은행가의 가정에서조차 벌어졌던 아동을 향한 성적 학대에 얽힌 어둡고 충격적인 가족 역동에서는 멀어져 갔습니다. 다행히도 트라우마와 그 원인에 대한 피에르 자네의 심오한 이해와 그것이 치료에 시사하는 바는 몇 백 년 후에 베셀 반 데어 콜크Bessel van der Kolk[10]와 오노 반 데어 하트Onno van der Hart[11]에 의해 재조명되었는데, 그들은 1889년에 처음 출판된 피에르 자네의 역사적인 저서 L'automatisme psychologique[12]를 기념하는 선구적인 논문을 썼습니다.[2, 3] 반 데어 콜크는 트라우마에 대한 그의 포괄적인 저서 『몸은 기억한다The Body Keeps the Score』에서 트라우마의 이해와 치료에 있어서 근간을 마련한 이런 역사적 공헌을 훌륭하게 논하며 경의를 표했습니다.

---

10) 역주: 네덜란드 태생이며, 현재 미국 보스턴에서 활동하고 있는 정신과 의사로, 트라우마에 대한 폭넓은 연구 및 교육 활동으로 널리 알려져 있습니다. 이 책의 추천의 글을 쓰기도 했습니다.

11) 역주: 네덜란드의 심리학자로, 트라우마로 인한 해리와 복합 외상에 대한 전문가로 알려져 있습니다.

12) 역주: 심리적 자동화Psychological Automatism란 뜻입니다. 이 책의 추천의 글에 의하면, 자네가 당시 심리적 자동화라고 한 것은 현재 우리가 말하는 외상 후 스트레스 장애PTSD에 해당된다고 합니다.

기억 전쟁: 허위 기억에 대한 진실, 진짜 기억의 허위 그리고 '기억 삭제'의 불경스러운 술잔[13]

> 66 기억은 거짓의 역사적인 축적이다.
>
> 기억처럼, 잘 만든 허구의 이야기도 구체적인 날짜와 시간이
>
> 있어야 한다. 그래야 사실처럼 들린다.
>
> —대니얼 슈미드Daniel Schmid, 스위스의 영화감독 99

    21세기 벽두에 기억에 대한 연구가 2000년도 노벨 생리의학상을 거머쥐면서* 기억은 현대 인지 신경과학계에서 난해하지만 지대한 관심을 받는 중요한 주제가 되었습니다. 이와는 상반되게, 이보다 15년 전에는 트라우마 치료에 있어서 기억의 결정적인 역할에 대한 논의가 격한 분열, 기억을 둘러싼 사실상의 전쟁 상태를 불러왔습니다. 대단히 양극화된 이런 충돌의 한 축에는 내담자들이 오랫동안 잊고 있었던 '해리된' 혹은 '억압된' 어린 시절의 성추행이나 학대의 기억을 '복원'하게 하려고 열성을 갖고 내담자들을 밀어붙였던 치료자들이 있었습니다. 기억을 파헤치는 이런 고통스러운 과

---

13) 역주: 원문에서는 예수님이 최후의 만찬에 사용한 성스러운 술잔, 즉 성배holy grail와 반대되는 unholy grail이라는 표현을 썼습니다.

* 에릭 캔들은 바다에 사는 무척추 동물sea slug(군소Aplysia)의 거대한 축삭 돌기—시냅스axon-synapse에서 발생하는 학습에 대한 연구로 노벨상을 수상하였습니다.

정은 보통 반복적이고 극적인 해제 반응*abreaction*을 수반하고 종종 강렬한 카타르시스를 불러일으키기도 합니다. 이렇게 감정적으로 매우 고조된 '표현적인' 치료는 지주 집단으로 진행되있는데, 참가자들은 끔찍한 기억이 하나하나 연이어 '복원'되는 동안 자신의 극심한 고통과 분노를 큰 소리로 외치도록 격려 혹은 종종 압박을 받았습니다.

참가자의 다수는 우울, 불안 및 공황 장애를 겪고 있는 여자 대학생들로, 고통의 원인을 발견함으로써 치료법을 찾아낼 수 있기를 간절히 원했습니다. 그들이 겪은 심각한 고통은 그들로 하여금 이런 강렬한 해제 반응에서 오는 일시적인 완화에서 대단원의 결말, 고통으로부터의 사면을 찾는 데 혈안이 되도록 했습니다. '복원'된 기억의 정확성에 대한 믿음은 그들이 스스로에게 자신의 상태를 '설명'하고 깊은 고통의 상태에서 닻을 찾도록 도왔습니다. 카타르시스는 매우 중독성이 강한 아드레날린의 갑작스런 증가와 내인성 오피오이드[14]인 엔도르핀의 범람을 촉진시켰습니다.❹ 비슷한 이야기를 공유하는 데에서 오는(이 역시 오피오이드가 중재한) 끈끈한 집단 내 결속과 더불어, 이런 생화학적 칵테일은 매우 강력한 힘을 발휘했습니다.❺ 실제로 치료 과정을 통해서 참가자 중 다수가 학대와 공포

---

* 해제 반응abreaction이란 억눌려 왔던 트라우마 사건을 의식하고 '다시 체험'하는 방식을 일컫습니다.

14) 역주: 오피오이드란 마취나 진통 효과를 내는 물질의 총칭으로, 식물에서 나온 모르핀 같은 자연적인 물질, 합성해서 만들어 낸 약물 및 몸에서 생성된 내인성 물질을 포함합니다.

로 얼룩진 가족력을 발견했습니다. 불행한 것은, 많은 경우에 그들이 착각을 했거나 부정확한 발견을 했다는 점입니다. 또 이런 발견이 정확했을 때조차 그것이 근본적이고 오래 지속되는 치유로 이어지지는 않았습니다. 많은 경우에 이런 식으로 기억을 파헤치는 것은 불필요하고 극심한 고통을 야기했습니다. 존경받는 많은 치료자가 '복원된' 기억의 정확성과 치료적 가치를 전적으로, 그리고 절대적으로 믿었는데, 이 과정에서 때로는 결코 일어날 수 없었던 일들까지 일어났다고 믿었습니다. 또한 소위 복원이라고 하는 것이 환자나 환자 가족의 삶에 미치는 해로운 영향은 부인했습니다.

커져 가는 이 분쟁의 다른 축에는 기억을 연구하는 학자들이 있었는데, 이들도 자신들의 주장을 치료자들만큼 맹렬하게 펼쳤습니다. 이들은 '복원된' 기억들의 상당수가 가짜이며, 만들어 낸 것이라고 주장했습니다. 그들의 이런 결론은 대부분 일어나지 않았던 사건에 대한 '트라우마' 기억을 주입하는 데 성공한 실험들을 바탕으로 한 것이었습니다. 이런 실험들 중 가장 인상적이었던 것은 대학생 참가자들에게 어린 아이였을 때 큰 쇼핑센터에서 길을 잃었다는 가짜 기억을 일부러 주입시킨 것이었습니다. 이 '기억'은 지나가던 행인이 그들을 발견해서 부모에게 데려다주었던 선명한 이미지를 포함했습니다. 하지만 참가자들의 부모와 진행한 사전 인터뷰를 통해 실제로는 이런 일이 일어난 적이 없었음을 확인할 수 있었습니다. 이 실험에 대한 반론을 제기하면서 베셀 반 데어 콜크는 이 실험에 참가한 대학생들이 어린 시절에 일어난 이와 같이 무서운 경험을 기억할 때 수반될 것이 거의 확실시되는 신체적인 괴로움을 나타내지 않았음을 지적했습니다.[6] 어찌 되었든, 이런 실험들은 기억 연구자들로 하여금 치료를 통해 복원된 기억 중 대부분 혹은 다수가 치료자들이 잠재의식 하에 자기도 모르게, 어떤 경우에는 의도적으로 주입한 것이라고 믿도록 했습니다. 여기서 일단 베스의 이야기를 하겠습니다.

베스

13살 소녀 베스[15]의 어머니가 집 안에 있던 수영장에서 익사한 채로 발견된 것은 의문스런 일이었습니다. 비탄에 빠진 소녀는 자신의 어머니가 스스로 목숨을 끊었을 수 있다는 사실 때문에도 괴로웠을 것입니다. 이런 절망적인 충격이 있은 지 2년 후에 베스는 집까지 잃었습니다. 작은 나무들이 있는 덤불에서 발생한 화재가 다른 집들은 남겨 두고 베스의 집만 태워 버렸습니다.

너무 놀라 어안이 벙벙해진 엄마 없는 소녀가 닳아 해진 곰 인형을 가슴팍에 껴안고 불타는 자신의 집 앞에 서 있는 광경을 상상해 보십시오. 어떤 보도에 따르면, 베스는 자기 일기가 사라졌다는 것에 특히 불안해했다고 합니다. 베스가 가장 두려워했던 것은 일기

---

15) 역주: 엘리자베스를 줄여서 부르는 이름입니다.

가 불타 없어지는 것이 아니라 다른 사람 손에 들어가는 것이었습니다.[7] 이 취약한 소녀가 어떤 기억과 혼자만의 비밀을 일기에 털어 놓았을지 우리는 그저 짐작할 따름입니다.

베스는 이 모든 상실을 어떻게 이해했을까요? 자신을 쫓아다니는 죽음의 은밀한 존재를 어떻게 대했을까요? 어머니의 죽음에 얽힌 불확실성과 그 이후에 갑작스레 살던 집이 불타버린 것을 어떻게 견뎠을까요? 베스의 일기가 무슨 내용인지를 모르는 것처럼, 우리는 이 질문들에 대한 대답을 영영 알 수 없을 것입니다. 하지만 시간이 흘러 어른이 된 베스가 살아간 방향은 용기, 강인함, 끈기와 집중력을 드러냅니다. 엘리자베스 로프터스Elizabeth Loftus는 자라서 저명한 기억 전문가가 되었습니다.

로프터스 교수는 오랜 시간 동안 기억 복원 치료에 맹렬하게 반대하면서 이런 치료들로 이끌어 낸 학대 기억의 다수가 가짜라는 것을 밝히는 데 매달렸습니다. 그런 다음에는 불편한 기억을 없애는 것에 대한 학생들의 태도를 연구하면서 기억 삭제의 가능성에 대한 결의에 찬 조사를 시작했습니다. 이 연구에서 학부생들은 만일 강도나 폭행을 당했을 경우, 기억을 희미하게 하는 약을 먹겠느냐는 질문을 받았습니다. 절반 가까이의 학생들이 그런 약을 구할 수 있는 권리를 원할 것 같다고 말했습니다. 하지만 14%만이 그런 약을 실제로 복용하겠다고 했습니다.[8] 비슷한 조사로는 2001년 9월 11일에 뉴욕 세계무역 센터 빌딩이 있었던 '그라운드 제로'[16]에서 구조 작업을 했던 소방관 중 일부를 대상으로 한 것이었는데, 그들 중 20%만이 그날의 끔찍한 기억을 지울 수 있는 약을 먹겠다고 했습니다. 로프터스 교수가 이런 결과에 단지 놀랐다고 하는 것은 분명히 약소한 표현일 것입니다. 로프터스 교수 자신의 말을 빌리자면, "내가 만일 공격을 당했다면 나는 그 약을 먹을 것이다."라고 했습니다.[9] 사실 이런 말을 하면서 스스로는 그렇게 생각하지 않았던 것 같지만, 어린 시절에 어머니와 집을 잃은 가슴이 미어지는 경험을 한 베스는 당연히 실제로 '공격'을 겪어 본 사람입니다.

어린 베스처럼 상처 받은 아이가 얼마나 자신의 기억으로부터 도망치고 싶어 하든 간에 기억은 그림자에 몰래 숨어 있는 귀신처럼 그 아이를 뒤쫓을 것입니다. 누군들 이렇게 쫓아다니는 기억을 자신의 기억 창고로부터 제거하고 싶지 않겠습니까? 그러나 우리는 또 이런 질문을 하게 됩니다. 기억을 지운다는 것이 우리가 사람으로서 가진 고유성에 어떤 위험과 손실을 끼칠까요? 우리는 이 책에서 힘든 기억에 접근하고 참여하는 보다 건설적이고 긍정적인 방법이 있다는 것을 보게 될 것입니다.

고통스러운 기억은 우리가 생각하지도 못했던 방식으로 우리의 삶을 형성합니다. 마치 머리가 여러 개인 히드라[17]처럼, 그리고 머

---

16) 역주: 일반적으로 그라운드 제로ground zero는 핵폭발이 일어났거나 핵폭탄이 떨어진 장소를 일컫는데, 911사건과 관련해서는 세계무역 센터 빌딩이 있었던 자리를 말합니다.

17) 역주: 히드라는 그리스 신화에 나오는 머리가 여럿 달린 큰 뱀입니다. 신화에 따르면, 헤라클레스가 히드라를 퇴치하려고 머리 하나를 내리치면 그 상처에서 다른 머리가 자라나서, 결국에는 헤라클레스가 목을 자르면 조카인 이올라오스가 바로 그 상처를 불로 지져서 머리가 나오지 못하게 했다고 합니다.

리를 계속 잘라 내야 하는 우리의 힘겹고 부질없는 싸움처럼 이런 기억들은 우리가 아무리 그것을 지우고, 부정하고, 정화하려고 해도 우리에게 돌아와서 우리를 물어뜯고, 따라붙고, 영향을 행사합니다. 어떻게 하면 우리는 기억과 **맞서** 싸우는 대신 기억과 **함께** 문제를 풀어나갈 수 있을까요? 기억의 속박에서 벗어나기 위해서는 어떻게 기억의 '응축된 에너지'에 접근해 그 에너지를 활용할 수 있을까요?

우리는 기억이 가짜 혹은 복원된 것이라는 두 가지 관점 중 어느 쪽도 궁극적으로는 정확하다고 말할 수 없음을 인식할 필요가 있습니다. 기억이 정신과 영혼에 생긴 트라우마나 다른 상처의 치유에 하는 역할을 고려했을 때에는 특히 그렇습니다. 양쪽의 주장과 해결책은 그들 스스로의 해결되지 않은 트라우마, 정신역동적 문제, 과학적 편향, 편견, 자신들의 굳어진 입장을 지지하기 위해 데이터 중 '최상의 것만 골라내는' 행동과 충돌하고 있다고 볼 수 있습니다. 마치 양쪽이 서로를 본질적으로 정직하지 못하거나 열등하다고 보고, 심지어 체계적으로 진행된 연구나 임상 현장에서의 관찰이 상대편 데이터와 일치하는 결과를 보인다고 하더라도, 상대방의 믿음과 데이터는 자동적으로 틀렸다고 간주하는 것 같습니다. 양쪽 모두 불필요하게 방어적이고 상대로부터 배우는 것을 심하게 거부하는 듯이 보입니다. 불행한 것은 양쪽의 차이가 과학, 객관성이나 자유로운 탐구의 장보다는 종종 유명 인사들을 둘러싼 법정 싸움, 자극적인 지라시 '언론'이나 대중의 의견을 통해 알려져 왔다는 점입니다.

　이런 '기억 전쟁'에 있어서 더 근본적인 것은 기억의 본질 자체에
대한 광범위한 오해입니다.

CHAPTER 2

기억의 구조

> 66 기억은 이것……으로 만들어졌다. 99

트라우마 기억의 본질을 이해하기 위해서는 '기억 전쟁'의 가파른 벼랑 끝으로부터 물러서 봐야 합니다. 그리고 나서 같이 엮었을 때 우리가 '기억'이라고 부르는 여러 겹의 직물이 되는 각양각색의 실 가닥을 찬찬히 풀어 보기 시작할 필요가 있습니다. 크게 봤을 때 기억에는 두 가지 종류, 즉 **외현**explicit 기억과 **암묵**implicit 기억이 있습니다. 외현 기억은 의식적이고, 암묵 기억은 상대적으로 무의식적입니다. 각각 최소한 두 개의 큰 하위 범주가 있는 이 두 가지의 기억 체계는 별개의 기능을 하고, 신경 해부학적으로 서로 구분되는 뇌 부위의 영향을 받습니다. 이들은 우리가 삶의 다양한 상황과 도전을 헤쳐 나갈 때 우리를 안내하도록 되어 있습니다([그림 2-1] 참조).

외현 기억: 서술 및 일화 기억

 내가 분명히 말하겠어요!

−〈바람과 함께 사라지다Gone withe the wind〉의 스칼릿 오하라Scarlett O'Hara

서술 기억declarative memory은 외현 기억 중에서 가장 잘 알려진 종류의 기억입니다. 서술 기억은 기억이라는 세계에 있는 품목을 하나하나 열거하고 진열해 놓은 긴 목록과 구체적인 정보가 담겨 있는 카탈로그 같은 것입니다. 서술 기억은 우리가 어떤 일을 의식적으로 기억할 수 있게 하며, 거기에 대해서 비교적 사실에 부합하는 처음, 중

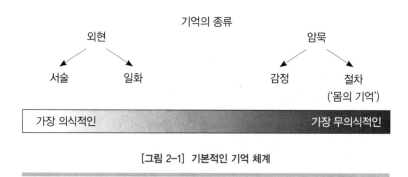

[그림 2-1] 기본적인 기억 체계

간, 끝이 있는 이야기를 할 수 있도록 해 줍니다. 대부분의 비전문가뿐만 아니라 많은 치료자도 기억이라고 하면 주로 이런 구체적인 형태를 생각합니다. 우리가 적극적으로 그리고 의도적으로 불러내거나 보여 줄 수 있는 것은 이런 구체화된 종류의 기억뿐입니다. 서술 기억의 일반적인 역할은 개별적 정보를 다른 사람들에게 전달하는 것입니다. 이런 '의미semantic' 기억은 객관적이며, 느낌이나 감정이 결여되어 있습니다. 서술 기억 없이는 이 세상에 차, 비행기, 컴퓨터, 이메일, 스마트폰, 자전거, 스케이트보드나 심지어 펜조차도 없을 것입니다. 물론 책도 없을 것입니다. 서술 기억이 없었다면, 전 세계가 지금처럼 불을 사용하지 못했을 것이고, 인간은 어쩔 수 없이 여전히 축축하고 어두운 동굴 속에 웅크리고 살았을 것입니다. 간단히 말해서, 우리가 알고 있는 문명은 존재하지 않았을 것입니다.

서술 기억은 비교적 질서 정연하게 잘 정돈되어 있고 깔끔한데, 이런 모습은 서술 기억이 하드웨어와 운영 시스템을 위해서 사용하는 굉장히 구조화된 대뇌피질cerebral cortex과 비슷합니다. 서술 기억은 기억 체계에서 가장 의식적이고 자발적이지만, 단연코 제일 흥미롭지 못하고 활기가 없습니다. 심층적인 정신 역동 치료에 있어서 서술 기억 자체가 치료에 중요한 경우는 드뭅니다. 이와는 반대로, 서술 기억은 많은 인지 행동 치료의 기본 요소입니다.

만일 서술 기억을 사실에 기반을 둔 '차가운' 정보라고 한다면, **일화 기억**(외현 기억의 두 번째 형태episodic memory)은 반대로 '따뜻하고' 질감이 느껴지는 기억입니다. 일화 기억은 종종 긍정적인 것이든 부정적인 것이든 간에 느낌의 톤과 활기가 배어 있고, 삶에서 우리가 개인적으로 하는 경험을 풍성하게 부호화encode합니다. 일화 기억은 '합리적(외현/서술)' 영역과 '비합리적(암묵/감정)' 영역 사이에 역동적인 접점을 형성합니다. 이런 중간자적 기능은 일관성 있는 서사, 즉 우리가 자기 자신과 타인에게 하는 마음에 와닿는 이야기의 형성을 돕는데, 이런 이야기는 우리가 스스로의 삶을 이해할 수 있도록 합니다. 정제되지 않은 날 것 그대로의 감정, 뉘앙스가 배어 있는 섬세한 느낌, 사실, 그리고 선택된 타인과의 소통 사이를 연결하고 처리하는 과정은 미래가 과거와 거의 다를 바 없는 트라우마로부터 벗어나 새로운 경험, 정보와 가능성 위에 쌓아올린 열린 미래로 나아가는 데 필수적입니다.

지나간 일에 대한 기억

때로는 자서전적 기억이라고 불리기도 하는 일화 기억은 우리가 의도적으로 생각해 낸다기보다는 어느 정도 저절로 우리의 삶을 묘사하는 삽화로서 떠오르게 됩니다. 이런 기억은 대개 모호한 느낌의 톤을 띠며, 종종 마치 꿈꾸는 것과 같은 특성을 갖고 나타납니다. 인식의 위계에서 보자면, 이런 자서전적 회상은 '관련된 품목을 나열해' 놓은 형태의 서술 기억보다는 덜 의식적이지만, 우리가 이 책에서 다루게 될 암묵 기억보다는 의식적입니다. 일반적으로, 일화 기억은 사실에 기반을 둔 서술 기억에 비해 더 뉘앙스가 느껴지고 불확실한 데가 있습니다. 일화 기억이 흘러가는 방향에 주의를 기울일 때, 우리는 기억이 났다 안 났다 하면서 일화 기억을 따라 모호하게 정처 없이 흘러갈 수 있습니다. 일화 기억은 때로 뚜렷하지 않고 희미하지만, 또 어떤 때에는 마치 지금 일어나는 일처럼 굉장히 생생하고 자세하며 선명하기도 합니다. 일화 기억은 '길게 나열해 놓은 목록과 같은' 서술 기억에 비해 더 자연스럽고, 흥미로우며, 활기가 있습니다. 이런 기억은 종종 우리 삶에 중요한 영향을 미치지만 그것이 겉으로는 잘 드러나지 않을 때가 많습니다.

일화 기억에 관한 제 개인적인 예로는 초등학교 5학년 새 학기 첫날에 브롱크스[1]에 있는 94번 공립학교[2] 에서 집으로 돌아오던 때의 기억이 있습니다. 저는 새로운 선생님이 얼마나 **끔찍한지**에 대해 친구들과 얘기했었던 기억이 납니다. 누가 제 오른쪽 어깨를 톡톡 두드리는 바람에 과장되고 철없는 불평을 늘어놓던 저의 웅웅거리는 소리가 멈췄습니다. 고개를 돌려 머리가 희끗희끗한 커츠 선생님을 봤을 때, 저는 간이 철렁 내려앉았습니다. 선생님은 고개를 갸우뚱하며 저를 의아하게 쳐다보면서 "정말 내가 **그렇게까지 형편**

---

1) 역주: 뉴욕시의 자치구 중의 하나입니다.

2) 역주: 뉴욕주에서는 공립학교Public School에 번호를 붙여서 말하는데, 각기 별도의 번호를 매기던 자치구가 하나의 시스템 안으로 들어오면서 같은 숫자를 쓰는 학교가 하나 이상이 있는 경우도 생깁니다. P.S. 94 역시 한 학교 이상 쓰는 숫자이지만, 여기서 저자가 브롱크스에 있는 P.S. 94라고 한 것은 Kings College School인 것으로 추정됩니다.

없다고 생각하니?"라고 물어보셨습니다. 이 이야기의 결말은 행복합니다. 커츠 선생님은 제가 초등학생 때 만난 최고의 선생님이었고, 저는 선생님을 향한 애정과 죄송함을 갖고 이 일화를 기억합니다. 5학년 때 있었던 다른 일들을 기억해 내라고 하면 무척 어렵겠지만, 어찌된 일인지 이 일화는 예상과는 달리 좋았던 그 해 전체를 요약하고 상징하는 기억으로 남아 있습니다. 이제는 그 기억을 떠올려도 선생님의 손길이 제 어깨에 닿은 것을 처음 느꼈던 그때처럼 당황스럽지 않은 것은 물론입니다.

앞에서 말했듯이 그 해를 생각했을 때, 커츠 선생님과 있었던 이 일 말고는 자연스럽게 떠오르는 기억이 거의 없습니다. 사실 저는 1학년부터 6학년까지 있었던 일들 중 몇 개만이 드문드문 기억나는데, 그것은 대부분 매우 안 좋은 기억들입니다. 다른 선생님들은 하나같이 다 따분했으며, 심지어 몇몇은 가혹하고 잔인하기까지 했습니다. 제가 겪은 초등학교에서의 경험(교육 '방식')은 교육이라는 단어의 라틴어 어원(키우다 혹은 자라나게 하다educare)을 몸소 체험하기보다는 수업 내용을 밀어 넣으면 꾸역꾸역 삼켜야 하는 것이었습니다. 저는 학교를 싫어했고, 학교도 저를 싫어했습니다!

커츠 선생님과 있었던 일화 기억은 저의 개인적이고 자전적인 서사에서 점차 상당히 중요한 부분으로 발전했습니다. 그것은 제가 스스로 제 인생의 그 시절을 이해하고, 또 다른 사람들에게 이야기해 주는 길이 되었습니다. 처음에는 잘 기억이 나지 않았지만, 커츠 선생님에 대한 이 기억은 그 외에는 억압적이고 암울했던 '배움'의 경험과는 차별되는 일종의 중심점이자 변곡점이 되었습니다. 이것은 배운다는 것이 긍정적이고 심지어 재미있을 수도 있다는 새로이 합성된 기억의 탄생을 촉발했습니다. 이 기억으로 인해 저에게는 새로운 신념 체계가 생겼고 그 신념은 그 이후의 저의 교육과정과 오늘날의 직업 및 여가 활동에까지 계속 이어져 왔습니다.

5학년 이후로 고등학교 때까지 저는 과학과 수학에서 네 명의 좋은 멘토를 만났습니다. 제가 나온 고등학교는 칼을 휘두르는 브롱크스의 폭력배들이 난무하던 위험하고 폭력적인 곳이었는데도 말입니다. 그리고 대학에 가서는 연구에 대한 제 흥미를 지지하고 북돋워 주었던 몇 명의 선생님을 더 만나게 되었습니다. 이런 과정은 대학원 때까지 계속되어서 제가 대학원 과정을 밟았던 버클리 대학교에서는 학교 안팎에서 중요한 멘토를 만날 수 있었습니다. 도널드 윌슨, 니콜라스 틴베르헌, 어니스트 겔혼, 한스 셀리에, 레이먼드 다트와 같은 분들이 저를 지적으로 안내하고 지도해 주셨습니다. 그 이후에 제가 신체/마음body/mind 치료자로 성장해 가는 과정은 아이다 롤프와 샬럿 셀버를 비롯해서 타인에게 베풀고, 신경 써 주고, 도전할 수 있도록 자극을 주는 선생님이자 치료자 분들의 호의를 통해 더욱 풍요로워졌습니다. 그리고 이제는 그분들이 했던 것처럼 제가 수백 명의 학생들에게 멘토가 되었습니다. 그리고 또 그들은 자신들의 학생들을 안내하게 될 것이고, 그 학생들이 가진 치유의 힘은 수천 명의 사람들에게 닿을 것입니다.

커츠 선생님, 감사합니다. 선생님의 따뜻함, 유머, 밝음 그리고 배움의 세계에 대한 열정에 감사하고, 또 저를 저의 멘토들에게 그리고 저의 멘토들을 저에게 이끌어 주었던 결정적인 일화 기억을 남겨 주신 것에 대해 감사를 드립니다. 지는 60년도 더 진에 제 오른쪽 어깨에 닿았던 선생님의 부드럽고 다정한 손길이 제 인생의 방향을 바꿀 수 있도록 도왔다고 확신합니다. 저는 정말 그 일이 지금 생각해 보면 경이롭고 감사한 방식으로 제 삶을 바꾸었다고 믿습니다. 바로 이런 식으로, 일화 기억은 긍정적인 미래를 만들어 내는 데 중요한 역할을 할 수 있습니다. 우리가 어떤 기억을 마음속에 불러낼 때마다, 그 기억은 더 풍성해지고 결과적으로 더 의미 있는 것이 됩니다. 기억은 이런 자연스러운 업데이트를 통해 작동하도록 되어 있고, 삶에 활력을 주는 기능을 발휘하는데, 이런 업데이트는 종종 우리가 의식하는 영역의 문턱 바로 밑에서 일어납니다.

일화 기억은 우리를 시간과 공간으로 인도해 주며, 과거에 있었던 일을 추려 내어서 이로운 결과를 미래에 투영합니다. 물론 이런 종류의 기억에 관해 우리가 알고 있는 것의 대부분은 사람들의 이야기를 통해 알게 된 것입니다. 마치 커츠 선생님에 대한 저의 일화처럼 말입니다. 그렇지만 '단순한' 어치조차도 일화 기억과 비슷한 것을 갖고 있다는 강력한 증거가 있습니다. 니콜라 클레이턴과 앤서니 디킨슨은 서구에 사는 어치류의 일종을 연구해서 어치가 생존에 견고한 도움을 주는 인간의 일화 기억과 유사한 기억 체계를 갖고 있음을 밝혀냈습니다.[1] 이 조류는 어디에 각종 식량을 숨겨 놓았는지를 분명히 기억했을 뿐만 아니라, 종류별로 구분해서 찾아낼 수 있었습니다. 이들은 각각의 음식의 부패하기 쉬운 정도와 음식을 숨겨 놓은 이후 지나간 시간을 기억해서 서로 다른 음식을 구분했습니다. 이들은 음식을 숨겨 놓았던 과거의 특정 사건에 대해 '언제, 어디서, 무엇을'을 기억해 두었다가 이런 정보를 나중에 활용할 수 있었습니다. 클레이턴과 디킨슨, 그리고 다른 연구자들에 따르면, 어치에게서 관찰된 이런 행동은 일화 기억으로서의 행동적 기준을 분명히 충족합니다. 벌새에 대해서도 비슷한 연구가 있었는데, 벌새가 특정 종류의 꽃이 어디에 있으며, 그 꽃이 있는 장소를 언제 방문했는지를 기억할 수 있음이 증명되었습니다. 그렇게 해서 벌새는 신선한 꿀을 최대한 효과적으로 수확할 수 있었습니다. 다른 연구들은 이와 같이 일화 기억과 비슷한 종류의 기억이 다른 여러 종에도 있다는 것을 증명했는데, 여기에는 쥐, 꿀벌, 돌고래, 코끼리 그리고 물론 다양한 영장류가 포함됩니다.[2] 우리가 순전히 인간에게만 있다고 생각하는 다른 많은 행동처럼, 일화 기억 또한 진화를 통해 널리 퍼져 나간 것으로 보입니다. 이런 종류의 회상이 단지 사색에 잠긴 시인이나 5학년 때 선생님께 감사하는 저 같은 사람에게만 일어나는 것이 아니었던 것입니다.

일반적으로 생애 최초의 일화 기억은 해마hippocampus가 제 기능을 꾀하기 시작하는 세 살 반 경으로 거슬러 올라간다고 알려져 있습니다. 하지만 사람에 따라 그보다 더 어렸을 때의 일화를 기억하는 경우도 있다는 증거가 있습니다. 이건 제 어머니가 확인해 주셨기에 자신 있게 말할 수 있는데, 제 최초의 일화 기억은 제가 두 살 반쯤 되었을 때 일어난 일에 관한 것입니다. 저는 아기 침대 옆에 있는 창가에 앉아 빛줄기가 움직임 없이 고요한 방 안을 관통하는 것을 가만히 응시하고 있었습니다. 먼지 조각이 빈투명한 빛에 반짝이며 움직이고 있었습니다. 어머니가 갑자기 문을 열고 들어오시는 바람에 반짝거리는 빛줄기를 향한 저의 꿈꾸는 듯한 몰두가 중단되었던 것이 기억납니다.* 물론 저는 먼지 조각, 빛줄기나 반짝거림이 무엇인지 몰랐습니다. 제가 이런 단어를 배우고 이들을 구분하는 정의를 알게 된 것은 훨씬 뒤의 일이었습니다. 하지만 햇볕을 받으며 몽상에 잠긴 그 매혹적인 느낌은 지금까지도 여전히 저에게 생기를 불어넣는 '마술' 같은 생생함으로 남아 있습니다. 이 신비로운 기억의 지속적인 풍요로움은 저로 하여금 현재에 더 머무르고 빛과 고요의 공간에 집중하도록 격려합니다. 이 기억은 저의 정신적인 여정에 계속 정보를 주고 있으며, 이와 비슷하면서 동시에 저의 깊은 내적 '자아'와 마주하는 순간이 있을 때마다 업데이트 됩니다.

암묵 기억: 감정 및 절차 기억

'차가운' 서술 기억이나 '따뜻한' 일화 기억과는 확연히 다르

---

* 이것은 저의 어머니께서 확인해 주신 일입니다. 이때가 막 새 아파트로 이사 와서 제 방이 생겼던 때라 어머니께서도 잘 기억하고 계셨습니다. 실제로 빛줄기를 응시하고 있던 저를 보셨던 것을 기억하셨습니다.

게, 암묵 기억은 '뜨겁고' 매우 강력한 힘이 있습니다. **암묵 기억이**라는 광범위한 범주는 서술 및 일화 기억을 포함한 의식적인 외현 기억과는 매우 다릅니다. 이런 기억은 의도적으로 불러내거나 '꿈꾸는 듯한' 회상으로 접근할 수가 없습니다. 대신에, 이것은 감각, 감정과 행동의 콜라주로 나타납니다. 암묵 기억은 대개 우리가 의식적으로 인식하는 영역에서 멀리 떨어진 곳에서 은밀히 나타났다 사라집니다. 이들은 주로 감정 그리고/혹은 기술이나 '절차'(때로는 '행동 패턴'이라고 불리는 몸이 자동적으로 하는 것들)를 중심으로 이루어져 있습니다. 실제로는 감정 기억emotional memory과 절차 기억procedural memory이 서로 섞이게 되지만, 여기서는 이해를 돕기 위해서 일단 이 두 가지 종류의 암묵 기억을 분리해서 살펴보겠습니다. 감정 기억이 우리의 행동에 지대한 영향을 미친다는 것은 두말할 필요가 없지만, 절차 기억은 우리 삶의 궤도를 형성하는 데 있어서 긍정적이든 부정적이든 간에 그보다 더한 영향을 끼칠 때가 자주 있습니다.

감정의 방향타[3]

다윈의 방대한 관찰에 따르면, 감정은 모든 포유류에게 보편적인 본능입니다. 우리가 항상 인정하는 것은 아니지만 우리 인간은 포

---

3) 역주: 배나 비행기의 항로를 변경하고 방향을 조종하는 데 쓰는 장치를 말합니다.

유류의 일종이며, 인간의 본능도 포유류에서 파생된 것입니다. '포유류 공통'의 감정에는 놀람surprise, 두려움fear, 화anger, 역겨움disgust, 슬픔sadness과 즐거움joy 등이 포함됩니다. 저는 이런 타고난('느껴지는 감각'felt-sense) 감정의 목록에 호기심curiosity, 흥분excitement, 기쁨gladness, 승리triumph를 넣자고 조심스럽게 제안하고 싶습니다.

감정 기억의 기능은 중요한 경험을 나중에 가서 바로 그리고 효과적으로 참조할 수 있도록 표시하고 기록해 놓는 것입니다. 마치 책갈피처럼, 감정은 가능한 동작 기억 중에서 특정한 절차 기억을 선택하는 강력한 신호입니다. 감정은 행동을 위해 주제를 정리하도록 유도합니다. 이런 식으로, 감정 기억은 우리가 의식하는 영역에 한참 못 미친 지점에서 절차 기억('몸'의 기억)과 접속합니다([그림 2-2] 참조). 감정은 주어진 상황에서 적절한 반응을 알려 주기 위해서 생존에 관련된, 그리고 사회적으로 기반을 둔 정보를 제공하는데, 특히 이런 것을 생각해서 알아내려고 하는 것이 너무 느리거나 정확하지 않을 것 같을 때 그렇게 합니다. 이렇듯 감정 기억은 개인의 안녕과 종족의 생존을 위해 지극히 중요합니다. 감정 기억이 우리 몸에서 신체적 감각으로 경험된다는 것을 이해하는 것은 결정적인 일입니다. 실제로 [그림 2-2]에서 보듯이, 주요 감정에는 그에 상응하는 뚜렷한 신체적 패턴이 있습니다.

감정 기억은 대개 그 기억 속에 있는 것과 비슷한 종류와 강도의 감정이 현재 상황에 있을 때 촉발됩니다. 과거에는 이런 감정이 절차 기억, 즉 생존을 위한 행동(고정된 행동 패턴)을 불러일으켰을 것

[그림 2-2] 감정의 신체적 발현

출처: Lauri Nummenmaa, Enrico Glerean, Riitta Hari, and Jari. K. Hietanen, "Bodily Maps of Emotions," *Proceedings of the National Academy of Sciences* 111, no. 2 (January 2014): 646-651, http://www.pnas.org/cgi/doi/10.1073/pnas.1321664111.

입니다. 그런 행동 반응이 성공적인 전략일 때도 꽤 있지만, 트라우마에 있어서는 분명히 그리고 끔찍하게 안 좋은 결과를 가져옵니다. 그런 부적응적이고 습관적인 반응은 사람을 해소되지 않은 불안한 감정, 육체에서 분리된 듯한 경험과 혼란에 얽혀 빠져나오지 못하게 합니다. 그런데 우선은 인류 사회가 공유하는 긍정적인 감정들의 중심적인 역할을 간단히 살펴보도록 합시다.

내가 당신에 대해 무엇을 아는지 당신은 그것을 어떻게 알 수 있나요…….

66 만일 당신이 스스로의 감정과, 당신이 만나는 모든 사람과, 당신이 처하는 모든 상황에 마음을 열도록 매일매일 연습하고, 그렇게 할 수 있다고 믿으면서 멈추지 않는다면, 그 연습은 당신이 닿을 수 있는 가장 멀리까지 당신을 인도할 것입니다. 그러고 나면 당신은 이 세상에 주어진 모든 가르침을 이해하게 될 것입니다.

—페마 쵸드론Pema Chödrön, 스님 99

다윈보다 훨씬 전부터 현재에 이르기까지 감정에 대한 수없이 많은 이론이 나와서 퍼졌다가 시들해졌다가 결국에는 버려졌습니다. 이런 도식schema들은 철학적·생물학적·발달적·심리학적 사회학적 가설들을 아우르고 있습니다. 하지만 간단히 말하자면, 사회적 감정에는 두 가지 주요한 용도가 있습니다. 첫째는 우리가 무엇을 느끼고 필요로 하는지를 다른 사람들에게 알리는 것이고, 두 번째는 그것을 우리 자신에게 알리는 것입니다. 이런 이원적인 기능은 두 사람이 서로의 느낌에 같이 참여하는 것을 가능하게 합니다. 이렇게 내면 세계를 깊숙이 공유하는 것을 때로는 '상호주관성inter-subjectivity'이라고 부릅니다. 우리는 이런 식의 감정적 '공명resonance'을 통해 내가 무엇을 느끼는지 뿐만 아니라 상대가 무엇을 느끼는지를 알 수 있습니다. 우리가 이런 식으로 서로의 감정에 접속할 수 있는 것은 한편으로는 우리의 감정이 표정과 자세로 표현되어 다른 사람에게 전달되기 때문입니다. 또한 그런 표현에 담긴 내면의 느낌이 우리의 뇌에 전달되기 때문이기도 한데, 뇌는(자율신경계로부터의 피드백과 더불어) 표정 및 자세를 취하는 활성화된 근육의 수용체가 보내는 패턴화된 피드백을 통해 이런 정보를 받습니다.

감정의 고차원적인 기능은 우리가 서로에게 느끼는 감정을 공유하도록 하고, 상대가 원하는 것을 감지할 수 있도록 하며, 우리가 서로 어울리는 것을 안내하는 것입니다. 아기의 첫 번째 울음과 웃음부터, 어린 아이가 기분이 들떠서 소란스러운 것부터 짜증 부리는 것, 청소년의 가벼운 연애부터 성인의 진지한 대화에 이르기까지, 감정은 관계에서 일어난 주고받음을 보여 주는 간결한 형태이며 우리가 본능적으로 알고 있는 것들을 드러냅니다. 따라서 사회적 감정의 중심적인 역할은 우리가 우리 자신 및 타인과 가진 관계를 돕는 것입니다. 감정은 우리가 서로 협력하고 사회 규범을 전달하는 통로가 되기도 합니다.

감정은 우리를 우리 내면의 깊은 부분과 연결시키는 잠재력이 있습니다. 감정은 우리가 무엇을 필요로 하는지를 말해 주는 내적 신호의 일부입니다. 우리는 감정에 기반해서 스스로를 대하고 알아갑니다. 감정은 우리가 우리 내면의 앎과 목소리, 직감, 그리고 우리가 정말로 누구인지와 연결되는 데 있어서 중요한 부분입니다. 우리는 감정을 통해 우리가 스스로를 어떻게 경험하는가의 핵심, 우리의 살아 있음, 생명력, 인생의 목표 및 방향과 연결됩니다. 실제로 가장 당혹스러운 '심리적' 상태 중의 하나가 '실감정증alexithymia'인데, 이는 감정에 접속하고, 이름을 붙이거나, 감정을 소통하지 못하는 것을 말합니다. 이 괴로운 양상은 종종 트라우마와 관련이 있으며,❸ 실감정증을 겪는 사람은 마치 '걸어 다니는 시체'처럼 의기소침한 무감각의 상태가 됩니다.

이제는 기억의 가장 깊숙한 단층이라고 할 수 있는 단단히 뿌리박힌 절차 기억의 층을 살펴보도록 합시다.

CHAPTER 3

절차 기억

66 마음이 잊어버린 것을 몸은 기억한다. 고맙게도.

–지그문트 프로이트 99

감정 기억이 '깃발[1]'이라면, 절차 기억은 우리의 다양한 행동, 기술, 끌림과 밀어냄에 있어 **어떻게**를 안내하는 충동이고 움직임이며 내적 신체 감각입니다. **절차 기억**은 세 개의 큰 범주로 나눌 수 있습니다. 첫 번째는 학습된 운동 행동에 관한 것입니다. 여기에는 여

---

1) 역주: 앞 장에서 저자가 감정이 책갈피 같다고 한 것처럼, 감정 기억이 마치 깃발처럼
   신호를 나타내거나 중요한 것을 표시한다는 의미로 볼 수 있습니다.

러 가지 행동이 포함되는데 몇 개의 예를 들자면, 춤추기, 스키 타기, 자전거 타기, 성행위 등이 있습니다. 연습을 하면 이런 '행동 패턴'들은 뇌의 고차원적인 부분을 통해 지속적으로 수정될 수 있습니다. 마치 새로운 탱고 스텝을 배워서 능숙하게 추는 것이나 탄트라 Tantra[2]에서 제시되는 다양한 성적 표현과 조절을 활용해서 성행위를 개선하는 것처럼 말입니다.

절차 기억의 두 번째 범주는 위협에 직면했을 때 우리의 기본적인 생존 본능을 불러일으키는 타고난 **위기 반응**에 관한 것입니다. 이런 고정된 행동 패턴들에는 신체적 준비bracing,[3] 수축, 물러남, 싸움, 도망, 얼음 반응, 그리고 자기 영역에 경계를 세우고 유지하는 것이 포함됩니다. 이런 강력한 본능적 위기 반응은 트라우마 기억의 형성과 해소에 결정적인 역할을 합니다.*

---

2) 역주: 고대 힌두교와 불교의 일부 집단으로부터 전해지는 영적인 혹은 종교적인 믿음에 기반을 둔 마음가짐, 행동, 의례 등을 일컫는데, 때로는 이런 전통에 대해 기록한 문헌을 말하기도 합니다. 탄트라에 기반을 둔 절차로는 명상, 기도, 요가 외에 성행위에 관한 것도 일부 포함됩니다. 탄트라가 서구에서 주목을 받으면서 대중적으로는 탄트라식의 성행위가 성적 흥분을 고조시키는 방법으로 널리 인식되었는데, 이는 전통적인 탄트라의 가르침과는 다소 차이가 있다고 알려져 있습니다.

3) 역주: '준비하기'로 번역할 수 있는데, 여기서의 준비는 위험이나 충격 등에 대비해 몸을 긴장시키는 등의 신체적인 준비를 말합니다. 일반적인 의미에서의 준비와 혼동을 막기 위해서 이 책에서는 bracing을 '신체적 준비'로 번역했음을 밝힙니다.

* 역사적으로 봤을 때 위기 상황에서 생존하기 위한 행동 패턴들이 절차 기억으로 분류되어 온 것은 아니지만, 폭넓은 임상 경험은 이것을 절차 기억으로 볼 수 있다는 주장을 뒷받침하고 있습니다. 실제로, 이런 고정된 행동 패턴들은 뇌의 고차원적인 내측 전두엽 부위에서의 선택적인 억제를 통해 변형될 수 있고, 그 결과 다른 절차 기억들에 나타나는 학습적 특색을 나타내기도 합니다.

절차 기억의 세 번째 범주는 **접근 혹은 회피, 끌림 혹은 밀어냄**이라는 유기체*의 기본적인 반응 성향입니다. 신체적으로 우리는 자양분과 성장의 원천일 듯한 것에 접근하고, 해롭고 독이 될 것 같은 것을 회피합니다. 회피 기제는 뻣뻣해지고, 뒤로 물러나고, 수축하는 것과 같은 운동 행동을 포함합니다. 반면에 접근 기제는 팽창하고, 확장하고, 도달하는 것을 포함합니다. 끌림의 패턴은 가까운 사람에게 다가가거나 원하는 것을 향해 움직이는 것을 뜻합니다. 회피(밀어냄)의 패턴은 냄새나 맛이 이상한 음식을 멀리하거나 '감정적으로 독이 될 것 같은' 사람을 피하는 것을 포함합니다.

이런 접근과 회피의 움직임 패턴은 우리 삶의 기저에 있는 원초적인 동기를 움직이고 조정합니다. 이것은 단순한 아메바부터 인간 혹은 인간과 유사한 생물이 타인이나 세상과 맺는 복잡한 관계에 이르기까지 살아 있는 모든 유기체의 행동에 대한 청사진입니다. 접근과 회피의 움직임 패턴은 이런 식으로 우리의 삶을 안내하는 나침반이 되어 줍니다. 우리는 때로 '쾌락적 원자가_hedonic valence'[4]라고 불리는 이런 기본적인 기능을 신호등의 노란불(조심하면서 상황을 판단하라), 파란불(접근하라), 그리고 빨간불(피하라)에 대입해서

---

* 유기체는 특성과 기능을 가진 복잡한 생명 시스템으로 정의되는데, 유기체의 특성과 기능은 단지 개별적인 부분들의 특성과 상호 관계로만 결정되는 것이 아니라, 개별적인 부분이 구성하고 있는 전체의 특성 및 부분과 전체의 관계에 의해서도 결정됩니다.

4) 역주: 심리학에서 원자가valence란 것은 어떤 현상, 사건, 개체의 감정적인 가치를 뜻합니다. 다른 말로 한다면, 우리가 무언가에 얼마나 다가가거나 피하고 싶은지의 정도를 말합니다. 예를 들어, 우리가 어떤 사람에게 끌린다면 그 사람은 우리에게 긍정적인 원자가를 갖고 있고, 피하고 싶다면 부정적인 원자가를 갖는다고 할 수 있습니다.

이해할 수 있습니다. 이어지는 이야기에서는 이런 내적 신호에 종종 숨어 있는 동기의 일례가 나오는데, 우리가 장애물을 거쳐 성장해 나가기 위해 이런 동기를 어떻게 활용할 수 있는지를 볼 수 있습니다.

아놀드와 나

제가 여기서 또 다른 개인적인 예를 말씀드리는 것을 이해해 주십시오. 이 짧은 이야기는 우리의 삶이 절차, 감정, 일화, 그리고 서술 기억의 기능이 서로 활기차게 엮여서 만들어지는 것임을 보여 줍니다.

한 이십 오년 전에 저는 뉴욕시에 있는 부모님 댁을 방문 중이었습니다. 여러 박물관을 둘러보면서 하루를 보낸 저는 업타운으로 가는 D 기차를 탔습니다. 퇴근 시간이었고, 기차 안은 가장으로 보이는 다양한 부류의 사람들로 꽉 차 있었는데, 대부분은 잘 접은 신문을 팔에 끼고 있었습니다. 그중에서 특히 키가 큰 한 남자가 제 주의를 끌었습니다. 그 사람을 힐끗 보았을 때, 저는 본능적으로 왠지 모를 따뜻함을 느꼈고, 모르는 사람임에도 설명할 수 없는 편안한 기분이 들었습니다. 이런 느낌을 그 사람에게 다가가고 싶은 약간의 바람과 함께, 가슴과 배가 확장되고 공간이 넓어지는 것 같은 특정한 몸의 감각으로 경험했습니다. 저와 그 사람 둘 다 브롱크스의 마지막 역인 205번가에서 내렸습니다. 저는 그 사람에게 걸어가고 싶어 하는 제 다리의 이상한 충동을 따랐고, 어느덧 그 사람의 팔을 붙잡고 있었습니다. 우리는 서로를 호기심에 차서 바라보았습니다. 갑자기 생각하지도 못했던 '아놀드'라는 이름이 제 입에서 나왔습니다. 우리가 잠시 거기에 서서 혼란스러워 하며 서로를 바라보는 동안 누가 더 놀랐는지 잘 모르겠습니다. 그제서야 저는 기차에서 이렇게 우연히 만나기 40여 년 전인 초등학교 1학년 때 아놀드와 제가 같은 반이었다는 것을 깨달았습니다.

여섯 살 때, 저는 반에서 제일 작은 아이였습니다. 저는 제 몸집에 맞지 않게 커다란 귀를 갖고 있었고, 자주 괴롭힘을 당했습니다. 아놀드는 그런 저에게 항상 다정했던 친구였습니다. 이렇게 해서 우리는 오랫동안 지속될 감정적 유대관계의 토대를 쌓았습니다. 아놀드가 저를 친절하게 보호했던 것이 각인되어 저의 감정 및 절차 기억의 창고에서 몇십 년 동안 잠들어 있었던 것입니다. 즉, 아놀드의 자세와 얼굴을 순간적으로 인식한 것이 저로 하여금 그에게 다가가도록 했고, 우리가 어떻게 아는 사이인지를 발견하게 했던 그 순간까지는 잠들어 있었습니다.

부모님이 계신 아파트로 가려고 언덕을 오르면서 저는 마치 보이지 않는 줄이 제 머리를 하늘을 향해 부드럽게 당기기라도 한 것처럼, 척추가 길어진 것 같은 느낌이 들었습니다. 저는 눈에 띌 만큼 힘차게 탁탁 걷고 있었습니다. 1학년 때의 이미지와 느낌 이것저것이 제 마음에 밀려와 감회에 젖었습니다. 당시의 일화 기억을 떠올리면서 제 가슴에서는 공간이 넓어지는 것 같은 감각이 있었고, 저는 그때의 힘들었던 일들도 생각해 볼 수 있었습니다. 제 큰 귀 때문에 반 아이들이 저를 '덤보(디즈니 만화에 나오는 코끼리)'라고 부르며 놀리던 기억이 났습니다.

그런데 제가 아파트 빌딩에 막 들어섰을 때, 팔과 다리에서 뚜렷한 힘이 감지되었고 가슴에서는 자부심이 솟아오르는 것을 느꼈습니다. 이런 절차적 인식과 함께 또 하나의 일화 기억이 떠올랐는데, 한 육십 몇 년 전에 제가 마지막으로 공격 당했던 것이 기억났습니다. 저를 괴롭히던 무리 중에서도 제일 잔인했던 쌍둥이 형제가 저를 궁지로 몰아넣었습니다. 지금도 건 힐 도로에서 저를 차도로 밀어 넣었던 그들의 비열하고 조롱에 찬 얼굴이 눈에 선합니다. 그 누구도 예상하지 못했지만 저는 팔을 세차게 흔들며 그들에게 다가가서 저항하기 시작했습니다. 그들은 제자리에서 죽은 듯이 멈춰 섰습니다. 달아나면서 그들의 표정은 비웃음과 경멸에서 충격과 공포로 완전 바뀌었습니다. 그것이 제가 당한 마지막 괴롭힘이었습니다. 그 이후로는 다른 아이들이 저를 존중해 주었고, 같이 놀자고 초대했습니다.

이 일화는 우리의 삶 전체에 걸쳐 절차 기억과 감정 기억이 신체화된 자원으로서 갖는 지속적인 중요성을 보여 줍니다. 제가 처음 기차에서 아놀드를 봤을 때, 저에게 떠오른 '기억'은 희미하고 **암묵적인** 것이었습니다. 즉, 내용이나 맥락이 하나도 없는데 이상하게 그에게 관심이 갔습니다. 이 절차 기억은 한참 동안 이어진 응시,

제 가슴이 살짝 팽창하는 느낌, 척추가 늘어나는 느낌, 그런 다음에는 배에서 나는 따뜻하고 공간이 넓어지는 듯한 느낌으로 나타났습니다. 하지만 제가 그에게 다가가고 아놀드라는 이름이 제 입에서 튀어나오면서 암묵적인 절차 기억(몸의 감각, 자세, 운동 충동)이 감정 기억(놀람, 호기심)으로, 그러고 나서는 제가 떠올리고 되돌아볼 수 있는 일화 기억으로 바뀌있습니다([그림 3-1] 참조).

과거로의 문이 열렸을 때, 저는 그 해에 일어났던 일 중 소소한

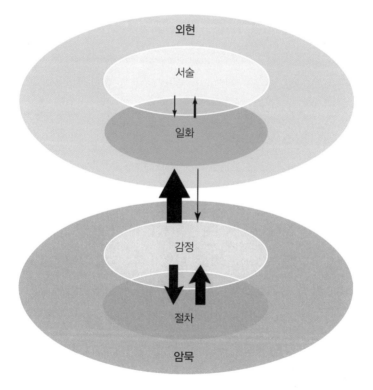

[그림 3-1] 기억 체계 간의 상호관계

부분들, 혹은 일화 기억들을 좀 더 의식적으로 떠올릴 수 있었습니다. 그 해에 저는 나이 때문에 학년 중간에 편입했고, 있어서는 안 될 곳에 와 있는 것 같은 불편함을 겪었고, 어린 제가 스스로 자신 감과 힘을 얻을 수 있도록 아놀드가 저를 지지해 줬다는 것을 느꼈으며, 마침내 제가 괴롭히는 아이들에게 맞서서 이겼고 다른 아이들이 저를 받아 줬던 것을 기억했습니다. 이런 일화 기억을 떠올리는 중에 저를 괴롭혔던 아이들에게 덤비던 것을 상상하자 팔과 어깨에서 힘과 준비되어 있음이 느껴졌습니다. 이 순간에 저의 일화 기억이 다시 한 번 방어, 힘 그리고 자기 보호의 절차 기억을 불러 일으켰던 것입니다. 당당하고 힘차게 아파트의 계단을 올라가면서 저는 따듯함, 고마움 그리고 자랑스러움을 느꼈습니다. 이제 저는 이 일화 기억을 서술, 서사의 형태를 갖춘 하나의 일관성 있는 이야기로 말할 수 있습니다.

제가 처음에 기차에서 아놀드를 향해 느꼈던 절차적 끌림과는 달리, 1학년 때 있었던 일들은 제가 부모님 댁으로 걸어가면서 그제야 일화 기억으로 떠오르기 시작했습니다. 이 기억들은 원래 저절로 생각난 것이었음에도 불구하고, 비교적 의식적인 선에서 검토되었습니다. 마치 프루스트[5]의 소설 『잃어버린 시간을 찾아서Remembrance of Things Past』에 나오는 마들렌처럼, 아놀드를 향한 저의 설명할 수 없는 절차적 끌림은 **암묵적 유발원**에 의한 것이었습니다. 프루스트의

---

5) 역주: 프랑스의 소설가인 마르셀 프루스트Marcel Proust를 말합니다.

경우에는 차에 적신 페이스트리의 맛이 이런 암묵적 유발원이었습니다. 그가 "아, 이 페이스트리를 맛보니 어렸을 때 어머니가 마들렌을 곁들여 차를 주셨던 생각이 나는구나. 그러고 보니 학교로 걸어가던 게 기억나네."라고 생각했던 것은 아닙니다. 그보다는 마들렌을 곁들여 차를 마시는 **감각 경험**이 주로 잠재의식 속에 있던 절차, 일화, 그리고 감정 기억을 유발했을 것입니다. 저에게 유발원은 아놀드의 얼굴, 자세와 움직임에 나타난 여러 가지 형태와 윤곽에 관한 어렴풋한 암묵적 인식이었습니다. 의식적으로 알고 그랬던 것은 아니지만, 저는 제가 살면서 보았던 수백, 수천의 얼굴, 몸, 자세, 걸음걸이를 주욱 훑어보고서 어린 시절에 봤던 모습에 근거해서 이 46세의 남자가 제가 아는 그 사람임을 추론해 냈던 것입니다! 이런 일이 가능했던 유일한 이유는 아놀드가 거의 40년 전에 저에게 신체적으로, 정서적으로, 그리고 관계적으로 강력한 영향을 미쳤기 때문입니다.

만일 어른이 되어서 어릴 적에 알고 지냈던 사람을 길에서 우연히 만난다면, 우리가 그 사람을 의식적으로는 알아보지 못할 가능성이 꽤 높습니다. 그렇지만 우리는 특정한 느낌의 톤이나 관계적 맥락을 경험할 가능성이 있습니다. 이를 테면, 친하게 지냈던 사람이라면 행복한 느낌을 또는 괴롭혔던 사람이라면 두려움을 느낄 수 있습니다. 달리 말하자면, 우리는 어떤 사람의 이름도 모르고, 어디서 만났는지도 모르고 혹은 아는 사람이라는 사실조차 모르면서도 이 사람이 적인지 친구인지를 분간해 낼 수 있습니다. 감정적 절차 기억이 일화의 콜라주로, 그런 다음에는 서술 형태로 변환될 때까지는 그렇습니다. IBM의 왓슨_{Watson}[6] 같은 슈퍼컴퓨터가 이런 복잡한 패턴 인식 작업을 하는 것은 대단히 힘들 것입니다. 일류 프로그래머들이 만든 가장 정교한 슈퍼컴퓨터도 사람이나 동물이 하는 방식으로 '감정 톤'을 인식하고 활용하지는 못합니다. 이것은 우리의 삶을 통틀어 감정적 뉘앙스가 있는 관계적 경험을 등록하고 계속적으로 의미를 도출해 내는 데에 있어 암묵 기억이 가진 명백한 힘을 보여 주는 것이라고 할 수 있습니다.

암묵 기억과 외현 기억의 사이를 오가고 덜 의식적인 것에서 더 의식적인 것으로, 혹은 그 반대 방향으로 옮겨 다니는 능력은 트라우마 경험을 통합하는 데 있어서, 그리고 우리가 어떤 사람이었고, 지금은 누구이며, 앞으로는 누가 될 것인지를 전반적으로 배워 나가는 데 있어서도 중요한 주제입니다. 아놀드에 대한 저의 기억은 암묵 기억과 외현 기억 체계 사이의 일관된 소통이 가지는 가치를 보여 줍니다. 감각, 느낌, 이미지와 행동 사이의 유동적인 관계는 제가 어른으로서의 새로운 서사를 엮을 수 있도록 해 주었는데, 이 서사는 저의 숙달, 승리, 활력 및 정체성에 대한 감각을 강화하였습니다. 저로서는 재개된 이 자신감과 스스로의 능력 및 통제력

---

6) 역주: IBM이 인공지능과 고도로 발달된 소프트웨어를 결합해서 만든 컴퓨터로, 인간이 묻는 말에 대답할 수 있습니다. 2011년에 미국 텔레비전의 퀴즈 프로그램인 〈Jeopardy!〉에 등장했으며, 이 프로그램의 역대 승자 두 명과 겨뤄서 우승을 차지한 바 있습니다.

에 대한 감각은 시의적절한 것이었습니다. 저는 이것이 소모적인 '생업'을 그만두고 창의적인 일을 하기 위해 필요한 자유를 찾겠다는 저의 결의를 다지는 기반을 마련해 줬다고 믿습니다. 어쩌면 제가 학계나 재계 밖에서 경제적으로 자립하기 위해 제 모든 노력을 쏟아부을 수 있었던 자신감 또한 여기서 나왔을 수 있습니다. 한 개인으로서의 이런 독립심이 저에게 치유적 비전을 추구할 수 있는 힘을 주었고, 그렇게 해서 나온 것이 제 평생의 업이 된 Somatic Experiencing$_{SE}$입니다. 정말로 이 여정은 깊숙이 **신체화된 자원**으로서의 절차 기억이 우리 삶에서 앞으로 나아가는 데 있어 얼마나 중요한지를 보여 줍니다.

얼마나 많은 아놀드와 같은 사람들이 우리의 마음속에 '살면서' 우리의 감정을 강화하거나 방문하고, 우리의 신체 반응을 제어하는 걸까요? 우리가 잘 의식하지 못할지라도, 우리는 좋든 싫든 간에 이런 암묵 기억의 그림자 속에 살아갑니다. 사실 암묵 기억은 대개 우리의 의식이 탐지하는 영역 바깥에서 활성화되어서 종종 우리가 가장 예상하지 못했거나 원치 않은 순간에 나타납니다. 흔히 우리의 부모님과 연관되어 있는 부정적인 '콤플렉스'를 깨고 긍정적인 강화를 얻기 위해서 우리는 자기 탐색과 성찰의 능력을 길러야 합니다. 아놀드에 얽힌 제 이야기는 우리가 삶에 호기심을 갖고 탐색할 때, 어떻게 그런 탐색이 우리의 삶에 생기와 힘을 불어 넣을 수 있는지를 보여 줍니다.

우리가 살아가는 세계를 이해하기 위해서 감정, 절차와 서사가 갖는 결정적인 중요성은 다음의 사례 연구에서도 드러나는데, 이 사례에서는 암묵 기억과 외현 기억이 통합적으로 서로 엮이는 중대한 과정이 완전히 고장납니다. 데이비드는 신경계에 문제기 있는 흰자인데, 그의 행동은 여러 개의 기억 체계가(트라우마 사례에서 어느 정도 그러하듯이, 존재하지 않거나, 연결이 끊어졌거나, 해리되어서) 서로 접촉하지 못할 때 어떤 일이 벌어지는지를 보여 줍니다.

무인도에 고립된 데이비드

뇌의 변연계limbic system에 심각한 손상을 입은 데이비드는 성인기의 대부분을 정신 장애가 있는 사람들을 위한 시설에서 살았습니다. 기관에서 데이비드를 돌보던 사람들은 데이비드의 행동에 별난 점이 있다는 것을 눈치채게 되었습니다. 그는 여전히 음식의 맛을 느끼고, 다른 감각도 남아 있어서 종종 다른 환자들에게 담배나 음식을 좀 달라고 청했습니다. 기관의 직원들은 데이비드가 항상 정해진 몇몇 사람들에게 끌리고, 그들을 찾는 횟수가 갈수록 늘어난다는 것을 알아차렸습니다. 언젠가 데이비드가 복도를 걸어가다가 특히 불친절한 어떤 사람과 마주친 것을 우연히 봤는데, 데이비드의 몸이 깜짝 놀라서 홱 움직이더니 '얼어붙는' 것을 관찰할 수 있었다고 합니다. 그런 다음에 그는 갑자기 돌아서더니 아무 일도 없었다는 듯이 걸어갔습니다.

만일 우리가 그저 데이비드가 매일매일 하는 행동을 관찰하기만 한다면, 그에게 별다른 문제가 없는 것처럼 보일 것입니다. 우리는 그가 과거에 자기에게 잘해 줬던 사람들에게는 다가가고, 그렇지 않았던 사람들은 피하는 것을 보게 될 것입니다. 다른 사람의 의도를 알아차리고 그에 맞게 반응하는 그의 능력에는 손상이 없는 것처럼 보일 것입니다. 특정 환자들에게 반복적으로 다가가거나 회피하는 그의 행동을 보면 그가 사람을 인식할 수 있는 것처럼 보이지만, 사실 그는 조금만 지나면 방금 누구와 있었는지를 기억하거나 같이 있었던 사람의 얼굴을 알아보지 못할 것입니다. 그러나 분명 **그의 몸은 기억을 했습니다.** 왜냐하면 마치 예전의 만남을 어떻게든 기억하는 것처럼, 그게 누구냐에 따라 다가갈 것이냐 혹은 피할 것이냐를 달리하는 것으로 보였기 때문입니다.

지적 능력을 측정하는 각종 검사 결과에서는 데이비드의 지능이 평균 이상인 것으로 나타났습니다. 인지적 추론 능력만 측정하는 검사로는 그가 가진 지적인 결함을 감지할 수 없었습니다. 오히려 그 반대에 가까웠습니다. 사실 감정적 혹은 관계적 연상을 포함하지 **않았을** 때, 데이비드의 논리적 능력에는 아무런 손상이 없었습니다. 이런 결과를 놓고 보면 데이비드는 완전히 정상적이고, 어쩌면 높은 IQ를 가진 흔치 않게 명석한 사람으로 보입니다. 하지만 보다 정교한 검사들은 미묘한 감정적·관계적 맥락에 대한 분별을 요하는 도덕적인 판단에 있어서는 데이비드의 능력이 심각하게 손상되었음을 보여 주었습니다.

데이비드가 속한 시설의 자문 역할을 했던 유명한 신경학자 안토니오 다마시오는 데이비드의 행동과 뇌 기능을 평가하기 위해서 '좋은 경찰, 나쁜 경찰'이라는 기발한 실험을 고안했습니다.❶ 다마시오는 기관에 근무하는 직원들에게 데이비드가 다가오면 늘 일관된 태도로 그를 대하라고 주문했습니다. 첫 번째 집단은 항상 그를 상냥한 웃음으로 맞으며 도와주었습니다. 두 번째 집단은 늘 그에게 불친절했으며 그를 혼란스럽게 하는 말만 했습니다. 세 번째 집단은 그가 다가왔을 때 중립적인 태도를 취했습니다.

그런 다음에 데이비드에게 사진을 '정렬'하는 일을 도와 달라고 요청해 보았습니다. 네 장의 사진, 즉 친절했던 사람, 불친절했던 사람, 중립적이었던 사람 그리고 데이비드가 만난 적 없는 낯선 사람의 사진을 보여 주었을 때, 그가 방금 자기와 있었던 사람의 이름을 말하거나 그 사람의 사진을 고르는 것은 전혀 불가능했습니다. 마치 그들 중 누구도 만나본 적이 없는 것 같은 반응이었습니다. 그런데 사진을 정렬하는 것으로 보아 그가 실제 상황에서 의식적으로 얼굴을 분간할 수 없다는 것이 확연했음에도 불구하고, 그의 몸은 그에게 친절했었던 사람 쪽으로 움직였으며 계속 그런 사람을 선택했습니다. 반면에 불친절한 역할을 맡았던 사람들은 분명히 피했습니다. 이런 선별은 80% 이상의 경우에 나타났습니다. 게다가 실험에서 불친절한 역할을 맡았던 사람 중 한 명은 원래는 따뜻한 성격을 가진 젊고 아름다운 여성 연구 보조자였습니다. 데이비드는 예쁜 여성들에게 굉장히 관심을 보이며 다가가는 것으로 유명했는데,

그가 이 연구 보조자에게 자발적으로 접근하는 일은 거의 없었습니다. 80%의 경우에 그는 자기에게 일관되게 친절했던 평범한 외모의 남자 직원을 택했습니다.

데이비드가 (의식적으로) 사람의 얼굴을 알아보거나 이름으로 사람을 구분하지 못함에도 불구하고, 특정한 이들을 분별해서 택할 수 있었던 것은 무엇 때문이었을까요? 분명 그는 이 사람들과 있었던 일들에 대해 손상되지 않은 **절차** 기억을 갖고 있었습니다. 이런 기억은 그가 보인 확고한 접근 혹은 회피 행동으로 나타났는데, '그'가 의식적으로 기억하지 못한 예전의 일들을 **그의 몸은 확실히 기억했습니다**. 냉랭한 거절을 피하고 친절함을 택하는 데 있어 그의 몸은 어떻게든 특정한 (암묵적) 감각 절차, **접근 혹은 회피**의 원자가에 따르고 있었습니다.

측두엽이 심하게 손상된 결과 데이비드 뇌의 중간 부위는 그 기능을 상실했는데, 그곳은 우리가 감정과 관계를 입력해 두는 부위입니다. 손상으로 데이비드가 잃어버린 측두엽 부위에는 감정, 시공간에 대한 단기 기억 및 학습에 관여하는 부분인 편도체amygdala와 해마hippocampus가 포함됩니다. 이런 문제는 데이비드를 자신의 과거와 미래에서 분리된 채 외딴 섬에 홀로 고립시켜 놓고, 그가 도덕적 판단을 내리거나 당면한 순간을 넘어서서 지속되는 관계를 형성할 수 없도록 만들었습니다. '다행히도' 그는 이런 악몽과 같은 상황을 인식하지 못하는 것처럼 보였습니다.

이 모든 손상에도 불구하고, 데이비드는 어떻게든 접근 혹은 회피라는 복잡한 행동에 대한 결정을 따져 보고 시행할 수 있었습니다. 그가 의식적으로 알고 내리는 결정은 전혀 아니었지만 말입니다. 선택적으로 접근하거니 회피하는 능력이 그대로 있는 깃으로 미루어 봤을 때, 우리는 이런 '결정'이 시상thalamus, 소뇌cerebellum, 비자발적인 움직임을 일으키는 추체외로 운동계the involuntary extrapyramidal motor system 등이 있는 뇌간bain stem의 위쪽에서 이루어진다고 추측해 볼 수 있습니다. 이런 절차와 '원형적 감정proto-emotions'은 그의 심각한 뇌 손상으로 인해 더 이상 존재하지 않는 감정적 뇌보다 하위 영역에서 결정되며, 이성적인 신피질neocortex의 영역에서는 완전히 벗어나 있습니다. 이렇게 뇌간의 윗부분에서 일어나는 접근 혹은 회피에 대한 무의식적인 결정이 데이비드의 '음탕한' 충동을 넘어설 만큼 강했기 때문에 그는 예쁘지만 불친절한 역할을 맡았던 사람을 피했던 것입니다.

친절했던 특정 직원에게 다가가기로 한 데이비드의 결정이 제대로 기능을 다하고 있는 그의 대뇌 피질에서 이루어졌을 가능성은 거의 없습니다. 우리는 일반적으로 우리가 어떤 얼굴을 봤을 때, 먼저 마음속으로 그 얼굴을 분석한 다음에 의식적인 관찰에 기반해서 이 사람이 친절할지 아닐지를 생각하고 판단한 후, 그에 맞게 반응한다고 단순하게 믿는 경우가 많습니다. 만일 데이비드가 어떤 사람이 친절하냐 아니냐를 분간하고, 그 사람을 피하는 대신 다가가자고 '결정'하는 것이 의식적인 신피질에서 일어났다면, 그는 이 사람에 대한 믿을 만한 서술 기억을 갖고 있었을 것이고, 다마시오의 실험에서 자신과 방금 같이 있었던 사람의 사진을 고를 수 있었을 것입니다. 그런데 분명히 그런 일은 일어나지 않았습니다.

다가갈지 피할지에 대한 데이비드의 결정이 감정적 뇌(측두엽-변연계)temporal-limbic 부위에서 일어났을 리도 없는데, 그것은 이 부위 전체가 광범위한 손상으로 기능을 못했기 때문입니다. 그렇다면 이 복잡한 '결정'을 내릴 수 있었던 유일하게 남은 곳은 뇌간, 소뇌, 시상 부위입니다. 하지만 감정과 관계를 관장하는 변연계 뇌limbic brain의 중재 없이는 동물적 뇌간으로부터 받은 정보, 즉 접근 혹은 회피에 대한 신체에 기반을 둔 원자가를 변연계 뇌로 '전달'할 수는 없었을 것입니다. 전달이 가능했다면, 변연계 뇌에는 직원들과 맺은 관계의 질과 맥락에 대한 느낌이 입력되었을 것이고 그런 정보가 감정 기억으로 저장되었을 것입니다. 보통의 경우에는 이렇게 저장된 변연계(감정) 기억이 전두 대뇌 피질frontal cerebral cortex로 전달되어서 그 기억은 이름과 얼굴을 포함한 일화 및 서술 기억으로 기록되고, 접근되며, 축적되었을 것입니다. 하지만 데이비드의 경우에는 이런 순차적 과정은 전혀 없었고, 기억이 대뇌 피질로 갈 수 없었습니다. 이것은 평균을 웃도는 그의 IQ가 입증하듯이, 손상되지 않은 피질에 문제가 있어서가 아니라 그가 뇌간에서 일어나는 접근 또는 회피에 대한 정확한 절차적 원자가에 기반을 둔 감정 기억을 저장할 수 없었기 때문입니다.

여기서 내릴 수 있는 유일하게 논리적인 결론은 뇌간 위쪽과 시상에는 복잡한 평가를 내리는 능력이 있으며, 그 결과 80%라는 부인할 수 없는 정확성을 가진 고도로 차별화된 의사결정의 모형이 접근(자양분)과 회피(위협) 사이에서 암묵적 선택을 내리기 위해 지속적으로 작동할 수 있었다는 것입니다. 뇌긴 차원에서 이루어지는 이런 분명한 의사결정은 인간의 기억과 의식에 대해 일반적으로 받아들여지는 것에 정면으로 배치됩니다.

이 책의 중심적인 주제는 우리가 보통 깨어 있는 동안 경험하는 의식의 세계에서 한참 떨어져서 존재하는 절차 기억이 치료 현장에서는 트라우마 기억을 다루는 열쇠라는 것입니다.

CHAPTER 4

감정, 절차 기억과
트라우마의 구조

이번 장은 절차 기억이 어떻게 우리의 수많은 느낌, 생각과 믿음 뿐만 아니라 감각의 기저를 형성하는지에 대한 논의로 시작할 것입니다. 또한 우리는 그것이 사람을 쇠약하게 만드는 '커다란–대문자 T' 트라우마이든 겉보기에는 사소한 것처럼 보이는 '작은–소문자 *t*' 트라우마이든 간에 트라우마와 '재협상'하기 위해 어떻게 절차 기억에 접근할 수 있는지를 다룰 것입니다.

3장에서 **절차** 기억이라고 불리는 암묵 기억의 결정적으로 중요한 하위 범주가 있고, 그것이 움직임의 패턴과 연관되어 있다고 했던 것을 기억하실 것입니다. 이런 움직임의 패턴, 즉 절차 기억의 **행동 프로그램**은 ① 학습된 운동 기술, ② 접근/회피의 원자가■ 그리고

③ 생존 반응을 포함합니다. 이 중 ②와 ③은 우리가 생존과 안녕을 위해 필요한 행동을 수행하기 위해 진화하면서 갖게 된 **타고난 움직임 프로그램**(행동 패턴)에 관여합니다.

절차 기억의 지속성, 힘과 긴 수명은 어떤 치료 프로토콜에서든 그것을 중요하게 만듭니다. 기억의 모든 하위 체계 중에서 본능적인 생존 반응을 관장하는 체계들이 가장 뿌리 깊고 강력하며, 특히 위협과 스트레스 상황에서는 대개 이런 체계들이 다른 암묵 및 외현 기억의 하위 유형보다 우선시된다는 것을 알아 두는 것은 중요합니다([그림 4-1] 참조).

먼저 **학습으로 익힌 운동 기술**로서의 절차 기억을 예로 들어 봅시다. 자전거 타는 것을 배우는 일은 무섭거나, 무섭지는 않더라도 만만찮은 일일 수 있습니다. 하지만 부모나 손위 형제자매의 다정한 지지가 있을 때, 우리는 중력, 속도와 가속력의 예측하기 힘든 힘을 숙달할 수 있습니다. 이것은 물리학이나 수학에 대한 외현적 지식 없이 **절차적으로** 이루어지는 것입니다. 우리가 이런 힘을 숙달하게 되는 것은 주로 시행착오를 통해서이며, 여기서 필수적인 학습 곡선learning curve은 어쩔 수 없이 상당히 가파릅니다.[1] 자전거 타는 법은 한 번 배우면 결코 안 잊어버린다는 격언은 좋든 싫든 간에

---

1) 역주: 배움의 과정을 그래프로 나타낸 것을 학습 곡선이라고 하는데, 일반적으로 어떤 과제의 학습 곡선이 가파르다고 하면 그 과제를 배우기 어렵다는 것을 뜻합니다. 엄밀히 따지자면 수학적으로는 학습 곡선이 가파르면 많은 양이 빠른 시간에 학습되는 것이므로 이것이 잘못된 표현이라는 지적이 있지만, 여기서 저자는 수학적인 의미가 아닌 배우기 어렵다는 일반적인 의미에서 이 표현을 쓴 것으로 보입니다.

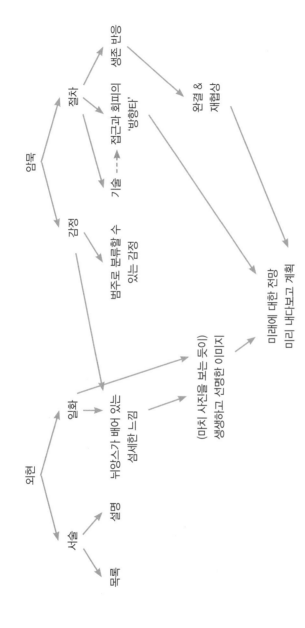

[그림 4-1] 계획하고 미래를 전망하는(인생에서 앞으로 나아가는) 데 있어서 외현 기억과 암묵 기억 체계 사이의 관계

대부분의 절차 기억에도 적용되는 말입니다. 만일 자전거를 처음 배우는 과정에서 자갈길을 만나 자전거에서 떨어져 다치는 운 나쁜 일이 있었다면, 자전거를 타기 위해 꼭 필요한 적응적이고 균형 잡힌 움직임과 자세의 습득에 방해를 받을 수 있습니다. 그러다가 마침내 자전거를 타게 되었을 때, 주저하다가 균형을 잃거나 그렇지 않으면 물불을 가리지 않는 무모함과 '역공포counterphobia'[2]로 균형을 잃게 될 수 있습니다. 상황에 맞게 학습된 운동 기술로 발전되었어야 할 것이 무시되고, 대신에 생존을 위한 습관적이고 반응적인 수축과 신체적 준비의 패턴 혹은 역공포 반응으로 위험 감수를 동반한 과잉보상의 패턴이 나타나게 된 것입니다. 양쪽 다 바람직하지 않은 결과이고 절차 기억의 내구성이 낮은 유감스러운 예입니다. 사실 부적응적이고 지속적인 절차 및 감정 기억은 수많은 사회적·관계적 문제뿐만 아니라 모든 트라우마의 밑바탕에 깔려 있는 핵심 기제를 형성합니다.

우리의 몸은 시행착오, 성공과 실패를 겪으면서 점차 어떤 움직임 전략이 효과적이고, 어떤 것은 효과가 없는지를 배우게 됩니다. 예를 들어, 우리는 어떤 상황에서는 다가가고 또 어떤 상황으로부터는 물러서야 할까요? 어떤 상황에서 '싸움fight'이나 도망flight'을 가야 하고, 언제 '얼어붙어서freeze' 꼼짝 않고 있어야 할까요? 애나의 경우는 접근/회피와 생존 반응에 관한 부적응적인 절차 기억의 지

---

2) 역주: 두려워하는 대상이나 상황을 피하는 대신에 오히려 적극적으로 찾아 나서는 것을 말합니다.

속성을 구체적으로 보여 주는 예입니다. 애나는 어렸을 때 자신의 할아버지에게 성폭행을 당했습니다. 어른이 된 애나는 그녀를 사랑하는 남편이 자신을 어루만지면 몸이 굳어져서 물러서며, 결국에는 두려움과 혐오로 무너져 버립니다. 안전한 사람과 위험한 사람을 혼동하는 것은 난감한 일이 아닐 수 없는데, 이런 혼란은 생존을 위한 편향 때문에 더 가중되어 아주 피상적인 유사점만 있어도 위험을 가정하게 합니다. 이 경우에는 남자와 만진다는 행동이 합쳐져서 생존 반응을 유발했습니다. 애나의 트라우마는 그녀가 그것을 의식적으로 기억을 하는지의 여부와 상관없이 자신의 가장 소중하고 다정한 벗인 남편을 폭력의 위협으로 인식하게 하는 불행한 실수를 낳습니다.

애나와의 작업에서 저는 애나가 남편으로부터 멀어지려는 자신의 신체적 충동을 있는 그대로 느껴 보도록 했는데, 이런 충동은 완결되지 않은 생존 반응을 가리킵니다. 미완의 생존 반응은 내용이 없는 절차 기억으로 존재하지만, 마치 그녀가 할아버지에게 꽉 붙잡혀 있는 것처럼 나타났습니다. 자기의 몸이 어떻게 굳어지고 조여지는지를 한층 깊이 느껴 봤을 때, 애나에게는 할아버지의 이미지와 담배 냄새가 저절로 떠올랐습니다. 그러자 애나는 할아버지를 밀쳐 내고 싶은 충동을 경험했습니다. 그 충동에 집중했을 때, 애나는 어린 아이였던 자신이 할아버지를 밀쳐 낼 수는 없었다는 스스로에 대한 애정 어린 연민과 함께 팔에서 일시적으로 힘을 느꼈습니다. 그리고 나서 할아버지(의 이미지)를 밀쳐 냈을 때, 그녀는 솟

구치는 분노와 지속적인 힘을 느꼈습니다. 그 다음에는 메스꺼움이 파도처럼 몰려왔고, 이마에서는 구슬땀이 흘렀습니다. 이런 자율신경계로부터의 반응은 할아버지를 쫓아 버리려는 추동을 충족시키고 완결합니다. 이것은 그 당시에 좌절되었던 반응인 할아버지로부터 벗어나려고 노력했던 것에 대한 절차 기억을 재작업하는 데 있어서 중요한 부분입니다. 이런 자율신경계의 반응 다음에는 깊고 온전한 호흡, 손에 퍼지는 온기, 그리고 예상치 못한 평온함이 뒤따랐습니다. 애나는 감사를 표하며 이제 집에 돌아가기를 고대한다고 했습니다. 다음에 다시 왔을 때, 그녀는 남편의 손길을 즐길 수 있게 되었으며, 그의 품 안에서 안전함을 느꼈다고 말했습니다. 이제 그녀는 앞으로의 치료가 사랑하는 남편과 처음으로 성적인 탐색을 할 수 있도록 그녀를 차근차근 준비시키는 데 초점을 맞추기를 원했습니다.

친구 혹은 적?

3장에서 소개했듯이, 온화한 감정emotion과 미묘한 느낌feeling은 비교적 안전한 상황에서 관계를 형성하고 유지하는 데 있어서 역동적인 기능을 합니다. 이들은 중요한 사회적 정보를 스스로 뿐만 아니라 타인에게 전달하는 역할을 합니다. 이렇게 환경을 조성하는 감정과 느낌은 사회적 상황에서 우리를 **안내하고** 집단 내의 응집력을 만들어 내는 기능을 수행합니다. 이런 기능은 다양한 범위의 느낌, 특히 기쁨, 관심, 유대감, 목적의식, 협력, 평화로움과 같이 우리가 긍정적이거나 '행복을 가져온다고' 여기는 느낌들을 통해 달성됩니다. 우리는 한동안 보지 못했던 친구와 마주쳤을 때, 기쁨과 반가움을 느낍니다. 혹은 우리에게 소중한 누군가가 떠나거나 죽었을 때, 우리의 마음은 처음에는 비탄에 빠졌다가 그 다음에는 마음을 정화하는 슬픔과 좋았던 기억으로 차오를 수 있습니다.*

때때로 약함에서 중간 정도의 화는 무언가가 관계나 일을 방해하고 있다는 것을 우리에게 알려 줍니다. 그랬을 때, 우리가 장애물을 없앨 수 있도록 화가 우리를 안내하고, 동기를 부여하며, 힘을 불어넣어서 결국 관계를 회복하고 계속 일을 진행해 나갈 수 있다면 좋을 것입니다. 중간 정도의 감정은 위험의 **가능성**을 알려 줄 수 있습니다. 우리는 이 가능성을 자세와 표정과 같은 신체 언어를 통해 다른 사람들에게 전달합니다. 사회적 동물인 인간은 환경에서 위험을 감지했을 때, 준비를 하면서 경직됩니다. 행동을 하기 위한 대비를 하며 다른 사람들에게도 위험을 알림으로써 보호하거나, 피하거나, 방어하거나, 혹은 공격하는 행동을 협력적으로 취할 수 있게 됩니다.

강력한 두려움, 화, 공포나 분노는 싸움이나 도망을 위한 특정한

---

* 브라질 사람들은 이런 섬세한 감정을 saudade라고 부릅니다. 이 단어는 소중한 누군가에 대한 상실을 느끼지만, 여전히 그 사람을 마음속에 간직함으로써 그 사람이 정말 가버린 것이 아니라 나와 영원히 함께 있는 것을 의미합니다.

절차 기억을 무의식적으로 선택하고 유발함으로써 우리가 있는 힘을 다해 즉각적으로 그리고 확실하게 행동할 수밖에 없도록 만듭니다. 이런 행동을 온전히 실행할 수 없거나 압도된다면, 우리는 다시 안전해질 때까지 에너지를 보존하면서 무력한 부동성immobility 상태로 얼어붙거나 쓰러질 것입니다. 요약하자면, 높은 강도의 활성화가 일어나고 격렬한 감정이 우리를 통제할 때, 그것은 우리를 '죽이거나 죽임을 당하는'(싸움 혹은 도망) 모드mode의 절차적인 생존 프로그램으로 '밀어 넣거나' 혹은 쓰러짐, 수치, 패배와 무력함에 빠져 에너지를 소진하지 않도록 합니다.

일반적으로 대뇌 피질 아래에서 유발된 중간에서 강한 정도의 매우 '부정적인' 감정, 특히 두려움과 화는 우리에게 위험 신호를 보내서 우리가 위험의 출처를 찾고, 실제로 얼마나 위험한지를 평가한 다음에 우리 자신과 타인을 방어하거나 보호하기 위해 필요한 행동을 취하도록 합니다. 하지만 만일 우리가 위험이 없는 것으로 판단한다면, 행동을 해야 하느냐는 것에 (적절하게도) 논란의 여지가 생길 것입니다. 이런 경우에 가장 바람직한 것은 우리가 유동적인 상태인 **이완된 채 경계하기**relaxed alertness로 돌아가는 것입니다.

정체를 알 수 없는 소리나 그림자의 움직임에 깜짝 놀라서 순간적으로 설명할 수 없는 두려움을 느끼고 긴장해 보지 않은 사람이 있을까요? 대개는 금방 그 잠재적 '위험'이 무엇이었는지를 쉽게 파악하고 그것의 실제 중요성과 위험성을 알 수 있었을 것입니다. 대부분의 경우에는 주의를 사로잡으며 감정을 양산하는 이런 고조된 사건들은 문이 갑자기 열리거나 바람이 불어 커튼이 물결치는 것과 같이, 걱정하지 않아도 되는 일들입니다. 우리가 탄력 있고 균형 잡힌 신경계를 가졌다면, '지금 여기에서' 관찰하고 있는 자아_{ego}/전전두엽_{prefrontal cortex}이 감정적으로 고조된 편도체에게 "진정해, 안심해도 돼. 그건 모임에 일찍 도착한 너의 친구 존이 문을 열어서 나는 소리였을 뿐이야."라고 말할 것입니다. **이렇게 우리가 물러서서 관찰하며 감정을 가라앉힐 수 있을 때, 우리는 생존 반응 자체를 선택하고 수정할 수 있는 가능성도 얻게 되는 것입니다.**

흥미로운 우연의 일치로, 바로 이 장에 대한 작업을 하던 중에 저와 로라(편집자)는 잠시 휴식이 필요해서 취리히에 있는 수많은 아름다운 공원 중 하나인 미테콰이 공원의 호수를 따라 느긋하게 걸었습니다. 우리는 얕은 풀장에서 물놀이를 하거나 그네와 정글짐에서 놀고 있는 아이들 사이를 거닐면서 부드러운 햇살 가득한 온기에 긴장을 풀고, 낮 시간이 주는 온화한 경이로움을 느끼며, 감각적으로 풍요로운 환경을 만끽하고 있었습니다. 그러다가 우리는 거의 동시에 깜짝 놀라 멈춰 서서 순간적으로 숨을 죽였습니다. 그러면서 우리는 큰 대나무 덤불에 초점을 맞춘 채 주위를 둘러보았습니다. 이유는 몰랐지만 몇 천 센티미터는 되어 보이는 줄기가 구부러져 흔들리고 있다는 것을 금방 알아차린 우리는 위험의 출처를 파악하려 하는 한편, 황급히 달아날 준비를 하면서 초집중 상태로 경계하고 긴장하며 서 있었습니다. 우리는 대나무의 움직임 외에 다른 것을 생각할 여유가 없었습니다. 우리의 감각 영역의 조리개는 급격히 좁아졌으며, 공원에서의 호사로운 즐거움은 거의 사라져 버렸습니다.

밀집된 정글에서 살았던 우리의 옛 선조들은 이런 움직임의 패턴과 부스럭거리는 소리에서 몸을 잔뜩 웅크리고 잠복해 있는 호랑이의 존재를 떠올렸을 만합니다. 그러나 오랜 시간 동안 연마된 이 본능적인 반응은 어떤 위협에 노출될 가능성이 매우 적은 세계적으로 안전한 공간에 있었던 우리에게는 분명히 터무니없는 것이었습니다! 실제로, 다시 봤을 때 우리는 그것이 스위스의 잘 갖춰진 규범을 따르지 않고 우거진 대나무에 숨어서 타잔 놀이를 하고 있던 한 무리의 어린 아이들이었다는 것을 깨달았습니다. 그 아이들은 신이 나서 가장 긴 줄기들을 마구 구부리고 있었습니다. 그저 웃을 일이지 전혀 놀랄 일이 아니었습니다. 이렇듯 하나도 위험하지 않은 일에 과장되고, 공포에 질린 반응을 하는 것은 학술 용어로 **긍정 오류** false-positive라고 하는 것의 일례입니다. 이 경우에는 결국 그저 '잘못된 경보', 즉 긍정 오류인 것으로 밝혀졌지만, 처음에 우리는 흔들리는 대나무가 진짜 위협인 것처럼 '양성' 반응을 보였습니다.

긍정 오류로의 편향

취리히의 공원에서처럼, 본질적으로 긍정 오류의 결과는 비교적 가볍습니다. 우리가 짓궂은 아이들을 신화 속의 호랑이가 미테콰이 공원에 나온 것으로 착각했을 때, 칼로리를 좀 더 소모한 것 외에 실제로 잃은 것은 없었습니다. 반면에 **부정 오류**false-negative, 즉 무언가가 실제로는 위험한데 위험하지 않다고 판단하여 행동하는 것은 치명적일 수 있으며, 진화상으로 지속이 불가능합니다. 만일 우리가 수풀에서 나는 부스럭거리는 소리를 무시한다면, 우리는 산에 잠복해 있던 사자나 배고픈 곰에게 쉽게 잡아먹힐 수 있습니다. 그러므로 어떤 불확실하고 모호한 자극도 일단은 위협으로 경험하는 것이, 즉 우리가 긍정 오류로의 강력한 편향을 타고나는 것이 더 낫습니다. 처음의 깜짝 놀람이 지나간 다음에는 안전하다는 것을 제대로 파악하게 될 것입니다. 이런 일이 일어났을 때, 얻을 것도 없지만 잃을 것도 없습니다. 우리를 놀라게 한 소리가 숨어 있는 맹수가 아니라, 뛰노는 아이들이나 하늘로 날아가는 새들의 무리에서 온 것임이 밝혀지더라도, 진화론적 관점에서 본다면 그래도 처음에는 그것을 자동적으로 치명적인 위협이라고 간주하는 게 이롭습니다. 다른 말로 하자면, 아니라고 밝혀지기 전까지는 항상 최악의 시나리오를 의심해 보는 것이 더 낫다는 것입니다.* 갑자기 고조된 놀

---

* 명상을 처음 배우는 사람이라면 누구나 이런 편향을 관찰하게 됩니다. 그들은 이해심 많고 경험 많은 선생님의 가르침을 받으면서 강박적인 걱정과 부정적인 생각이 침투하여 넘쳐 나는 것을 막고, 왕성한 '원숭이의 마음monkey mind'을 진정시키려고 노력할 것입니다. 진화에 의해 발달한 긍정 오류를 향한 편향은 우리 마음이 습관적으로 두려움과 걱정을 향해 흘러가도록 하기 때문에 우리가 명상을 하는 능력을 심각하게 방해할 수 있습니다. (역주: '원숭이의 마음'은 가만히 있지 못하고, 변덕스러우며, 통제하기 힘든 혼란스러운 마음을 뜻하는데, 불교에서 유래된 말입니다.)

람과 공포의 감정은 우리를 즉시 조심 시킵니다.

하지만 강렬한 감정과 이에 수반되는 운동 반응(절차 기억)이 만성적인 것이 되어 버리면 우리를 위하고, 안내하고, 보호하며, 빙어하려던 바로 그 감정은 해가 되고 우리로부터(자기 자신으로부터) 등을 돌리게 될 수 있습니다. 이 지점에서 어떻게 이런 부적응적인 감정과 절차적인 엔그램을 다룰지를 이해하는 것은 대단히 중요합니다. '재협상'이란 만성적인 감정을 부드럽게 발산하고 역기능적인 반응을 창조적으로 재구성함으로써 트라우마 기억을 해소하는 방법입니다. 재협상은 우리가 트라우마 이전에 가졌던 균형과 안녕으로 돌아갈 길을 제공합니다.

재협상

재협상이란 단순히 트라우마 경험을 다시 체험한다는 의미가 아닙니다. 그보다는 특정한 트라우마 엔그램을 구성하는 다양한 감각–동작 요소를 점진적으로 수위 조절titration을 하면서 **다시 방문하는** 것을 말합니다. 재협상은 주로 자율신경계가 조절이 안 된 두 가지 상태와 관련되어 있는 절차 기억에 접근한 다음에, 연관된 능동적 반응을 복원하고 완결시킴으로써 일어납니다. 여기서 자율신경계가 조절이 안 된 상태 중 하나는 과도 각성/압도이고, 다른 하나는 과소 각성/기능 정지shutdown와 무력함을 말합니다. 재협상의 과정이 진행되면서 내담자는 과도 혹은 과소 각성으로부터 평형, 이완된 채 경계하기 그리고 지금-여기에 정향으로 옮겨 갑니다([그림 4-2]와 [그림 5-2] 참조). 근본적으로, 치료 과정으로서의 재협상은 위협에 대한 반응으로 나타난 생물학적 행동의 순서를 뒤집는 것이라고 할 수 있습니다. 재협상된 절차 기억이 재조정된 일화 및 서술 기억에 연결될 때 마침내 치료 과정이 완결됩니다.

정리해 보자면, 위협에 대한 반응으로 일어나는 감정적 각성은

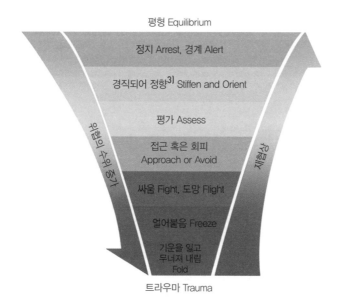

평형 Equilibrium

정지 Arrest, 경계 Alert

경직되어 정향3) Stiffen and Orient

평가 Assess

접근 혹은 회피 Approach or Avoid

싸움 Fight, 도망 Flight

얼어붙음 Freeze

기운을 잃고 무너져 내림 Fold

위협의 수위 증가

재협상

트라우마 Trauma

[그림 4-2] 위협의 정도가 높아지는 것은 (왼쪽) 트라우마 상태를 초래합니다. 우리는 트라우마에서 정향, 경계, 평형을 향해 위로 올라감으로써 (오른쪽) 위협과 '재협상'합니다.

───────────────

3) 역주: 정향orienting 반응이란 새로운 환경에 처했거나 새로운 자극이 나타나는 등의 환경적 변화가 있었을 때, 유기체가 보이는 반응을 말합니다. 예를 들어, 주위를 두리번거린다거나 소리가 난 쪽으로 고개를 돌리는 것 등이 정향 반응입니다.

연속선상에 있지만, 그 연속선 범주 내의 어떤 지점에서 갑작스럽게 증폭합니다. 이렇게 증폭된 감정은 타고난(준비된) 운동 행동 프로그램을 유발하는 신호입니다. 이 연속선은 새로운 자극에 대한 가벼운 각성(호기심)에서 시작해서 쾌감/불쾌감으로 유유히 흘러가다가 갑자기 두려움, 격분, 공포와 경악으로 바뀝니다. 유발된 운동 패턴과 이에 관련된 감정적 반응은 다음과 같은 순서로 나타납니다.

1. 정지해서 경계–호기심
2. 경직되어 정향orient–초점을 맞추고 주의와 관심을 기울임. 잠재적 위협에 대비
3. 평가–강렬한 흥미. 호감 혹은 혐오.

여기에서의 평가는 우리 각자의 개인적인 역사 뿐만 아니라 유전적인 기억 창고의 영향을 받습니다.

4. 접근 혹은 회피–쾌감과 불쾌감

보다 강렬한 활성화 상태에서는 두려움, 격분, 공포, 경악과 같은 강력한 감정으로의 급작스러운 전환이 일어나는데, 이런 감정은 다음과 같이 전력을 다하는 행동, 부동성 혹은 무너져서 붕괴하는 것으로 분출됩니다.

5. 싸움 혹은 도망: 두려움

이런 능동적인 반응이 좌절되었을 때에는 다음 단계로 넘어갑니다.

6. 얼어붙음—마치 '겁에 질려 꼼짝 못하는 것'과 같은 반응: 심한 공포
7. '기운을 잃고 무너져 내림fold'과 붕괴collapse [4]—무력함/희망 없는 극도의
   충격과 공포

　로라와 제가 미테콰이 공원에서 '정글을 대면'했을 때, 저는 앞에
나온 첫 세 단계를 거쳤습니다. 일단 잠재적 위협의 출처가 밝혀지
고 그것이 위험하지 않다는 것을 바로 확인했을 때, 우리는 같이 웃
음을 터뜨렸습니다. 이렇듯, 위험에 빠질 가능성이 미미한 것으로
보일 때, 이런 초기 단계는 자연스럽게 그리고 손쉽게 없었던 일이
될 것이며, 따라서 유기체(이 경우에는 저와 로라)는 이완된 채 경계
하는 상태로 돌아갑니다. 하지만 잠재적 위협에 대한 이런 초기 반
응 단계들에서 경보가 충분히 해제되지 않았다면, 행동에 대한 요
구는 급격히 증가할 것입니다. 실제로, 만일 부스럭거리는 대나무
속에서 잠복해 있던 맹수가 나타났다면, 우리의 감정 상태는 극도
로 격렬해져서 죽느냐 사느냐 하는 상황에서 생물학적으로 정해져
있는 생존 순서(5, 6, 7단계)에 따른 반응을 위해 전력을 동원했을

---

4) 역주: 저자는 그의 다른 저서 『무언의 목소리로(In an Unspoken Voice)』에서 fold를
　무력한 상태로 붕괴하는 것이라고 정의했습니다.

것입니다.

  일반적으로 5, 6, 7단계의 위기에 기반을 둔 감정은 비탈길을 타고 오르듯이 갈수록 점점 격렬해지는 절차적 운동 프로그램을 유발하는데, 위험을 감지하고 싸우거나 도망가는 데에서부터 그 다음에는 심각한 공포를 느끼며 얼어붙어 버리고, 마침내 아무것도 할 수 없다는 극한의 공포를 느낀 상태에서 '최후의 수단으로 나오는' 기본 반응인 붕괴와 기능 정지로 이어집니다. 이런 타고난 절차 반응들은 단계에 따라 다른 자율신경계적 특징으로 구분할 수 있습니다. 5단계(싸움 혹은 도망)는 교감-아드레날린sympathetic-adrenal 체계의 지지를 받아서 위기에 대응할 수 있도록 우리를 준비시킵니다. 만일 그랬는데 위협이 해결되지 않거나 우리의 방어/보호 행동이 좌절되었다면, 6단계(얼어붙음)로 넘어갑니다. 이때에는 이미 활성화되어 있던 교감-아드레날린 체계의 각성이 증폭되어서 우리를 과도 추동hyper-drive과 동시에 부동성 상태로 몰고 갑니다. 여기서 우리는 '겁에 질려 꼼짝 못하게' 됩니다. 위협 수준이 치명적이거나 피할 수 없는 것으로 인식된다면, 우리는 7단계인 깊은 절망과 무력함의 상태인 '기운을 잃고 무너져 내림folding'에 이르게 됩니다. 우리의 몸과 영혼은 무너져 내리고 소화, 호흡, 순환과 에너지 생성 등을 포함한 신진 대사 과정은 정지합니다. 이런 기능 정지 상태는 미주 신경vagus nerve(열 번째 뇌신경tenth cranial nerve)을 통해서 부교감 신경계의 소위 원초적이라고 하는(수초가 없는unmyelinated)[5] 부분의 중재를 받습니다.❷ 이 상태에서는 마치 액셀과 브레이크를 둘 다 밟고 있는 것처럼, 자율신경계의 역동은 교감신경계와 부교감신경계(미주 신경)의 우세(과도와 과소 각성) 사이를 거의 즉각적으로 왔다 갔다 할 수 있게 됩니다([그림 5-2] 참조).❸ 이런 불안정하고 폭발적인 단계에 '꼼짝 못하고 갇혔을' 때, 우리는 트라우마의 정말로 지옥 같은 영역에 남겨집니다. 앞뒤를 가리지 않는 맹목적인 분노가 분출되는데도 행동하기 위한 에너지가 없는 것을 경험할 것이고, 공포로 마비가 될 것입니다.

트라우마를 재협상하려면, 먼저 5, 6, 7단계와 관련 있는 절차 기억의 완결에 주목함으로써 방어 지향적 순서가 뒤바뀌어야 합니다. 우리는 고도로 활성화된 상태를 해소하고 기능 정지가 있었던 곳에 보다 능동적인 반응을 복원함으로써 그렇게 만듭니다. 이렇게 할 때, 우리는 원래 순서와 반대 방향으로 연달아 올라갑니다. 7에서 6으로, 5로, 4로, 3으로, 2로, 1로.* 이런 순차적인 재협상을 통해서 우리는 깊어진 조절과 내적 균형을 가지고 지금-여기 지향으로 돌아갈 것입니다. 자율신경계가 역동적 평형과 이완된 채 경계하기 상태의 범위로 복원되는 것은 재협상의 과정이 완결되었음을 입증합니다([그림 4-2] 참조).

---

5) 역주: 수초myelin sheath는 신경 섬유 주위를 여러 겹으로 감싸고 있는 피막을 말하며, 말이집, 미엘린초라고 번역되기도 합니다.
* 이런 순서는 결코 직선적인 것이 아니며, 트라우마를 재협상하려면 종종 몇 차례 왔다 갔다 하는 과정을 거쳐야 한다는 것을 기억할 필요가 있습니다.

SIBAM

치료적 관점에서 봤을 때, 재협상과 변형의 과정은 사람이 가진 내적 경험을 보여 주는 지도의 안내를 받고 더 명확해집니다. SIB-AM 모델은 그것이 트라우마였든 성공적 경험이었든 간에 개인이 겪은 경험의 신경 생리학적 · 신체적 · 감각적 · 행동적 · 정서적 측면을 포함하고 있습니다. 트라우마가 없는 상태에서 SIBAM의 요소들(감각$_S$, 이미지$_I$, 행동$_B$, 정서$_A$, 의미$_M$)은 현재 상황에 맞는 유연하고, 계속적이며, 일관성 있는 반응을 만듭니다. 이런 식으로, 일관성 있는 서사는 원초적인 감각-움직임의 처리로부터 진화하는 것입니다. 하지만 해결되지 않은 트라우마가 있을 때, SIBAM의 요소들은 서로 너무 가깝게 연결되거나(과도결합) 혹은 해리되고 파편화됩니다(과소결합). SIBAM의 개념과 트라우마의 재협상을 위한 SIBAM의 활용에 대해서는 저의 저서 『무언의 목소리로$_{In\ an\ Unspoken\ Voice}$』의 7장에 더 자세하게 설명되어 있습니다. [4]

감각$_{Sensation}$

몸 안에서 발생하는 내수용$_{interoceptive}$ [6]의 신체적 감각을 말하며,

---

6) 역주: 내수용·interoception이란 우리 몸이 어떤 상태이며 몸 안에서 어떤 일이 일어나고 있는지를 감지하는 신체 내부의 감각을 말합니다.

가장 의식적인 것부터 나열하자면 다음과 같은 것들을 포함합니다.

- 근육 운동 감각$_{Kinesthetic}$[7]: 근육 긴장의 패턴
- 고유 수용 감각$_{Proprioceptive}$: 공간에서 우리 몸의 위치 인식
- 전정前庭 감각$_{Vestibular}$: 가속과 감속[8]
- 내장으로부터의 직관$_{Visceral}$: 내장(위, 신장, 폐)과 혈관으로부터의 감각

이미지$_{Image}$

이미지는 외부 자극에 대한 감각 인상을 말하며, 여기에는 시각, 미각, 후각, 청각 및 촉각이 포함됩니다.

행동$_{Behavior}$

행동은 치료자가 직접 관찰할 수 있는 유일한 경로입니다. 치료자는 내담자의 신체 언어를 읽음으로써 내담자의 내적 상태를 유추할 수 있습니다. 행동은 다음과 같은 것들을 포함합니다.

---

7) 역주: 몸의 자세, 움직임이나 긴장에 대한 감각으로 근육, 관절, 힘줄을 통해 느껴집니다.
8) 역주: 우리 몸의 균형 잡힌 움직임을 관장하는 시스템을 전정계vestibular system라고 합니다. 우리 귀 안에는 전정 수용체가 있는데, 앞에서 언급된 저자의 다른 저서를 참고하자면 전정 수용체에서 감지된 정보는 우리가 속도의 변화—즉, 가속과 감속—와 중력에 대비한 우리 몸의 위치를 파악하는 것을 도와줍니다.

- 자발적인 몸짓
- 감정을 나타내는/얼굴 표정
- 지세: 지연발생적인 움직임이 개시되는 발판. 대개는 척추를 말함
- 자율신경계의 신호: 심혈관과 호흡 체계 포함. 맥박은 내담자의 목에 있는 경동맥으로 측정할 수 있음
- 내장Visceral 행동: 소화 과정은 위장에서 나는 소리의 변화를 통해 '관찰'할 수 있음
- 원형적인archetypal 행동: 보편적인 의미를 전달하는 비자발적인 몸짓이나 자세의 변화를 포함

정서Affect

정서에는 두려움, 화, 슬픔, 기쁨, 역겨움과 같이 범주로 나눌 수 있는 감정 그리고 느낌의 윤곽이 포함됩니다. 여기서 윤곽이란(느껴지는) 감각에 기반을 둔 접근과 회피, '좋음'과 '나쁨'에 대한 미묘한 느낌을 말합니다. 이런 느낌은 우리가 방향을 잡고 원하는 곳을 향해 움직일 수 있도록 우리의 하루를 이끌어 주고 우리 생을 안내합니다.

의미Meaning

의미는 앞에서 말한 네 가지 요소(감각, 이미지, 행동, 정서)가 결합

된 경험의 전체에 우리가 붙인 이름표입니다. 여기에는 트라우마에 기반을 둔 고정 관념이 포함됩니다. 치료자는 내담자가 자신에게 일어나는 감각과 느낌 전반에 자유롭게 접근해서 새로운 의미를 찾을 수 있도록 돕는데, 이것은 재협상 과정의 일부로서 '나쁨'에 대한 오래된 인지적 믿음을 변형시킬 수 있도록 합니다.

SIBAM을 이용한 사례

다음은 한 여성 내담자가 겪은 비교적 가벼운 트라우마의 유발원을 SIBAM을 활용해서 다룬 간단한 예입니다. 루이스는 자연, 공원, 초원과 풀로 덮인 동산을 사랑했습니다. 그렇지만 그녀는 새로 깎은 잔디 냄새를 맡게 되면 항상 메스껍고, 불안하고, 어지러웠습니다. 그녀의 고정된 믿음$_M$은 자신이 잔디에 알레르기가 있을 수 있으며, 잔디를 피해야 한다는 것이었습니다. 후각적이고 시각적인 이미지$_I$, 즉 깎인 잔디의 냄새와 모습은 내장과 전정계로부터 오는 메스꺼움과 어지러움의 감각$_S$에 연결 혹은 과도 결합되어 있었습니다. 그녀는 왜 이런 일이 일어나는지 전혀 몰랐습니다. 그저 자신이 깎인 잔디를 몹시 싫어한다$_M$고만 알고 있었습니다. 자신의 감각과 이미지를 들여다보고, 또 '마음의 눈'을 통해서 깎인 잔디를 보고 냄새를 맡으면서 루이스는 시간을 들여 자신의 신체 감각을 자세히 탐색했습니다. 이렇게 했을 때, 그녀는 왼쪽 손목과 왼쪽 발목을 붙잡힌 채 공중에서 회전하고 있는 것과 같은 새로운 감각을 느꼈습니다. 이 경험은 손목과 발목에 압력이 가해지는 것 같은 느낌$_I$인 동시에 전정 감각$_S$입니다. 그런 다음에는 한 네다섯 살쯤 되었을 때, 그녀를 못살게 굴었던 오빠가 당시 살았던 집의 잔디가 깎인 앞뜰에서 그녀가 원하지 않고 무서워하는데도 손목을 억지로 잡고 그녀를 공중에서 빙빙 돌렸던 촉각적이고 시각적인 이미지가 떠올랐습니다. 루이스는 회전하는 힘을 끊을 수 있도록 몸이 공 모양으로 둥글게 수축하려고 하는 것을 경험했습니다$_S$. 이런 능동적인 방어 반응이 나오면서 그녀에게는 오른쪽 손톱으로 오빠의 살을 파고들고 싶은 또 다른 충동$_S$이 일어났습니다. 그렇게 하는 것을 상상하면서 그녀는 손, 팔, 그리고 가슴에서 힘을 느꼈습니다$_S$.

　루이스는 숨을 가다듬고 몸을 떨며 순간적으로 두려움$_A$을 느꼈지만, 더 이상 자신이 위험에 빠져 있지 않다는 것을 깨닫자 두려움은 금새 가라앉았습니다. 그녀는 눈을 뜨고 다양한 색상이 있는 상담실을 둘러보면서 정향 반응을 했습니다$_B$. 그러고는 고개를 더 돌려서 자신과 함께하고 있는 치료자의 얼굴을 조용히 미소를 띤 채 맞이 했습니다$_B$. 새로 찾은 이 안전함과 함께 자신이 무사하다는 것을 느끼면서 그녀는 안정을 찾았습니다. 그러자 저절로 깊은 호흡이 나왔고$_B$, 그녀는 이제 배에서 안전함을 느낀다$_S$고 말했는데, 이 것은 내장에서 느껴지는 새로운 인식이었습니다. 그녀는 잠깐 멈추더니 손목 주위에 조이는 느낌$_S$이 남아 있다는 것을 알아차렸습니다. 그녀는 손을 풀어서 느슨하게 만들고 싶은 충동$_S$(특히 근육 운동 감각)을 인식했습니다. 분노의 물결$_A$이 그녀 안에서 일어나는 것을 느끼며 그녀는 성대의 운동 근육을 사용해서 "그만 해!"라고 외쳤습니다B. 다시 안정을 찾은 그녀는 여름날의 따스한 햇살을 받으며 새로 깎은 부드러운 잔디 위에 누웠을 때의 기분 좋은 촉각을 떠올렸습니다I. 이제 새로 깎은 잔디는 더 이상 불쾌한 감각(예전의 M)과 과도결합되어 있지 않았습니다. 새롭게 막 깎인 초록색의 잔디는 좋은 것이 되었고, 공원은 멋진 장소가 되었으며, '다 괜찮았습니다' (새로운 M과 일관성 있는 서사).

일단 우리가 재협상의 과정을 이해하고 그것이 가진 변화의 힘에 참여하게 되면, 경험은 계속 흘러가게 되어 있습니다. 내담자의 신체 반응이 정교해지고, 그것이 현재 느끼는 안전함 속에 의식적인 것이 되면, 좌절되었던 절차 기억은 자연히 교정 경험이 되고 그렇게 해소가 됩니다.

루이스의 예에서 보듯이, 재협상의 단계적 순서에 따라 작업을 하는 것은 **탐색적인 관찰자 기능**을 지속적으로 강화하게 됩니다. 이것은 현재에 머물면서 문제가 되는 다양한 감각, 감정과 이미지를 압도됨 없이 마주하고 추적하는 역량을 말합니다. 이런 기능은 결국 자신이 가진 기억의 혼합물과 평화롭게 공존할 수 있도록 돕습니다.

재협상에 대한 이런 기본적인 이해를 갖고, 다음 장에서는 페드로의 트라우마가 어떤 통과 의례를 거치며 변화하는지, 페드로가 개인적으로 겪은 영웅의 여정을 탐구해 볼 것입니다. 페드로가 무력했던 기억 속에서 힘을 얻으면서 그 기억은 절차/감정 기억에서 일화적 서사로 진화할 수 있게 됩니다.

TRAUMA AND MEMORY

영웅의 여정

66 원초적인 느낌primordial feeling[1]은 살아 있는 신체의 직접적인 경험을 보여 주는 데 말이 없고, 꾸밈이 없으며, 다른 것 말고 순전히 존재에만 연결되어 있습니다. 이런 원초적인 느낌은 기쁨에서 고통까지를 포괄하는……다양한 차원에서 신체의 현재 상태를 반영하는데 대뇌 피질보다는 뇌간의 차원에서 생겨납니다. 감정으로부터 나온 모든 느낌은 원초적인 느낌의 복잡한 변주입니다.

−안토니오 다마시오Antonio Damasio, 무슨 일이 일어나는가에 대한 느낌 99

---

1) 역주: 신체를 이상적인 상태로 유지하기 위한 행동(예: 물 마시기, 휴식)을 유발하는 목마름, 배고픔, 고통, 피로 등과 같은 감각과 동기를 일컫습니다.

부동성과 무력함에서 과도 각성과 동원mobilization으로, 그리고 마침내 성공과 숙달에 이르는 절차 기억의 전환은 제가 지난 45년 넘게 보아 온 트라우마를 겪은 수많은 사람 중 대부분이 거쳐 긴 과정입니다. 페드로의 여정은 트라우마를 치유해 나가며 이렇게 본능적으로 깨어나고 성장하는 과정을 보여 줍니다.

페드로

페드로는 간헐적으로 일어나는 천식 비슷한 증상 외에도, 투렛 증후군Tourette's syndrome,[2] 심각한 폐쇄 공포와 공황 증상으로 힘들어 하는 15살의 청소년이었습니다. 제가 브라질에서 강의를 하고 있었을 때, 페드로의 어머니인 카를라가 페드로를 사례 자문 시간에 데려 왔습니다. 페드로는 치료자에게, 그것도 여러 사람 앞에서 얘기해야 한다는 것에 매우 불편해 하고 있었습니다. 하지만 자신의 '틱'과 공황 증상에 대한 당황스러움과 수치심을 덜고 싶은 바람이 있었기에 그는 망설임을 이겨 내고 저를 만나러 오게 되었습니다. 페드로의 틱은 간대성 근경련[3]과 목이나 얼굴 근육의 경련으로 나타났는데,

---

2) 역주: 틱tic 장애의 일종으로, 틱이란 짧고 갑작스런 동작이나 음성이 반복적으로 나타나는 것을 말합니다. 투렛 증후군을 가진 사람들은 동작틱과 음성틱을 모두 경험합니다.
3) 역주: 몸의 근육이 느닷없이 빠르게 움직이는 것으로, 대개 근육이 갑자기 수축하면서 일어납니다.

틱으로 인하여 턱이 갑작스레 측면으로 움직이고 고개가 자꾸 오른쪽으로 돌아갔습니다. 저는 페드로의 어머니에게 페드로의 발달사에 대해 들으면서 페드로가 어린 시절에 몇 번 심하게 넘어져서 머리에 반복적으로 충격을 받았다는 것을 알게 되었습니다. 그 이야기를 간략히 요약하자면 다음과 같습니다.

페드로는 태어난 지 7개월이 되었을 때, 아기용 침대에서 떨어지면서 바닥에 얼굴을 부딪혔다고 합니다. 아이를 돌보던 여자는 겁에 질린 아기의 비명이 만든 알아듣기 힘든 소음을 무시했고, 페드로의 어머니에게 아무 일도 없다고 했습니다. 아직 기어다니지 못했는데도, 페드로는 용케 닫혀 있는 침실 문 쪽으로 돌진할 수 있었습니다. 약 15~20분이 지난 뒤에 아이가 걱정되었던 어머니가 문을 열었을 때, 아기가 문간에 걸려 넘어져서 애처롭게 울고 있는 것을 발견했습니다. 페드로의 어머니 카를라에 따르면, 페드로는 넘어지면서 큰 혈종이 생겼습니다. 카를라는 아기를 바닥에서 안아 올렸고, 너무 당황해서 아이를 돌보는 여자를 힐책하며 소리를 질렀다고 합니다. 카를라가 이런 반응을 보인 것은 당연했지만, 아마도 그것이 페드로를 더 겁먹게 만들었을 것이고, 카를라로 하여금 아이에게 지금 당장 필요한 것은 부드럽고 조용히 달래 주는 것이라는 것을 간과하도록 했을 것입니다.

페드로는 세 살 때, 그의 형이 부주의하게 내버려 둔 접이식 사다리를 올라가다가 다시 한 번 떨어지게 됩니다. 페드로가 세 번째 칸에 올라갔을 때, 사다리가 무너져 내리면서 페드로는 바닥에 등을 보이며 떨어졌습니다. 이 사고가 페드로에게 미친 영향은 두 가지 였는데, 하나는 머리 뒤 쪽이 땅에 부딪힌 것이었고 다른 하나는 무거운 사다리가 일굴을 내리친 것이었습니다.

마지막으로 페드로는 여덟 살 때, 또 넘어졌습니다. 이번에는 대략 시속 25마일[4]로 달리고 있던 차에서 밖으로 떨어졌습니다. 페드로는 양쪽 어깨에 심한 찰과상을 입었을 뿐만 아니라 또 한 번의 머리 부상을 당하게 되었습니다. 이 사고는 페드로가 일주일간 병원에 입원할 정도로 심각했는데, 첫 3일 동안은 중환자실에 격리되어 있었습니다. 페드로의 틱 증상은 이 사고가 생긴 지 두 달이 지난 후로부터 시작 되었습니다.

페드로와 회기를 시작했을 때, 저는 페드로가 가만히 앉아 있지 못하고 슬쩍 방을 둘러보는 등 확실히 여러 사람 앞에서 불편해 하고 있다는 것을 알 수 있었습니다. 저는 페드로가 때때로 주먹을 꽉 쥐는 것을 보았고, 그의 주의를 이 몸짓으로 환기시켰습니다. 저는 페드로에게 '마음을 주먹 안에 갖다 놓고' 주먹을 쥐는 감각을 느껴 보라고 요청했습니다. 이런 표현은 페드로가 자기 손에 **대해서 생각 하는 것**과 실제로 손에서 느껴지는 **신체 감각을 관찰하는 것**이 어떻게 다른지를 배울 수 있도록 도왔습니다. 이런 관점의 전환은 처음에 는 상당히 따라잡기 힘들 수 있지만, 종종 '작은 깨달음'이 되어 갑 자기 이해되기도 합니다. 이 새로운 소득은 마치 외국에 나가 그 나

---

4) 역주: 약 40킬로미터입니다.

라의 언어를 배워서 처음으로 현지인들과 소통할 수 있을 때 느끼는 것과 같은 흥분을 불러일으킵니다. 그런데 여기서 외국어는 몸의 내수용의(내부의) 지형이고, 현지인은 핵심적이고 원초적인(진정한) 자기Self입니다.

저는 페드로에게 호기심이 싹트는 것을 관찰했고, 그에게 **천천히** 손을 닫았다가 다시 **천천히** 열었다 하면서 그의 직접적인(감각으로 아는) 인식을 이 계속되는 움직임에 향하도록 요청했습니다.* "자, 이제 페드로." 제가 물었습니다. "주먹이 쥐어지면서 어떻게 느껴졌니? 그리고 천천히 주먹을 열었을 때에는 어땠어?"

"음." 그가 대답했습니다. "제 주먹이 강하게 느껴져요. 마치 내가 나를 보호할 수 있을 것처럼요."

"그렇구나." 제가 대답했습니다. "아주 좋아, 페드로. 그리고 지금은 손이 열리니까 느낌이 어떠니?"

페드로는 처음에는 제 질문에 당황했지만, 이내 미소를 지었습니다. "나 스스로를 위해서 뭔가를 받고 싶은 것 같아요……. 내가 원하는 뭔가를요. 공황 증상을 극복해서 디즈니랜드에 갈 수 있기를 제가 정말로 원하는 것 같아요."

"그런데 **원한다는** 것이 지금 너에게 어떻게 느껴지니?" 제가 물었

---

* 이렇게 천천히, 의도적으로 주의를 기울여서 내적인 움직임을 강조하는 것은 사이코드라마psychodrama나 일부 게슈탈트Gestalt 치료와 같은 다양한 방식의 표현적인 치료에서 종종 요구되는 것과는 대조적입니다. 이런 치료들은 내적으로 느껴지는 움직임보다는 외적으로 나타나는 총체적인 움직임을 강조하는 경향이 있습니다. 내적인 움직임은 보다 비자발적이며 뇌간, 소뇌, 추체외로계 등 뇌의 다른 시스템들을 동원합니다.

습니다.

그는 잠시 멈췄다가 대답했습니다. "그게 재밌네요. 제 주먹이 저의 문제를 극복하기 위해 필요한 힘을 가진 것처럼 느껴져요. 그러고 나서 손을 열었을 때, 그 힘을 그것에, 그러니까 제가 스스로를 위해 원하는 것에 닿기 위해 쓸 수 있을 것처럼 느껴져요."

저는 물었습니다. "몸의 다른 부위에서 그와 비슷한 힘이나 닿는 것이 느껴지니?"

"글쎄요." 그는 잠시 멈췄다가 말했습니다. "그 비슷한 것이 가슴에서도 느껴져요……. 거기가 따뜻하고 숨 쉴 공간이 더 있는 것 같아요."

"너의 손으로 그런 걸 어디에서 느끼는지 보여 줄 수 있겠니?" 제가 물었습니다. 페드로는 천천히 손으로 원형을 그렸습니다. 그가 계속 그렇게 하면서 저는 원이 바깥으로 나선형을 그리며 점점 커지는 것을 보았습니다. "그런데 페드로……." 제가 물었습니다, "그 따뜻함이 퍼져 나가는 걸 느끼니?"

"네," 그가 대답했습니다. "따뜻한 태양 같아요."

"그런데 그건 무슨 색깔이니?"

"노란색이요, 태양처럼요……. 어, 우아! 이제는 손을 열었을 때, 그 따뜻함이 손가락 끝으로 퍼져 나가고 손가락 끝이 찌릿찌릿하기 시작했어요."

"그래, 페드로, 아주 좋아! 이제 네가 문제를 마주할 준비가 된 것 같구나."

"네." 그가 대답했습니다. "네, 저도 알겠어요."

"그래 그걸 어떻게 알겠니?" 의아하다는 듯이 고개를 기울이며 제가 물었습니다.

그는 키득거렸습니다. "아, 그건 쉬워요. 제 몸에서 느껴져요."

"그럼 됐다!" 저는 격려하듯 대답했습니다. "그래 그렇다면, 계속해 보자."

[그림 5-1]에서 보듯이, 트라우마 절차 기억을 재협상하기 위한 관계와 발판을 결정하는 것은 우리의 현재(지금-여기) 신체 상태입니다. 제가 방금 페드로와 했던 이런 첫 인식 작업은 이제 향후의 탐색을 위한 신체화된 기반이 되었습니다. 회기 전체의 성과가 처음에 했던 지금-여기에 내적 탐색으로부터 싹트기 시작했던 것입니다. 페드로의 주먹으로 주의를 가져간 것은 사소해 보일 수 있습니다. 그러나 이런 **미세한 내적 움직임**을 감지하는 것, 이 움직임이 자기 안에서는 어떻게 느껴졌는지에 대해 싹튼 인식이 남은 회기를 위한 토대를 마련했습니다. 이런 신체에 근거한, 자원이 되는 발판은 페드로가 이제 자신의 힘든 절차 기억을 다뤄도 될만큼 충분히 안전하다고 느끼도록 만들었고, 궁극적으로는 절차 기억이 변형될 수 있도록 도왔습니다. 몸에서 느껴지는 감각이 절차 기억에 생리적으로 접근할 수 있도록 해 준다는 것은 아무리 강조해도 지나치지 않습니다. 이런 중대한 암묵 기억에 대해 인지적 접근에서는 단순히 관여를 안 하고, 카타르시스를 지향하는 접근에서는 종종 이를 무시하거나 압도해 버립니다.

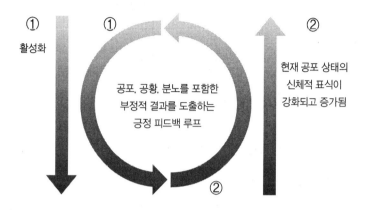

현재의 공포 상태가 신체적 표식Somatic Markers*으로서
내수용적으로 부호화encode 됨

① 활성화

①

공포, 공황, 분노를 포함한
부정적 결과를 도출하는
긍정 피드백 루프

②

현재 공포 상태의
신체적 표식이
강화되고 증가됨

②

비슷한 신체적 표식을 가진 메모리 엔그램

*신체적 표식에는 근육 긴장, 수축, 진동, 떨림, 힘이 없음, 심박수가 빨라지거나 느려짐, 혈압 상승(쿵쾅거림),
혈압 저하(어지러움), 기절하거나 어지러움, 손이 차고 땀이 남, 과소(얕은) 호흡 혹은 과호흡이 포함됩니다.

[그림 5-1] 신체적 표식
위의 그림은 현재의 내수용 상태가 비슷한 상태를 담고 있는 감정 및 절차 기억과 어떻게
연결되는지를 보여 줍니다. 우리의 현재 신체적/생리적, 그리고 감정적 반응은 어떤 기억이
나 연상이 상기될지를 무의식적으로 안내합니다. 현재의 공포 상태는 공포에 기반을 둔 기
억을 유발하고, 이로 인해 현재 느끼는 공포는 더 강화됩니다. 이것은 고통의 증가와 잠재
적인 트라우마 재발이라는 긍정 ('점점 심해지는 통제 불능의') 피드백 루프(7장의 역주 1 참
조)를 낳을 수 있습니다.

진자처럼 양쪽으로 왔다 갔다 하는 움직임(진자 움직임pendulation)은
SE에서 핵심적인 개념인데, 암묵적인 트라우마 기억을 해소하는 데
사용됩니다. 진자 움직임이란 제가 만들어 낸 말인데, **팽창과 수축을
오가는 지속적이고 본능적인 유기체의 리듬**을 말합니다. 트라우마를
겪은 사람들은 만성적인 수축 상태에 갇혀 있습니다. 이런 고착된
상태에서는 마치 그 무엇도 영영 바뀌지 않을 것처럼 보입니다. 이

런 출구 없는 고착은 트라우마를 겪은 사람들을 극심한 무력함, 희망 없음과 절망의 덫에 빠뜨립니다. 실제로 수축의 감각은 눈에 보이는 뚜렷한 완화도 없이 너무 고통스럽고 끝이 없어서 우리는 자기 몸을 느끼는 것을 피하기 위해 거의 무엇이든 다 하려고 할 것입니다. 몸이 적이 되어 버린 것입니다. 이런 감각은 트라우마 전체가 다시 일어나려고 한다는 두려운 전조로 인식됩니다. 하지만 회피야말로 우리를 얼어붙어서 트라우마에 '갇혀 있게' 하는 것입니다. 섬세한 안내를 받으며 이런 감각들과 아주 잠시 동안 '접촉'하고 나면 우리는 그 경험에서 살아남을 수 있다는 것을 발견하게 됩니다. 우리는 자신이 완전히 망가져 버리지 않을 것임을 알게 될 것입니다. 처음에는 기존의 무감각과 기능 정지 상태에서 빠져 나가는 것이 못 견디게 괴로운 것으로 느껴질 때가 많겠지만, 우리는 조심스러우면서도 견고한 지지 속에 자신의 저항을 잠시 멈추고 잠정적인 호기심에 마음을 열 수 있습니다. 그리고 나서 이런 감각들에 닿았을 때, 순간적으로 그리고 매우 점진적으로 수축은 팽창으로 열리고 그런 다음에 자연스럽게 수축으로 돌아오게 됩니다. 하지만 이제 수축은 예전만큼 갇혀 있지 않고, 덜 불길하게 느껴지며, 다음에는 또 다른 조용한 팽창의 경험으로 자연스럽게 이어지게 됩니다. 수축, 팽창, 수축, 팽창으로 이어지는 주기를 겪을 때마다 우리는 **흐름**flow의 내적 감각을 경험하고 이완에 대한 허용이 커짐을 느끼기 시작합니다. 이런 내적 움직임, 자유, 그리고 흐름에 대한 감각과 함께 우리는 꽉 잡고 안 놓아 주는 무시무시한 트라우마의 '그물'에서 점차 벗어나게 됩니다.

치료 초기 탐색의 또 다른 초석에는 내면의 힘, 그리고 제가 **건강한 공격성**healthy aggression*이라고 부르는 연계된 역량 둘 다에 접촉하는 것이 포함됩니다. 페드로에게는 그가 자기 주먹에서 느껴진 힘, 그 다음에는 손에서의 열림을 인식하게 되었을 때 최초의 접촉이 일어났습니다. 이런 경험이 한데 모여 건강한 공격성이라는 새로운 경험을 만들었습니다. 즉, 자기 스스로를 지킬 수 있는 역량, 필요한 것을 얻기 위해 자신의 힘을 동원하고 움직일 수 있는 능력을 경험하고 그 결과 새로운 가능성이 열린 것입니다. 이런 확고하고 흔들림 없는 초석과 함께 페드로는 이제 자신의 살아 있음과 삶에서 앞으로 나아가려는 움직임을 '지체시키던' 야수를 대면할 준비가 되었던 것입니다. 그러면 다음에 무슨 일이 일어났을까요?

저는 페드로가 입을 조금씩, 더는 벌릴 수 없을 것 같을 때까지 벌렸다가 천천히 다무는 느리고, 반복적인 **수위 조절된** 일련의 움직임을 연습해 보도록 했습니다.**1** 이 연습은 그가 이미 했던 수축과 팽창의 탐색을 되풀이하는 것으로, 페드로의 강박적으로 '과도 결합된' 머리, 목, 턱의 신경 근육이 연쇄적으로 수축되는 것을 차단했습니다. 한 번 이렇게 여닫은 다음에 다시 할 때까지 쉬는 것은 중간중간 안정화를 시킴으로써 페드로의 각성을 주기적으로 가라

---

* 영어로 공격aggression이라는 단어는 라틴어 동사인 aggredi에서 나왔습니다. aggredi는 여러 의미가 있는데, 그중에는 '접근하다' '목표를 갖다' '기회를 잡다' '갈망하다' 등이 포함됩니다.

앉힐 수 있도록 했습니다. 이렇게 수위 조절을 하며 점진적으로 움직이는 과정에서 페드로는 목과 어깨에 갑작스런 떨림을 약간 느꼈고 그러고 나서 쉬는 동안에는 다리에서 그것보다는 부드러운 떨림(방출)을 경험했습니다.[2] 그는 또 어깨 위쪽에서 강렬하고 불편한 타는 듯한 열기가 나온다고 말했습니다. 그의 어머니가 나중에 말씀하시기를, 이런 '몸의 기억'이 나온 부위는 페드로가 어린 시절에 세 번째로 떨어졌을 때 다쳐서 상당한 흉터가 남은 곳이었습니다. 미세한 움직임/방출/휴식의 주기를 몇 번 더 거친 후에 페드로의 틱은 크게 줄어들었습니다. 뿐만 아니라, 페드로가 자신의 '가이드'인 저나 지지적 동지인 다른 참가자들과의 소통에 있어서 한결 더 집중하고 참여하게 된 것을 볼 수 있었습니다.

틱 움직임이 가라앉으면서 페드로는 훨씬 편안해졌다고 했습니다. 저는 이제 **그가** 이 회기에서 가장 원하는 것이 무엇인지를 물었습니다. 그는 폐쇄 공포가 없어져서 봄 방학 때 가족과 함께 브라질에서 디즈니랜드로 여행을 갈 수 있었으면 정말 좋겠다고 대답했습니다. 그는 덥고 환기가 잘 안 되는 비행기 안에서 공황 증상을 겪은 적이 있다고 했는데 당시 그 비행기는 탑승구에서 지연이 되어 30분 이상 문이 굳게 닫힌 채 대기하고 있었다고 합니다. 저는 그에게 그 비행기 안에서 있었던 일을 생각했을 때 무엇이 느껴지는지를 물었습니다.

"무서워요." 그가 낮은 소리로 중얼거렸습니다.

"그런데 그게 몸에서는 어떻게 느껴지니?"

"숨을 잘 쉴 수 없는 것처럼…… 마치 제 가슴에 끈이 둘러 있는 것처럼…… 정말 숨을 잘 쉴 수가 없어요." 저는 제 발을 페드로의 발 옆에 갖다 대면서 그에게 이렇게 해도 괜찮은지를 물었습니다. "네." 그가 대답했습니다. "그렇게 하는 게 제가 공중으로 사라져 버리지 않도록 도와주네요."

이렇게 덧붙여진 '그라운딩grounding'[5]과 함께 저는 페드로에게 가슴에서 느껴진 긴장이 심해지거나 약해졌는지, 그대로이거나 혹은 무언가 다른 것으로 바뀌었는지 물었습니다. 이런 형태의 **열린 질문**은 페드로가 호기심 어린 태도를 갖도록 유발했습니다. 그는 잠시 멈췄다가 "확실히 좋아지고 있어요. 이제 숨을 쉴 수 있을 것처럼 느껴져요."라고 말했습니다.

"그 외에 또 느껴진 것이 있니?"라고 제가 물었습니다.

"네." 그가 대답했습니다. "가슴에서 따뜻함이 다시 느껴져요……. 그리고 그게 얼굴로 퍼져 올라가기 시작했어요."*

"어." 그가 계속해서 말하기를 "이제 정말 퍼지고 있어요. 제 몸의 나머지 부분으로 옮겨 가면서요……. 정말 좋은 느낌이에요. 따뜻한 찌릿찌릿함과 부드러운 흔들림 같이 느껴져요……. 그리고 내부의 흔들림…… 이게 참 재밌네요……. 마치 공황은 가 버린 것 같

---

5) 역주: 우리의 발이 땅을 디디고 서 있듯이, 우리의 몸과 마음이 현재에 접촉해서 기반을 잡도록 하는 것을 뜻합니다.

* 이것은 얼굴과 목구멍 쪽의 가벼운 혈관 확장으로 나타났는데, 페드로의 피부 톤이 '상기'되는 것을 볼 수 있었습니다.

아요. 마치 사라진 것처럼…… 정말 사라진 것처럼요!"

저는 페드로에게 폐쇄된 공간에서 공황을 겪은 최근의 다른 경험을 떠올릴 수 있는지 물었습니다. 그는 일 년 전에 수영장에서 지퍼를 열고 들어갈 수 있는 커다란 공에서 놀았던 때를 묘사했습니다. 사람이 안으로 들어가면, 안에서 지퍼를 채워서 공을 닫을 수 있었습니다. 그리고 나면 안에 있는 사람은 자신의 체중을 이용해서 공을 수면 위로 굴리는 것입니다. 이 공을 갖고 노는 것은 원래는 재미있고 신나는 일이었습니다. 하지만 페드로에게는 재미있지가 않았습니다. 닫힌 내부는 그를 숨 막히게 했고, 그는 뒤로 넘어졌습니다. 이것은 그가 비행기에 갇혔을 때 경험했던 질식할 것 같은 공포뿐만 아니라 예전에 떨어지면서 겪었던 끔찍한 내수용의 경험을 되살아나게 했습니다. 페드로는 공을 열 수 없자 공포에 질렸습니다. 과호흡 상태여서 소리를 지를 수는 없었지만 그의 숨 가쁜 신음이 이번에도 어머니의 주의를 끌었습니다. 바깥에서 공의 지퍼를 풀고 아들을 곤경에서 구해 내면서 어머니는 7개월 된 아이가 다쳐서 겨우 내는 신음 소리를 들었을 때와 비슷한 괴로움을 느꼈습니다. 자신을 덫에 걸려들게 한 이 누에고치[6]에서 나오면서 페드로는 또 한 번 어머니의 겁에 질린 얼굴을 보았습니다. 공포에 떠는 어머니의 표정은 또 다시 그를 놀라게 했으며 그의 두려움과 좌절감을 증폭시켰습니다.

---

6) 역주: 공을 비유적으로 말한 것입니다.

페드로가 가장 최근에 있었던 공황에 대한 이 일화를 들려주는 것을 마쳤을 때, 저는 그가 구부정한 자세로 의자에 앉아 있는 것을 보았습니다. 그의 어깨는 앞으로 수그러져 있고, 척추 중간 부분은 마치 횡격막 위로 내려앉은 듯 보였습니다. 이런 축 처진 자세는 청소년기와 유아기에 모두 겪은 구조 과정에서의 굴욕적인 수치심, 절망과 압도적인 수동성을 반영합니다. 이것이 페드로가 자기 몸에 대한 통제력을 어느 정도 경험하도록 돕기 위한 시의적절한 기회임을 알아차리고, 저는 그의 주의를 그가 잠재의식적으로 다시금 열었다 닫았다 하고 있는 자기 주먹으로 향하게 했습니다. "음." 그가 말했습니다. "여기서 약간의 힘을 느낄 수가 있어요. 힘이 돌아오고 있어요. 마치 우리가 처음 회기를 시작했을 때처럼요." 저는 그가 자신의 자세를 느끼면서 부드럽게 앞으로 더 깊게 구부리도록 안내했습니다. 이렇게 가라앉으며 내려앉는 것이 멈추고 나자, 위로 되돌아오는 점진적인 움직임이 자연스럽게 시작되었습니다. 저는 페드로에게 척추가 펴지고 머리가 위로 들리면서 느껴지는 것을 그냥 한 번 인식해 보라고 했습니다. 이렇게 의식적으로 자신의 내적 경험을 대면하는 것은 예상치 못한 자긍심, 심지어 승리감을 전달했는데, 페드로는 그것을 이렇게 표현했습니다. "와, 훨씬 낫네요. 고개를 들고 앞을 내다볼 수 있을 것 같아요. 이렇게 하니까 더 자신감이 생기네요."

갑자기 피어난 이런 활기를 기반으로 저는 페드로에게 이때까지 말한 것 중에서 가장 최근에 있었던 실패의 순간, 즉 수영장 사건으로 돌아가 볼 수 있겠는지 물었습니다. 그가 동의했습니다. 저는 그에게 수영장에서 갖고 놀던 그 공 안에 있는 스스로를 마음속으로 그려 보라고 제안했습니다. 그는 이 쉽지 않은 신체적 시각화를 해볼 준비가 된 것처럼 보였습니다. 그는 공 안에 들어가서 지퍼를 닫은 후에 뒤로 넘어지며 균형을 잃었던 것을 묘사했습니다. 그가 이 일련의 사건들을 상기하면서 그의 신체화된 상상이 다시 현기증을 불러 일으켰습니다. 예전에 이런 어지러움은 가슴이 조여들고 호흡이 가빠지는 것을 비롯한 공황 반응의 초기 단계에 불을 지폈습니다. 그러면 질식할 것 같은 공포스런 느낌이 증폭되었습니다. 하지만 이제 페드로는 **압도되지 않은 채** 현기증을 경험할 수 있었습니다. 저는 그가 다시 한 번 가슴 주위에 있는 특정한 수축의 감각에 주의를 기울이도록 안내했습니다. 그의 호흡은 차츰 안정을 찾았으며, 그는 몇 번의 자연스럽고 느리며 순조로운 호흡을 들이쉬었다 끝까지 내쉬었습니다.

우리는 이제 페드로의 뒤로 넘어지는 감각을 탐색했습니다. 저는 페드로의 등 위쪽과 머리를 저의 손으로 살짝 지지해 주면서 그에게 저항을 내려놓고 넘어지는 감각으로 들어가 보라고 권했습니다. 그는 바로 "나가야 돼요!"라고 말했습니다.

저는 침착하게 질문으로 응했습니다. "그런데 어떻게 하면 그럴 수 있을까?"

그러자 그는 "마치 제가 제 몸을 떠나고 있는 것 같아요."라고 했습니다.

"그래." 제가 대답했습니다. "네가 어디로 가는지 그냥 한 번 보자꾸나."

그는 '이 이상한 떠다니는 느낌'에 몸을 맡기는 것이 겁난다고 했습니다. 그를 안심시키려고 잠깐 멈춘 저는 페드로가 떠다니는 감각에 주목하도록 조심스럽게 격려하면서 그에게 어디로 떠내려갈 것 같은지 물었습니다. 이런 식의 해리가 일어났을 때에는 신체에 기반을 둔 언어로 질문하지 않고 대신 해리 경험을 수용하고 따라가는 것이 중요합니다. 페드로는 주저하더니 말했습니다. "위로, 공 밖 위로요."

"그래, 거기 괜찮을 것 같구나." 제가 말했습니다.

이제 그는 위에서 공을 내려다보는 것을 묘사했는데, 자기가 그 안에 있었다는 것도 안다고 했습니다.

제가 물었습니다. "그래, 그 위에서 뭘 하고 싶니?"

그가 대답했습니다, "밑으로 내려가서 지퍼를 열고 싶어요." 페드로는 어느 정도 해리되어 있었음에도 불구하고, 상상 속에서 이런 **능동적인**(움직임이 있는) **탈출** 전략을 그려 보고 실행할 수 있었습니다. 과거에 그는 어머니가 자기를 구조하도록 의지해야 했습니다. 특히나 청소년에게는 이것이 힘을 실어 주는 경험이었을 리가 거의 없습니다. 이 '재협상'은 그의 틱을 한층 더 감소시켰습니다.

페드로는 이제 더 옛날에 비슷한 경험을 했던 것을 떠올렸습니다. 그는 자기가 다섯 살이었을 때, 침실 문이 걸려서 열리지 않았었다고 말했습니다. 그는 온 힘을 다해서 문을 당겨 봤지만 소용이 없었던 것을 기억했습니다. 그는 이것이 비행기에서 그랬던 것처럼 극도의 불안과 공포 반응을 불러일으켰다고 했습니다. 치료적 관찰자의 입장에서는 이것이 그가 7개월이었을 때 일어났던 생애 처음으로 다친 채 혼자 무력하게 남겨졌던 경험의 '재연', 메아리임을 알 수 있습니다. 아기용 침대에서 떨어져서 엄마에게 갈 수 없었고, 그 후로 아기에게는 영원처럼 느껴졌을 시간인 20분 동안 혼자 있었던 사건이 이런 강렬하고 오래 지속되는 감정적이고, 절차적인 각인을 남긴 것입니다.

이처럼 다섯 살 페드로가 침실 문이 걸렸을 때 보인 두려움에 찬 '과잉반응'은 이전(생후 7개월)에 침대에서 떨어져 심각한 부상을 입었던 사건, 그 당시에 겪은 극도의 무력함과 때맞춰 관심을 얻기 위한 노력의 좌절 때문일 가능성이 상당히 높습니다. 그러나 신체화된 상상 속에서 자신의 힘으로 공에서 빠져나온 성공의 경험, 그리고 턱을 인식하는 연습의 결과로 그의 턱에 생긴 이완된 결의를 보면서 저는 그가 방에서 탈출하려던 5살 때의 시도를 이전에는 할 수 없었던 방식으로 완결할 수 있을 거라는 느낌을 받았습니다. 이번에는 그가 실패하지 않고 끝까지 해낼 수 있을 것임을 느꼈습니다.

이제 저는 페드로에게 문손잡이를 당기는 것을 계속 상상하면서 이런 적극적인 노력을 하고 있는 그의 몸 전체를 느껴 보라고 요청했습니다. 제가 그의 얼굴에 잠깐 스치고 지나간 짧은 미소에 대해 묻자, 그는 자기가 어떤 식으로 문을 당겼고 당기다가 차 버렸고 결국에는 부숴 버렸는지를 과감하게 묘사했습니다. 그러더니 그가 활

짝 웃길래 저는 그에게 체셔_{Cheshire} 고양이와 같은 그런 웃음을 그가
몸 어디에서 느끼는지 물었습니다. "어," 그가 배를 가리키며 "저는
징밀 제 눈, 팔, 가슴, 어깨, 다리 그리고 심지어 여기서도 느낄 수
있어요."라고 대답했습니다. 그는 의기양양하게 "정말이지 제 몸
전체에서요. 제가 엄청 강하고 힘 있게 느껴져요. 마치 슈퍼히어로
처럼…… 제 몸이 저를 보호할 수 있어요."라고 말했습니다.

  많은 부모님들이 그렇듯이, 페드로의 어머니는 자신의 10대 아들
이 컴퓨터와 인터넷을 지나치게 많이 쓰는 것이 걱정이라고 했습니
다. 실제로 그 정도면 너무 심하고 충동적인 것 같았습니다. 우리의
회기가 있은 지 이틀 후에 어머니가 한 말에 따르면, 페드로는 어
머니에게 미술 도구를 조금 사달라고 했다고 합니다. 페드로는 어
린 아이였을 때 그림 그리는 것을 좋아했는데, 그의 증상이 악화되
어 얼굴, 머리, 목에까지 영향을 미치게 되자 미술에는 흥미를 잃
어버리고 컴퓨터에만 붙어 지냈다고 합니다. 이런 강박적인 행동이
그의 증상을 더 악화시킨 것으로 보였습니다. 어머니는 그가 미술
에 다시 흥미를 보이자 무척 기뻐했습니다. 그러더니 그는 학교에
서 노래 교실에 스스로 가입하는 용기를 발휘해서 어머니를 완전히
놀라게 했습니다. 그랬을 때 그는 자신의 턱과 횡격막 사이의 강력
한 연결을 느낄 수 있었습니다. 페드로는 또 어머니에게 미래의 학
업에 대한 새로운 계획이 생겼다고 알렸는데, 예전에 원했던 공학
대신 심리학 분야에서 연구를 하고 싶다고 말했습니다. 그는 자신
의 뇌에서 어떤 일이 일어나고 있는지에 커다란 흥미를 느꼈고, 페

쇄공포가 너무 심해서 몇 년째 미루었던 뇌 스캔을 몹시 하고 싶어 했습니다. 페드로는 이제 디즈니랜드로 가족 여행을 갈 계획에 신난다고 했습니다. 장시간 비행기 여행을 하는 것에 대한 걱정은 사라진 것 같았습니다. 이것은 분명 페드로가 자신의 미래(과거와는 매우 다른 미래)를 보는 관점에 생긴 새롭고 다차원적인 변화였습니다. 이제 페드로를 이런 새로운 업데이트된 기억으로 이끈 재협상의 단계를 간단히 요약해 보고, 어떻게 이런 과정이 페드로로 하여금 자신의 과거를 뒤로한 채 힘을 얻어서 자기 주도적으로 앞을 향해 나아가게 했는지 정리해 봅시다.

요약하자면, 트라우마 기억을 재협상하는 기본적인 단계들은 일반적으로 다음의 과정을 거칩니다.

1. 비교적 차분하고, 힘이 있으며, 그라운딩 되어 있는 지금-여기에 경험을 만들도록 돕습니다. 이런 상태에서 내담자는 어떻게 트라우마에 기반을 둔 힘든 감각뿐만 아니라 긍정적인 몸의 감각에 접근할 수 있는지를 배우게 됩니다.
2. 이런 차분하고 신체화된 발판을 이용해서 내담자가 긍정적이고 그라운딩된 감각과 보다 힘든 감각 사이를 천천히 오갈 수 있도록 안내합니다.
3. 감각으로 느끼는 이런 추적을 통해서 트라우마 절차 기억은 충격적이고, 절단된 (즉, 좌절된) 형태로 나타납니다. 치료자는 내담자가 과도 각성 혹은 과소 각성된 상태가 아닌지 계속적으로 확인해야 합니다. 만일 그런

상태라면, 치료자는 앞의 두 단계로 돌아갑니다.

4. 절단된 형태의 절차 기억에 접근함으로써 실패한, 즉 미완성된 반응의 '스냅 시진snapshot'을 인식히게 된 치료자는 내담자가 감각적 탐색을 계속하고, 보호 행동을 의도했던 대로 의미 있게 완결해 나갈 수 있도록 돕습니다.

5. 이렇게 하는 것은 핵심적인 조절 시스템을 재설정하도록 하여 균형, 평형과 이완된 채 경계하기 상태를 복원합니다[3]([그림 7-1] 참조).

6. 마침내, 절차 기억은 기억의 감정적, 일화적 그리고 서사적 기능과 연결됩니다. 이런 연결은 기억이 자기가 있어야 할 자리(과거)에 있도록 해 줍니다. 트라우마 절차 기억은 더 이상 부적응적인(미완의) 형태로 재활성화되지 않으며, 이제는 성공적이고 건강한 영향력으로 전환됩니다. 절차 기억의 전체적 구조가 변화되어서 업데이트된 새로운 감정 및 일화 기억이 나오도록 장려합니다.

트라우마 기억에 대한 작업을 하는 데 있어서 핵심적인 특성은 기억에 접근할 때, 과도 활성화와 압도 상태도 아니고 기능 정지, 붕괴, 수치심의 상태도 아닌, 현재 상태의 시점으로부터 점진적으로 접근해야 한다는 점입니다. 기능 정지 상태인 사람들이 겉으로는 평온해 **보일 수 있기** 때문에 치료자에게는 상당히 혼란스러울 수 있는 부분입니다.

일반적으로 절차 기억을 다룰 때에는 가장 최근의 것부터 먼저 다루는 것이 제일 좋습니다. 하지만 실제로는 비슷한 요소를 가진

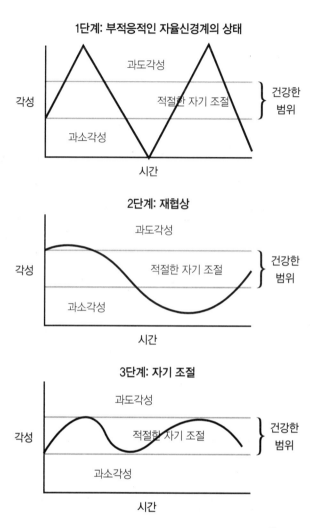

1단계: 부적응적인 자율신경계의 상태

각성

과도각성

적절한 자기 조절

과소각성

건강한 범위

시간

2단계: 재협상

각성

과도각성

적절한 자기 조절

과소각성

건강한 범위

시간

3단계: 자기 조절

각성

과도각성

적절한 자기 조절

과소각성

건강한 범위

시간

[그림 5-2] 자기 조절의 창(Window of Self-Regulation)[7]
위의 도표는 자기 조절의 범위를 재확립하고 역동적인 평형을 복원하는 데 있어 과도 각성 (압도) 상태와 과소 각성 (기능정지) 상태의 재협상을 보여 줍니다.

---

7) 역주: 여기서 자기 조절의 창window이란 자기 조절의 범위를 말합니다. 그림에서 보 듯이, 건강한 범위를 벗어나면 과도각성이나 과소각성이 일어납니다.

모든 절차 기억과 이에 수반되는 의식 상태가 합성되어 하나의 절차 엔그램을 이루는 경향이 있습니다. 페드로가 공 안에 갇혔던 것을 외현석으로 상기한 것은 그로 하여금 자신이 무력하게 갇혀 있었던 절차적 엔그램에 접근할 수 있도록 했고, 그래서 적극적인 탈출을 도모하도록 했습니다. 합성된 엔그램의 완전한 재협상은 말하자면 과거로 거슬러 올라가면서 소급 적용되어 달성되었습니다. 페드로는 처음에는 청소년으로서 스스로를 공에서 벗어나게 했고, 다음에는 5살로서 문을 열면서 완결을 찾아갈 수 있었습니다. 그와의 회기에서 조심스럽게 진행된 이 두 단계는 유아기에 그가 지속적으로 느꼈던 무력함을 담고 있던 합성된 엔그램을 다루는 데 도움을 줬습니다. 그래서 그가 유아기에 최초로 느낀 고통도 청소년기와 5살 때의 트라우마를 성공적으로 재작업하면서 어느 정도 상쇄되었던 것입니다.

페드로의 경우에 나타난 성공의 형태는 어린 시절에 삼촌에게 성적 학대를 당한 뒤, 친밀한 관계를 맺는 데 어려움을 겪고 있던 마라톤 챔피언과의 회기에서도 나타났습니다. 회기 중에 그녀는 삼촌에게 반격을 가하고 그의 생식기를 차 버리고 싶은 충동을 경험했습니다. 또한 그녀는 자라나는 자기애self-compassion와 함께 어른이었던 그가 네 살이었던 그녀를 실제로 완전히 제압했었다는 것을 인식했습니다. 그런 다음에 그녀는 팔을 뻗어서 그가 접근하지 못하도록 경계를 설정하는 것을 상상했는데, 그러자 자신의 힘이 돌아오는 것을 느꼈습니다. 회기 말에 그녀는 마치 마라톤을 뛴 것 같다고 말했습니다. 저는 그게 어떤 느낌인지 물었고, 그녀는 이렇게 대답했습니다. "그건 마치 제 다리가 더 이상 달릴 수 없는 지경에 다다른 것 같았어요. 더 달리기는커녕 겨우 서 있을 수 있을 것처럼요……. 그러더니 뭔가가 일어났어요. 마치 제 머릿속에서 '그냥 계속 움직여…… 계속 움직여'라는 목소리를 들은 것 같았어요."

저는 그녀에게 이것이 장거리를 달리는 사람들에게 흔한 경험인지를 물었습니다. "그렇죠." 그녀가 대답했습니다. "하지만 우리의 회기에서는 제 다리에서뿐만 아니라 안으로부터, 제 전부의 안으로부터 그걸 느꼈어요. 전 이제 스스로를 방어할 수 있어요. 큰 어려움을 견디고 장애물을 극복하는 능력이 제게 있다는 걸 알겠어요."

일주일 후에 그녀는 자신이 성적인 행위에 대해 어느 정도 열린 자세를 가질 수 있게 되었다고 말했습니다. 그리고 이것이 "그 사람(그녀의 삼촌)을 향해 그녀가 거둔 최고의 승리"였다고 덧붙였습니다.

불굴의 의지로

> **❝** 세상은 모든 이에게 상처를 주고
> 그 후에 많은 이들이 상처 입은 곳에서 강하게 살아 남는다.
>
> ─어니스트 헤밍웨이 Ernest Hemingway **❞**

66 당신은 멈춰서 얼굴에 있는 두려움을 마주했던 모든 경험을 통해 강인함, 용기, 자신감을 얻습니다.

당신은 스스로에게 이렇게 말할 수 있습니다.

"난 이 끔찍한 것을 겪어 냈다. 난 다음번에 오는 것도 해낼 수 있다."

당신은 당신이 할 수 없다고 생각하는 일을 해야 합니다.

—엘리노어 루즈벨트Eleanor Roosevelt,

『살면서 배운다. 보다 충만한 삶을 위한 열한 가지 열쇠You learn by living:

Eleven Keys for a more fulfilling life』 99

45년간의 저의 임상 작업은 근본적이고 보편적인 본능이 장애물을 극복하는 쪽으로, 스스로의 내적 균형과 평형을 회복하는 쪽으로 향한다는 것을 확인시켜 주었습니다. 즉, 본능은 압도적인 사건과 상실의 후유증을 치유하고 계속 나아가려 합니다. 덧붙이자면, 저는 이런 본능이 도전과 역경을 맞아 계속 나아가고 성공하려는 생물학적으로 뿌리내린 의지에 신체적 발자취를 갖고 있는 게 아닌가 생각합니다. 제 몫을 다 해내는 치료자라면 역경을 맞이하는 이런 원초적인 능력을 인식할 뿐만 아니라, 자신의 주된 역할이 내담자에게 '조언을 해 주고' 그들을 '낫게' 하거나 '고치는' 것이 아니라 이런 불굴의 의지와 성공을 위한 타고난 추동을 지지하는 것임을 이해하고 있을 것입니다. 하지만 어떻게 하면 이런 본능의 달성을 촉진할 수 있을까요?

저는 페드로의 여정에서 보았듯이, 변화를 위한 내적 추구가 추

**트라우마와
기　억**

동을 드러낸다는 것을 주저 없이 인정할 것인데, 수년 동안 저는 추동의 본질에 대해서 되돌아보고 깊게 생각해 왔습니다. 최근에 제 연구에 대해 알고 있는 독일인 동료 요아힘 바워가 간질 치료에 관한 잘 알려지지 않은 학술지 논문을 제게 건넸습니다. 그런데 이 재미있는 논문에 대해 논하기 전에 먼저 간질의 신경외과적 치료에 대한 배경을 간략하게 소개해 드리겠습니다.

20세기 중반에 저명한 신경과 전문의였던 와일더 펜필드의 선구적인 업적이 나온 이래로, 심각하고 고치기 어려운 간질을 개선하기 위한 절차는 손상된 뇌세포를 잘라내서 격렬한 '신경 폭풍nerve storms'을 피하는 것을 포함하게 되었습니다. 그러나 이런 외과적인 제거를 진행하기 전에 신경 외과 의사는 먼저 손상된 뇌 부위가 무엇을 통제하고 처리하는지를 확실히 해야만 합니다. 이렇게 하는 것은 외과 의사가 환자에게 필수적인 기능을 부주의하게 제거하여 지장을 주지 않도록 하기 위해서입니다. 뇌에는 고통 수용체가 없기 때문에 이런 절차는 환자가 완전히 깨어 있고 반응을 하는 상태에서 외과 의사가 전극이 흐르는 기구로 해당 부위를 자극함으로써 쉽게 마칠 수 있습니다.

최근까지 대부분의 전기 자극법은 뇌의 표면에 국한되어 있었고 구체적인 특정 기능과 연관되어 있었습니다. 예를 들어, 체지각 영역에 자극을 받았을 때, 환자들은 대개 몸의 다양한 부위에서 감각을 느낀다고 말합니다. 아니면 운동 피질이 자극을 받았다면, 손가락과 같은 신체의 일부가 전기 자극에 반응해서 움직입니다. 펜필드는 또한 해마를 포함해서 '관련된' 몇몇 부위가 있다고 보고했는데, 그가 이 부위들을 자극했을 때 환자들은 꿈꾸는 듯한 회상이 일어났다고 말했습니다. 펜필드의 연구가 있은지 약 65년 후에 고치기 힘든 간질을 치료한다는 같은 목적 하에 뇌 깊숙이 있는 다양한 부위에 전극을 사용하는 프로토콜들이 개발되었습니다.

저의 독일인 친구가 저에게 건넨 흥미로운 사례 연구에서는 스탠포드의 한 연구자 집단이 〈인간의 대상회cingulate gyrus [8]에 전기 자극을 줘서 유발되는 계속하려는 의지〉라는 재미있는 제목의 논문을 발표했습니다. [4] 이 논문은 펜필드나 다른 신경외과 의사들이 이전에 시도했던 것과는 완전히 다른 뇌의 부위에 깊은 자극을 줬을 때 일어난 예상치 못한 경험에 대해 보고하고 있습니다. 그곳은 **전방 중앙대상 피질**anterior midcingulate cortex: aMCC 이라고 알려진 부위입니다.

이 연구에서 환자들은 상당히 놀라운 경험을 합니다. 2번 환자가 한 말을 그대로 빌리자면, 자신의 aMCC가 자극을 받았을 때, 다음과 같은 일이 일어났다고 합니다. "전 그걸 추궁이라고 말하겠어요…… 걱정과 같은 부정적인 것이 아니라…… 보다 긍정적인 것인데…… 더 밀어, 세게 밀어, 더 세게 밀고 노력해서 이걸 잘 넘어가야지…… 내가 싸우지 않으면 포기하는 거야. 난 포기할 수 없어…… 난 계속 갈 거야." 1번 환자는 자신의 경험을 이런 비유를 써서 묘사했습니다. "그건 마치 당신이 폭풍우를 향해 운전하는 것

---

8) 역주: 뇌량corpus callosum 위에 위치하는 길고 구부러진 부분으로, 변연계의 일부입니다.

**트라우마와
기   억**

같아요……. 타이어 하나는 반쯤 펑크가 나고…… 당신은 반밖에 못 왔는데 돌아갈 방법은 없고…… 그냥 계속 가는 수밖에 없어요.” 이 연구에 참가했던 두 환자 모두 불길한 예감이라고 알려진 '곤경' 이나 '걱정'의 느낌을 말했지만, **여전히 의욕적이었고 행동하기 위한 준비가 되어 있었으며, 그 곤경을 이겨낼 거라는 것을 알고 있었습니다.** 우아!

이 환자들이 자극을 받는 동안, 연구자들은 심박수가 증가하는 것을 보았고, 환자들은 가슴의 위쪽과 목 부분에서 '떨림'과 '열감' 을 포함한 자율신경계의 반응을 보고했습니다. 사실 저로서는 이런 것이 너무나도 익숙한데, 저의 내담자들 대부분이 자신의 트라우 마 절차 기억을 다루는 과정 중에 두려움에서 각성과 동원을 지나 성공으로 옮겨 가면서 매우 비슷한 자율신경계의 감각을 말해 왔기 때문입니다. 이와 함께, 저의 내담자들은 척추를 편다거나 가슴을 여는 등의 미세한 자세의 변화를 보였습니다.

생리학적인 관점에서 보자면, aMCC 차원에서 도파민이 중재한 **동기**motivation를 위한 시스템과 노르아드레날린이 작용한 **행동**action을 위한 시스템의 기능적인 수렴이 있는 것입니다. 전체적인 맥락에 서 이것을 이해하기 위해서 신경과학이 도래하기 훨씬 전부터 수천 년 동안 동기와 행동, 집중과 끈기 있게 계속하려는 의지의 이런 성 공적인 수렴이 세계 곳곳의 수많은 신화와 인간의 매일매일의 삶에 서 있어 왔다는 것을 잊지 말도록 합시다. 신화적 입장에서는 이 연 구자들과 그들의 용감한 환자들이 '영웅의 여정'의 신경학적 기층을 막 발견했다고 할 수도 있습니다.

『천의 얼굴을 가진 영웅The Hero with a Thousand Faces』이라는 역사적인 책에서 서명한 신화학사인 조시프 캠벨은 전 세계적으로 기록된 억사를 통틀어 이런 신화의 발생을 추적했습니다. 그는 내부적인 것이든 외부적인 것이든 간에 커다란 곤경에 처했을 때, 명확한 방향, 용기와 끈기를 갖고 그것을 극복하면서 자신의 운명을 이해하고 받아들이는 것이 바로 이런 보편적인 원형, 즉 영웅적인 남성/여성 신화의 핵심이라는 설득력 있는 주장을 펼쳤습니다. 극한 역경에 접했을 때의 끈기는 수많은 샤머니즘 가입 의례의 기본이기도 합니다. 어쩌면 이런 가입 의례나 혹독한 시련을 견뎌 내려는 불굴의 의지가 뇌 조직의 이 가늘고 긴 조각aMCC이 지휘하는 것처럼 보이는 바로 그것인지도 모릅니다. 실제로 aMCC는 인간으로서 피할 수 없이 대면하게 되는 상황인 역경의 극복을 촉진하는 핵심적인 신경 구조의 일부일 수 있습니다. 임상적으로는 이 부위가 간질과 깊은 전극이 없을 때에는 보통 어떻게 자극이 되는가라는 중요한 질문을 다룰 필요가 있습니다.

현재 나와 있는 aMCC에 대한 연구들은 이 뇌 부위가 부정적이든 긍정적이든 간에 강력한 정서적 특징이 두드러지는 자극이 있을 때 활성화된다는 것을 보여 줍니다. 이 부위는 섬엽, 편도체, 시상 하부, 뇌간 및 시상과 신경적으로 연결되어 있는 것이 분명합니다. 섬엽 피질insula cortex과 더불어, aMCC는 몸 안의 감각 수용체로부터 주요한 입력을 받습니다. 덧붙여서, 편도체의 공포 반응을 실제로 누그러뜨릴 수 있는 것은 피질에서 aMCC가 유일합니다.[5] 실제로, 시상, 섬엽, 전방 대상회anterior cingulate와 내측 전전두엽medial prefrontal cortex으로 이어지는 이 회로는 내수용의 정보, 즉 비자발적인 신체 내부의 감각에 대한 정보를 받아서 추체외로운동계를 통해 행동에 대한 준비에 영향을 미칩니다. 이것이 바로 절차 기억이 만들어지는 구조인 것입니다[6]([그림 7-1] 참조).

우리는 수백만 달러짜리 뇌 스캐너 없이도 페드로의 신체 내부 감각이 공포와 무력감에서 성공과 숙달로 바뀌면서 그의 뇌와 몸 사이에서 일어난 양방향의 소통에 대해 자유롭게 추정해 볼 수 있습니다. 그렇게 하기 위해 저는 결정적인 '본능', 즉 역경을 극복하고 인생을 살아가기 위해 타고난 신체적 추동의 존재를 소집하고 싶습니다. 실제로 이런 원초적 본능 없이는 트라우마 치료는 통찰과 인지행동적 개입에 국한될 것입니다. 반면에 이런 본능이 관여할 때에는 내담자가 점진적으로 트라우마를 마주하고 포용하면서 변화가 가능해집니다. 더 나아가 저는 이런 본능이 동기, 보상과 행동을 위해 조직된 절차에 기반한 시스템들을 활성화시킴으로써 작동할 것이라고 생각합니다. 동기 시스템과 행동 시스템(도파민과 노르아드레날린)의 이러한 수렴이 제가 '건강한 공격성'이라고 말하는 것입니다.

간질 환자에게 뇌 깊숙이 자극을 준 몇몇 사례 연구들이 끈기 있게 계속해서 성공하려는 인간의 본능을 입증한 것으로 보기는 어렵습니다. 하지만 이제까지 누적되어 온 세계의 신화 및 의례와 수많은 영화나 문헌뿐만 아니라, 제가 저의 저서 『무언의 목소리로In an Unspoken Voice』에서 묘사한 것과 같은 다양한 임상적 증거는 장애물과 난관을 이겨 내려는 끈기와 극복이 인간의 노력 중심에 있는 보편적인 것임을 가리킵니다. 아마도 우리가 이렇게 변화를 향해 나아가도록 타고났다는 것은 우리가 인간으로서 가진 본성에 대해 말해줄 뿐만 아니라 우리를 인간과 동물 모두를 포함한 우리의 조상과 연결시켜 줄 것 같습니다.

실제로 페드로와의 회기에서 우리는 그가 무력한 아이에서 유능한 젊은이로 절차 기억을 변형시키는 것을 보면서 어떻게 **절차 기억에의 접근과 완결**이 페드로가 과거의 악령을 직면해서 변화시키고, '신화의 주인공처럼' 통과 의례를 완성시키는 치료적 경로가 되는지를 목격했습니다. 이렇게 해서 페드로는 강하고 자율적인 젊은이가 되는 것이 자신의 운명이라고 여기기 시작했습니다.

섬엽, aMCC와 황홀경: 트라우마를 변형시키는 것의 영적인 측면

대발작grand mal seizure[9]을 앓았던 표도르 도스토옙스키는 자신의 경험을 다소 현실감 없는 말들을 써서 묘사했습니다. "정상적인 상태

---

9) 역주: 의식을 잃고 격렬한 근육 수축을 일으키는 발작의 종류입니다.

에서는 생각할 수 없고, 경험해 보지 못한 사람으로서는 상상할 수 없는 행복…… 나는 그때 나 자신 및 우주 전체와 완벽한 조화를 이룬다." 이런 감각은 그의 장편소설 『백치』에 영향을 준 것 같은데, 이 소설의 주인공인 미쉬킨 공작은 그의 발작에 대해 "나는 이 한 순간을 위해 내 인생 전부를 바치겠다."라고 말합니다.

발작으로 '고통'받는 사람들 사이에서 이런 '최고조'의 경험이 얼마나 광범위하게 나타나느냐 하는 것은 확실히 알기가 힘든데, 어쩌면 사람들이 '미친' 것으로 간주되는 것을 두려워하기 때문인지도 모릅니다. 하지만 몇몇 신경학자들은 '도스토옙스키 효과'라고 불리는, 어쩌면 타당하지 않을 수는 있지만 굉장히 흥미로운 연구 분야를 개척했습니다. 스위스에 있는 제네바 대학 병원의 신경학자들이 스탠포드에서 aMCC를 자극했던 것과 비슷한 간질 치료를 했는데, 그들은 1차적인 초점을 '황홀경이 있는 발작'을 보이는 환자들이라는 특정집단에 국한시켰던 것 같습니다.[7] 그들은 활동 지점을 감지하는 강력한 뇌 이미지 기법을 사용해서 섬엽이 중심 부위인 것 같다고 보고했습니다. 그들은 섬엽 앞쪽을 자극해서 환자 몇몇으로부터 '영적인 황홀감'을 유발해 낼 수 있었습니다. 이 환자 중 한 명에게 만일 이런 황홀경의 상태를 포기할 수 있다면, 그녀의 간질은 나을 수 있을 거라고 했을 때, 그녀가 바로 단호하게 거절했다는 것은 주목할 만합니다. 그녀의 간질이 심각했는데도 황홀경과는 "맞바꿀 가치가 없다."라고 했습니다.

섬엽은 후면(뒤)과 전면(앞)으로 나뉘어져 있습니다. 뒷부분은 있는 그대로의(객관적인) 감각을 등록하는 것으로 보이는데, 이것은 내/외부적으로 생성된 감각 모두를 포함합니다. 그에 반해서, aMCC와 연관되어 있는 앞부분은 보다 정제된, 비묘한, 그리고 주관적인 느낌에 기반을 둔 감각과 감정을 처리하는 것으로 보입니다. 크레이그Craig, [8] 크리칠리Critchley [9] 및 다른 연구자들은 섬엽 앞면은 주로 우리가 우리 몸과 우리 자신에 대해 어떻게 느끼는지를 관장한다고 제시합니다. 뿐만 아니라 그들은 섬엽 왼쪽은 긍정적인 느낌, 오른쪽은 부정적인 느낌과 연관되어 있다고 언급합니다. 다시 한 번, 섬엽은 내수용(신체 내부)의 센서로부터 정보를 받는 뇌의 부위입니다. 이와 관련해서 다양한 영적인 전통은 무아지경에 이르는 상태를 유발하기 위해 호흡, 움직임과 명상 기법들을 발전시켜 온 한편, 감정적이고 감각에 기반을 둔 상태의 양극성—사람이 황홀경을 경험하고 나면 그 다음에는 '쇠퇴', 즉 부정적인 영역으로의 움직임이 나타납니다—을 어떻게 다룰지에 대한 안내도 제공합니다.

SE를 통해 트라우마를 재협상함에 있어서 우리는 신체 감각이나 감정을 팽창과 수축 사이에서 오가게 하는 '진자 움직임'을 이용합니다. 밀물과 썰물이 오가는 듯한 이런 드나듦은 양극성이 점진적으로 통합될 수 있도록 해 줍니다. 이렇게 양극성을 같이 안고 가는 것은 깊은 통합, 그리고 종종 '마법과 같은' 변형을 촉진시킵니다.

계속해서 6장에서는 두 내담자와의 회기를 녹화한 비디오에서 가져온 내용을 토대로 트라우마 해소에 있어서 절차 기억의 역할을 글로 옮겨 시각적으로 제시합니다. 첫 번째는 14개월된 아기 잭의 사례를 보여 줍니다. 아기의 나이와 언어 발달 정도 때문에 잭과의 작업은 절차 및 감정 기억만 포함합니다. 하지만 잭이 2년 반 후에 다시 방문했을 때, 우리는 절차 기억이 어떻게 일화 기억으로 발전했는지를 보게 됩니다.

두 번째는 아프가니스탄에서 가장 친한 친구가 자신의 품에서 전사한 후, 두 개의 IEDImprovised Explosive Devices[10]가 폭발하여 부상을 당한 해병대원 레이와의 작업에 관한 것입니다. 폭발(쇼크 트라우마)shock trauma에 관한 절차 기억을 해소하고 나자, 그는 자신의 감정, 일화 및 서사narrative(서술declarative) 기억에 접근해서 처리할 수 있었으며, 생존자로서 느끼는 죄책감, 애도와 공동체의 상실에 대해 보다 평화롭게 받아들이는 상태에 도달할 수 있었습니다.

---

10) 역주: 일반적인 폭탄 제조 방식과는 달리, 치명적이거나 유해한 화학물질을 섞어서 만든 폭탄입니다.

TRAUMA AND MEMORY

CHAPTER 6

두 가지 사례 연구:
친밀한[1] 방문

아기 잭

> 66 엄마와 아이가 다시 결합하다. 99

잭은 영리하고 생기 있었지만 동시에 고통스러울 정도로 수줍어하고 거리를 두는 아기였습니다. 제 동료 하나가 잭을 저에게 의뢰했는데, 잭이 굉장히 힘든 과정을 통해 태어났고 지금은 그 후유증과 싸우고 있었기 때문입니다. 잭은 태아였을 때 목에 탯줄을 세 번

---

1) 역주: 원문에서는 intimate이라고 되어 있는데, intimate은 친밀하다는 뜻이기도 하지만 개인적이고 사적private이라는 의미도 있습니다.

을 감고, 머리는 자궁의 꼭대기에 걸린 채 발이 아래를 향한 자세로 있었습니다. 잭이 자신의 조그마한 발과 다리로 밀 때마다 머리는 더 꽉 끼고, 목구멍을 감싸는 줄은 더 조여들었습니다. 질식에 대한 원초적인 공포를 불러일으키는 이 '출구 없는' 고난은 대부분의 어른들에게도 감당하기 힘들었을 것입니다. [1] 이런 응급 상황에서 제왕절개가 있었고, 의사들은 잭이 심각한 고통을 받고 있음을 알 수 있었습니다. 잭의 심박수는 급격히 떨어졌는데, 이것은 잭의 생명이 위험한 상황이라는 것을 가리켰습니다. 제왕절개 외에도 잭의 머리를 자궁 꼭대기에서 빼내기 위해서는 강력한 흡인suction이 필요했습니다. 잭은 여러 임상의가 그를 찔러 보고, 밀고, 필요하면 주사 바늘을 쓰고, 정맥주사를 놓고, 적극적으로 검사하고, 서둘러 개입하면서 자신들의 일을 하는 가운데 이 세상에 도착했습니다.

이제 14개월이 된 잭은 간헐적인 위역류를 조사하기 위한 또 다른 침습적인 의료 절차를 준비 중에 있었습니다. 잭의 어머니 수잔은 소아과 의사의 추천을 성실히 따르고 있었고, 우리의 첫 번째 회기로부터 2주 후에 내시경 검사가 잡혀 있었습니다. 수잔은 소아과 의사의 철저함에 감사하면서도 몸에 의료 기구를 넣어야 하고 잠재적으로 트라우마가 될 수 있는 침습적 방법이 아닌 다른 해결책이 있기를 바랐습니다. 이런 바람을 안고 수잔과 그녀의 어린 아들이 2009년 늦가을에 저를 찾아왔습니다.

제가 문을 연 것은 수잔이 두 번째로 문을 두드리려던 찰나였는데, 문을 열자 수잔의 엉덩이에 올라타 있는 잭이 보였습니다. 수잔은 노크를 하려다 문이 열리는 바람에 몸이 앞으로 쏠리면서 문지방을 넘어 안으로 들어오게 되었는데, 좀 당황한 듯 보였습니다. 다시 평정을 찾은 수잔이 잭을 고쳐 안고는 자신과 잭을 소개했습니다. 두 사람이 입구로 들어오는 것을 보면서 저는 엄마와 아들이 이루는 균형이 어색하다는 것을 눈치챘습니다. 이 어색함을 새로운 환경, 낯선 사람, 그리고 모르는 방식의 치료에 대한 흔히 있는 불편함으로 넘겨 버릴 수도 있었을 것입니다. 하지만 그보다 더 근본적인 문제가 있는 것으로 보였습니다. 두 사람이 이인조로 만드는 리듬에 기본적으로 부조화가 있었습니다.

아기와 엄마 사이에 단절이 있을 때면, 우리는 종종 보호자가 유대를 맺기 위해 필요한 '충분히 좋은' 환경을 제공하지 못했을 거라고 여깁니다. 수잔의 경우에서 보듯이, 항상 그런 것은 아닙니다. 수잔은 잭에게 진심과 애정을 다해 편안함, 지지 그리고 관심을 주었습니다. 문제는 출생 과정에서 생긴 트라우마가 두 사람 사이를 갈라놓았다는 데 있었습니다. 그 이후의 '충격파'는 두 사람이 온전한 유대와 애착을 위해 서로가 서로의 가장 사적인 순간에 참여할 수 있는 능력을 흔들어 놓았습니다.

제 오피스에서 수잔이 잭의 증상과 다가오는 의료 절차를 요약하는 동안 잭은 주위를 훑어보고 있었습니다. 저는 수잔의 걱정에 동의를 표하고, 저의 작업 방식에 대해 설명하는 동시에 잭의 지금-여기에 과정here-and-now process을 주의 깊게 관찰하고 있었습니다. 잭의 시선을 따라가 보니 잭이 탁자 위 선반을 가득 채운 색색가지의 장난감, 악기, 인형, 조각품에 흥미를 느끼고 있음을 알 수 있었습니다.

저는 청록색의 호피[2] 조롱박 딸랑이를 집어 들고는 천천히 흔들기 시작했습니다. 흔들리는 리듬을 아기와 엄마의 관심을 끄는 데 쓰면서 저는 잭과 눈을 맞추고 이름을 불렀습니다. "안녕, 잭!" 저는 딸랑이를 흔들며 리듬에 맞춰 말했습니다.

---

2) 역주: 미국 애리조나주 북동부에 주로 거주하는 북미 원주민 부족입니다.

잭은 조심스럽게 딸랑이를 향해 손을 뻗었고, 저는 천천히 팔을 뻗어서 잭에게 딸랑이의 손잡이를 내밀었습니다. 제가 다가가자 잭은 물러났습니다.

그러더니 이번에는 잭이 손바닥을 펼친 채로 다시 손을 뻗었는데, 딸랑이가 손에 닿자 바로 밀쳐 내고 언짢은 듯이 희미한 신음 소리를 내면서 엄마를 향해 몸을 돌렸습니다.

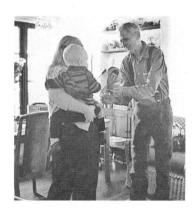

그러자 수잔은 잭을 단단히 안고는 제가 있던 쪽으로부터 휙 돌아 섰습니다. 주의가 분산된 잭은 눈길을 돌렸으며, 조용해졌습니다. 저는 마치 잭이 제 말을 알아들을 수 있는 것처럼 잭의 힘들었던 출생에 대해서 그 애에게 이야기하기 시작했습니다. 제 음성의 운율과 톤의 조절이 잭에게 어떤 편안함과 안심을 준 듯했고, 제가 자기편이며 어쨌든 그 애의 힘든 상황을 이해하고 있다는 것이 전달된 것 같았습니다.

기분이 괜찮아졌는지 잭은 호기심을 가지고 다시 손을 뻗었고, 이번에는 탁자를 가리켰습니다. 그 애는 "사과, 사과."라고 말하면서 왼쪽 팔을 석류 세 개가 놓여 있는 접시 쪽으로 뻗었습니다.

　저는 접시를 들어서 잭에게 갖다 주었습니다. 잭은 석류 쪽으로 접근해서 하나를 만지더니 이내 밀어냈습니다. 이번에 그 애의 밀어냄은 보다 단호했습니다. "너는 미는 것이 재미있구나, 그렇지?" 제가 물었는데, 이번에도 역시 단어뿐만 아니라 리듬과 톤으로 대화하고 있었습니다. "그 많은 낯선 사람이 너를 찌르고 아프게 한 뒤에 네가 밀고 싶어 한다는 걸 난 충분히 이해할 수 있단다." 잭의 밀치려는 충동과 힘을 강화하기를 바라면서 저는 제 손가락을 그 애에게 가져갔습니다. 잭은 밀어내려고 손가락에 접근했습니다. "그래, 아주 좋아." 저는 격려, 따뜻함과 지지의 느낌을 담아 대답했습니다. "넌 정말 손가락이 너로부터 멀어졌으면 하는구나, 그렇지 않니?" 잭은 마치 동의한다는 듯이 칭얼거리며 우는 소리를 냈습니다.

　수잔이 소파에 앉아 잭의 신발을 벗기기 시작했습니다. 저와 수
잔이 잭의 위역류와 그것이 폐로 들어갔을 가능성에 대해서 얘기하
고 있을 때, 그 애는 겁에 질린 듯 보였으며 우리로부터 몸을 돌렸
습니다. 수잔이 소아 전문 외과 의사가 내시경술을 제안했다고 말
했을 때, 잭은 갑작스런 고통의 징후를 보였습니다. '엄마'하고 부르
면서 그 애의 얼굴은 걱정과 불안으로 일그러졌습니다. 잭이 우리
가 쓴 단어의 의미를 알아들은 것처럼 보였고(혹은 엄마의 불편함을
눈치챘는지도 모릅니다), 찰나의 순간에 그 애의 등 중간 부분이 뻣뻣
해졌습니다.

　잭이 엄마 쪽으로 몸을 돌리자 저는 그 애의 등 중간 부분에 제
손을 살짝 올려놓았는데, 손바닥은 뻣뻣하고 수축된 근육 위에 놓
고 손가락은 어깨뼈 사이에 위를 향하도록 해서 펼쳐 놓았습니다.

잭은 다시 한번 우는 소리를 내더니 몸을 돌려 저를 똑바로 바라
보았습니다. 그 애가 계속 눈을 맞추고 있는 것을 보고, 저는 신체
적 접촉을 계속하는 것이 안전하다고 판단했습니다. 수잔이 잭의
증상, 치료 과정과 의학적 소견에 대해 말하는 동안 잭은 계속 저와
시선을 맞추고 있었습니다.

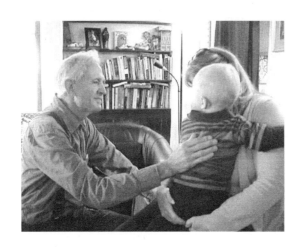

갑자기 잭이 수잔의 허벅지를 자기 발과 다리로 힘껏 밀었고, 그 것은 그 애를 수잔의 왼쪽 어깨 쪽으로 솟아오르게 했습니다. 이 모습은 저에게 잭이 출생 당시에 못다 한 밀어내는 움직임의 간단한 스냅 사진을 제공했습니다. 이것은 그 애를 자궁의 꼭대기로 밀고 목구멍을 탯줄로 조이게 했던 본능적인 움직임(절차 기억)이었습니다. 그 애의 고통이 심해지면서 밀려는 추동은 더욱 활성화되었을 것이며, 결과적으로 더 큰 고통을 낳았을 것입니다. 마치 안무가 짜인 극적인 대본을 따르듯이, 잭은 엄마의 다리를 두 번 더 세게 밀어 다시 엄마의 어깨 위로 솟아올랐습니다.

출생 당시에 했던 밀어내기를 목졸림, 강렬한 두개골의 압박, 그리고 머리가 자궁 꼭대기에 끼이는 '헛된 결과' 없이 이렇게 **완결**하는 것은 잭이 경험할 필요가 있었던 중요한 일련의 움직임이었습니다. 이것은 잭으로 하여금 지금 여기에서 자신의 출생 과정을 성공

적으로 '재협상'할 수 있게 했습니다. 그 애의 절차 기억은 부적응적이고 트라우마적인 것에서 힘을 실어 주는 성공적인 것으로 바뀌었습니다. '재협상'을 할 때 낮음에서 중간 정도의 활성화를 유지하는 것은 필수적입니다. 저는 조용히 그 애의 등에서 손을 떼고 그 애가 안정을 찾을 수 있도록 했습니다.

수잔은 잭이 갑자기 밀자 그 애를 자신의 무릎에 세웠습니다. 제가 주의를 기울이고 참여하는 듯한 시선을 유지하며 계속 조용히 함께 있어 주는 동안, 잭은 자신의 격렬한 결심을 표현하는 듯한 강렬한 시선으로 저를 똑바로 응시했습니다. 그 애의 척추는 더 길어졌으며, 그 애는 더 똑바로 서서 한층 집중하고 있는 것처럼 보였습니다.*

---

* 저는 제왕절개로 태어난 아이들이 유아기에 처음 서려고 시도할 때 종종 힘이 부족하다는 것을 임상 현장에서 목격해 왔습니다. 이 아이들이 성인이 되면 행동을 개시하는 것을 어려워하는 경우가 자주 있습니다.

저는 다시 잭의 등 중간 부분에 다가가며 달래듯이 말했습니다.
"우리가 같이 놀 시간이 더 있었으면 좋을 텐데 말이야. 하지만 몇
주 후에 의료 절차가 계획되어 있으니까 난 여기서 니에게 도움이
될 만한 무언가를 해 보고 싶구나." 잭은 다시 뻣뻣해지더니 저의 손
을 자기 손으로 세게 밀어냈습니다. 그 애는 손을 원위치로 가져가
더니 또 한 번의 커다란 방어적인 밀쳐 내기를 준비하는 동시에 저
를 향해 얼굴을 찡그리며 으르렁거리는 분노의 표정을 보였습니다.

저는 제 엄지손가락을 그 애의 작은 손바닥 중앙으로 가져가서
잭이 어느 정도의 저항을 받을 수 있도록 했습니다. 그 애가 팔을
뻗었을 때, 저를 밀어낼 수 있도록 그 애의 힘에 맞추어 주자 그 애
는 등 중간 부분의 힘을 최대한으로 이용해서 강하게 밀어낼 수 있
었습니다. 우리는 시선을 맞추고 있었고, 저는 그 애가 공들여서 표
현해 낸 공격성에 대한 반응으로 놀람, 격려, 흥분과 초대의 표현을
담아 눈을 크게 떴습니다.

그 애의 반응은 제 손을 밀어내면서 자축하는 듯한 것으로 바뀌었습니다. 저는 원치 않는 침입자를 맞아 잭이 거둔 훌륭한 승리를 같이 축하해 주었습니다. 여기서의 침입은 잭이 태어나면서 처음으로 겪은 위협적이고 적대적인 세상에 대한 경험을 상징하는 것이었습니다.

잭은 손을 뒤로 빼고는 조그맣게 칭얼거리며 우는 소리를 내었습니다. 하지만 그 애는 계속 눈을 맞추고 있었고, 저에게 계속 하고 싶다는 표시를 보냈습니다.

그 애의 울음은 그 애가 제 엄지손가락을 또 한 번 세게 밀면서 커졌습니다. 그 애는 괴로움, 혼란과 분노를 분명히 드러내며 큰 소리로 울었습니다.

제가 그 애의 등에 손을 올려놓자 그 애의 울음은 더 깊어졌고, 더 자연스러워졌습니다. 이것은 횡격막을 통해 깊은 흐느낌의 소리가 나오도록 했습니다. 그 애가 제 손을 밀어내자 저는 다시 한 번 그 애에게 그 애를 만지고 찔렀던 모든 사람들에 대해서 그리고 그 애가 얼마나 그들을 밀어내고 싶었을지에 대해 이야기했습니다.*

잭은 이 일련의 밀어냄이 시작된 후 처음으로 우리의 눈맞춤을 깨고 엄마에게로 몸을 돌렸습니다.

---

* 물론 잭이 제 말의 정확한 의미를 이해했을 리는 없겠지만, 저는 마치 그 애가 제 말을 이해한 것처럼 대화한 것이 말 그 자체보다 더 많은 것을 전달했다고 믿습니다. 그렇게 한 것은 그 애의 고통에 대한 반영이었고, 제가 그 애를 '이해했다'는 표시였습니다.

몇 초 안 되어 그 애의 울음이 더 깊어졌는데도, 그 애는 다시 몸을 돌려 저와 시선을 맞추었습니다. 저는 그 애의 괴로움에 맞게 달래는 듯한 리듬을 갖춘 운율로, "그래⋯⋯ 그래." 하며 지지해 주는 것으로 그 애의 울음에 응답했습니다.

잭이 처음으로 깊고 자연스러운 숨을 쉬었는데, 가슴을 엄마 쪽으로 돌리더니 그 다음에는 다시 한번 저와 눈을 맞추기 위해 어깨 너머로 시선을 주었습니다.

저는 수잔에게 잭이 등의 흉추[3] 부분으로 호흡할 수 있도록 격려하는 것이 중요하다고 설명했습니다. 저는 제 손을 수잔의 손 위에 놓고 잭의 등으로 가져감으로써 잭의 흉추 부위를 어떻게 지지해 주는지를 수잔에게 보여 주었습니다. 이것은 한편 잭의 인식을 그 부위에 향하게 하고 집중하게 하기도 했습니다. 저는 잭의 역류 문제가 대부분 이 부위를 꽉 조이고 수축하는 그 애의 패턴 때문일 수 있다고 설명했습니다. 그리고 실제로 그랬습니다! 잭은 계속 울었지만 비교적 긴장이 풀린 상태였습니다. 우리는 잠시 멈췄는데,

3) 역주: 목과 허리 사이를 말합니다.

왜냐하면 제가 보기에 수잔이 많은 생각과 감정에 사로잡혀 있었기 때문입니다.

수잔은 숨을 깊이 들이쉬더니 놀라움에 차 아들을 내려다보았습니다. 그녀는 "얘는 우는 적이 없어요."라고 말했습니다. "안 운다기보다는 작게 흐느끼듯이 울기는 하는데, 이렇게 운 적이 없다고 해야겠네요!" 저는 이것이 깊은 감정의 발산에서 오는 울음인 것 같다고 그녀를 안심시켰습니다.

"제 말은, 제가 아이 얼굴에서 실제로 눈물이 흐르는 것을 마지막으로 본 게 언제인지 기억이 안 나요." 그녀는 감사해하고 놀라워하며 덧붙였습니다.

잭은 엄마 품에 안긴 자세에서 손을 뻗어 저의 손가락을 자기 영역 밖으로 단호하게 밀어냈습니다. 저는 수잔에게 모르는 사람들이 시험관과 주삿바늘로 자기를 조사하는 것이 잭을 극심히 뒤흔들어 놓았을 것이며, 그 애가 얼마나 작고 무력하게 느꼈을지를 강조했습니다. 수잔은 잭이 자신의 무릎과 가슴으로 더 깊이 파고들자 자세를 고쳐 앉았습니다.

잭은 여지껏 수잔이 본 적 없는 밀착하려는 충동을 보이며 수잔의 무릎에 바싹 파고들었습니다. 밀착[4]은 아기가 자기 몸을 엄마의 어깨, 가슴과 얼굴에 기대며 품 안으로 파고들어 신체적으로 둥지

를 찾는 것을 말합니다. 이것은 유대의 기본 요소로, 아기에게 자신이 안전하며, 사랑받고 있고, 보호받는다는 것을 알려 주는 엄마와 아기 사이의 친밀한 춤입니다. 저는 밀착이 닫힌 공간 속에 있는 자궁 안 태아의 신체적 자세를 반복하는 것이기도 하며, 자궁에서 느꼈던 것과 비슷한 안전하고 편안한 상태에 대한 원초적인 신체 감각을 전달한다고 믿습니다.

"전 이걸 어찌해야 할지 모르겠어요." 턱으로 잭이 바싹 달라붙어서 파고드는 모습을 가리키며 수잔이 말했습니다. 우리는 두 사람 사이의 이런 섬세한 접촉을 잘 보기 위해서 잠시 동안 멈췄습니다.

"우와!" 침묵을 깨고 그녀가 말했습니다. "아이가 정말 뜨거워

---

4) 역주: 원문에는 molding이라고 되어 있으며, 직역하자면 형태를 이룸, 조형 등일 수 있지만 우리말의 맥락에 맞춰 밀착으로 의역하였음을 밝힙니다.

요." 저는 열기가 울음, 감정의 발산과 함께 나타난 자율신경계의
방출의 일부라고 언급했습니다.

잭은 수잔이 살살 흔들자 진정이 되었는데, 가슴과 가슴이 맞닿
는 꽉 차고 부드러운 접촉을 유지하고 있었습니다. 그 애는 편안하
게 들숨을 끝까지 들이마셨고 깊고 자연스러운 날숨을 내쉬었는데,
이것은 너무나 기분 좋게 그리고 스트레스가 확 풀리는 것처럼 들
렸습니다. 사실 수잔 역시 경계를 내려놓았는데, 의심을 떨쳐 버리
고 이 새로운 연결이 '진짜'라는 것을 믿기 시작했습니다.

수잔은 계속 그녀의 가슴과 어깨 깊숙이 밀착하는 아들을 내려다
보았습니다. 그녀는 밀착하는 아이를 자신의 머리와 얼굴로 맞이하
기 위해 몸을 앞으로 굽혔습니다. 이 두 사람이 '그들의 유대를 재협
상하고 있다.'고 할 수 있었습니다. 수잔은 두 사람 사이의 연결을
유지하면서 계속해서 아들을 살살 흔들었습니다. 그러는 동안 잭

은 부드럽게 흔들리면서 계속해서 스스로를 조절하더니 그 다음에는 몇 차례 깊고 자연스러운 호흡을 들이마셨다가 날숨을 소리 내어 끝까지 내쉬었습니다. 수잔은 접촉과 연결의 경험이 주는 희열에 차 고개를 뒤로 젖혔습니다.

다시 결합한 엄마와 아기: 수잔과 잭

**트라우마와
기 억**

　잭은 자신의 은신처로부터 내다보며 저와 눈을 맞추었습니다. 저는 오늘은 이 정도면 그 애에게 충분하다는 것을 알아차리고, 회기를 정리하기 시작했습니다. 수잔은 끝날 때가 된 것을 알았지만, 자신의 놀라움과 희망을 다시 공유하지 않을 수 없었습니다.

　혼란스럽고 놀란 듯한 표정으로 그녀가 말했습니다. "애가 이렇게 가만히 있는 걸 본 적이 없어요." 그러더니 그녀가 잭에게 물었습니다. "자니? 너무 예쁘다, 오, 너무 예쁘다." 그녀는 마치 자기 아이를 처음으로 알아 가고 있는 것 같았습니다.

저는 수잔에게 다음 한 주간 잭의 행동, 에너지의 정도, 수면 패턴, 역류 증상 및 기타 다른 것에서 무엇이든 새로운 것이 보이는지 관찰해 달라고 부탁했습니다. 잭은 안전한 엄마 품에서 내다보며 저에게 짧고 환한 미소를 보냈습니다. 저는 미소로 답하며 그 애의 마음을 끌 만한 몇 마디를 했습니다. 몇 초 뒤 그 애의 편안한 얼굴에 한 번 더 가벼운 미소가 지나갔습니다.

회기를 마치기 전에 잭과 저는 잠시 숨바꼭질을 하며 다정하고 장난스럽게 어울렸습니다. 하지만 그 애는 엄마 무릎으로 된 요람을 한 번도 떠나지 않았습니다. 수잔은 그 애의 머리에 자신의 코를 갖다 대고 비비며 생각에 잠긴 듯 말했습니다. "이건 정말 다른 것 같아요. 애가 대개는 짧게 껴안고는 가 버리거든요." 마치 갓난아기의 냄새를 맡고는 자신의 가슴으로 끌어당기기라도 한 것처럼, 그녀도 소리가 나게 날숨을 내뱉고는 활짝 웃었습니다. "이건 정말 너무 이상한데요." 그녀가 조용히 소곤소곤 말했습니다. "아이가 정이 많긴 해요. 하지만 절대…… 절대 제 곁에 머물지는 않아요……. 항상 뭔가 새로운 것을 찾아가 버리거든요."

두 사람은 계속 서로를 껴안은 채로 함께 웃었습니다. 그들이 완벽한 기쁨을 누리고 있음이 너무 분명하게 눈에 보였고 느껴졌습니다. 아기가 집으로 왔고, 엄마와 아기는 같이 재결합을 축하하고 있었습니다.

일주일 뒤 우리가 다시 만났을 때, 수잔에게는 공유하고 싶은 많은 일화가 있었습니다. 그녀의 희망에 찬 흥분과 잭의 편안한 호기심은 전염성이 있었습니다. 그들은 소파에 같이 앉았는데, 잭은 자기 머리를 엄마의 가슴에 기대었습니다. 저는 수잔의 얘기를 몹시 듣고 싶어하며 몸을 앞으로 기울였습니다. 그녀는 첫 회기가 있던 날 밤에 일어난 일을 얘기하기 시작했습니다.

"얘가 한밤중에 일어나서 '엄마' 하고 불렀어요." 그녀는 보통 때 하듯이 가서 잭을 안아 주었다고 말했습니다. 잭이 그녀의 무릎에 조용히 앉아서 자기 머리를 그녀의 가슴 깊숙이 묻었다고 합니다. "제가 안아 올렸을 때, 얘가 이렇게 하고 있었어요." 그녀는 턱으로 잭이 편안하게 품으로 파고드는 것을 가리키며 덧붙였습니다.

저는 기쁜 미소를 띠며 그 모습을 바라보았습니다. 그러고는 "제가 보기에는 아기가 잃어버린 시간을 만회하고 있는 것 같아요."라고 말했습니다.

그녀가 이야기를 계속했습니다. "그런데…… 그러고 나서 얘가

'사과, 사과.' 그러는 거예요. 저는 얘가 뭘 먹고 싶은가 보다 생각했어요. 하지만 보통 배고플 때에는 제 팔에서 꼼지락거리며 빠져나가 부엌으로 달려가거든요. 그때 저는 얘가 그 '사과', 선생님 탁자 위에 있던 석류를 말하고 있구나 깨달았죠." 그녀는 우리의 회기가 있고 나서 며칠 뒤에 소아과 의사와 약속이 있었는데, 그것이 잭의 심기를 건드렸다고 했습니다. 두 사람이 집으로 돌아오는 차 안에서 잭은 내내 유아용 의자에 앉아 수잔을 향해 "피타, 피타, 사과, 피타."라고 외쳤다고 합니다.

"이번에도 저는 얘가 배고프구나 생각했어요." 수잔이 계속해서 말했습니다. "그래서 아이에게 피자를 먹을 거냐고 물었어요." 잭은 '아니.'라고 대답했다고 합니다. "'피타, 피타, 사과!' 저는 얘가 선생님을 말하고 있다는 걸 깨달았어요. '피터'라고 말하려고 했던 거예요. 정말 놀랍죠? 아이가 스스로 느낀 변화에 대해 알아차리고 얼마나 얘기하고 싶어 했는지, 그렇지 않나요?" 그녀가 저의 동의를 구하는 듯이 저를 올려다보며 물었습니다.*

저는 그녀의 기쁨과 감탄을 함께하며 미소를 지었고, 다음에는 잭의 에너지에 대해 물었습니다. "아이가 전보다 엄청 말을 많이 하고 상호 작용도 훨씬 늘어났어요. 저희에게 많은 것을 보여 주고 싶

---

* 저는 수잔의 이야기가 논리적 생각이 발달하기 이전에 연상 작용을 하는 네트워크, 즉 절차 기억 엔그램이 잭에게 형성되었음을 보여 주는 것이라고 생각하는데, 우리가 앞으로 보게 되듯이 이 네트워크(엔그램)는 잭이 네 살 반이 되어서 2년차 '점검'을 받으러 돌아왔을 때에도 남아 있었습니다.

어 하고, 그러고 나서는 저희의 피드백을 원해요. 저희와 훨씬 많이 어울리고 저희가 자기와 놀아 주는 데 관심이 부쩍 많아졌어요." 그녀는 잭이 자신의 무릎 위에서 몸을 웅크리자 몸을 숙여 그 애의 머리에 입을 맞추었습니다.

"하지만 정말 이게 가장 큰 변화예요." 그녀가 말했습니다. "어떻게 말해야 할지 모르겠는데, 얘가 그냥 안겨 있는 거, 이건 완전 변한 거예요. 완전 달라요. 얘가 아니에요……. 이건…… 이건 새로운 얘예요."

"혹은 이게 새로운 우리인지도 모르겠네요." 제가 대답했습니다.

수잔은 수줍게 머리를 기울이며 정말 부드럽게 말했습니다. "전 너무나 좋아요."

잭과 저는 함께 어울리고 놀면서 남은 시간의 많은 부분을 보냈습니다. 저는 출생 트라우마와 방해 받은 유대의 대부분이 해결되었고, 깨어나고 있는 잭의 사회적 참여 시스템에 힘차게 불이 들어오고 있음을 보았습니다. 이미 언급했듯이, 애착이 잘 이루어지지 않으면 우리는 너무 쉽게 어머니가 충분히 아이 옆에 있지 않았고 아이에게 맞춰 주지 못했다고 탓합니다. 하지만 여기서 보듯이, 이 두 사람의 자연스러운 리듬과 유대 관계를 이루려는 공동의 의지를 방해한 것은 그들이 함께 겪은 트라우마였습니다.

첫 회기에 일어난 밀착은 유대에 있어 필수적인 요소로, 엄마와 아이 사이의 생리적인 '부름과 응답'입니다. 출생 당시의 위기와 잭이 신생아 때 받았던 치료로 인해 너무나 심하게 가로막혀 있었던 수잔과 잭 사이의 유대에 대한 재협상은 잭이 자기를 방어하고 경계를 확립할 수 있는 스스로의 능력을 발견한 후에 시작되었습니다. 이와 함께, 잭은 그제야 출생 당시에 압도되어 해소되지 않은 채 남겨졌던 결정적인 밀어내는 움직임을 완결했던 것입니다.

우리는 언어를 습득하기 전에 일어난 인생 초기의 사건에 대해서는 극히 제한된 기억을 가진다고 믿어 왔습니다. 하지만 '숨겨진' 기억의 흔적은 절차 기억의 형태로 빠르면 태중 13주에서 27주일 때부터 각인되고, 출생 즈음에는 분명히 존재합니다.**2** 이런 각인은 우리가 나중에 보이는 반응, 행동과 느낌 및 감정 상태에 강력한 영향을 미칠 수 있습니다. 하지만 이런 출생 전후의 엔그램은 오직 우리가 그것을 어디에서 어떻게 찾는지를 알 때에만 보이게 됩니다. 나중에 생긴 엔그램에 가려져 깊숙이 숨어 있는 출생 전후와 출생 시의 각인을 어떻게 찾아야 하는지에 대한 유용한 비유는 다음과 같습니다. 당신이 해변에 앉아 바다를 바라보고 있다고 생각해 보십시오. 처음에는 파도와 파도의 흰 물결을 인식하게 될 것입니다. 그런데 그다음에 당신이 수영을 하러 물에 뛰어 든다면, 해류current[5]나 역조riptide[6]에 굉장히 영향을 받게 될 것입니다. 실제로, 해류와 역조는 파도보다 훨씬 큰 영향을 미칠 가능성이 높습니다. 그런데

---

5) 역주: 대량의 물이 한 방향으로 움직이는 것으로, 파도가 주로 표면적인 데 비해서 해류는 매우 깊은 곳으로부터 일어날 수 있습니다.
6) 역주: 서로 다른 물결이 부딪히면서 격랑을 이루는 것으로, 수영하는 사람들을 위험에 빠뜨릴 수 있습니다.

이 둘 중 어느 것보다 더 큰 힘을 가진 것이 눈으로는 잘 보이지도 않는 조수 tide[7]의 움직임입니다. 단지 이것이 존재한다는 것을 알기 위해서 우리는 수많은 시간 동안 앉아서 수위를 관찰해야 할 것입니다. 하지만 조수의 힘으로 얻을 수 있는 전력은 도시 전체를 밝힐 수 있을 정도입니다.

보다 최근 기억의 가인에 가려져 있는 강력한 출생 전후와 출생 당시의 엔그램을 찾는 것은 우리 치료자들이 파도, 해류와 조수를 관찰할 때와 마찬가지로 끈기를 갖고, 이완된 상태에서 경계할 것을 요합니다. 요기 베라[8]가 말했듯이, "단지 보는 것만으로도 많은 것을 관찰할 수 있습니다." 잭과의 작업에서 우리는 이런 생애 초기의 원초적인 조수의 힘을 볼 수 있었습니다. 예를 들어, 제가 그 애의 등을 손으로 지지해 주었을 때 그 애는 엄마의 다리를 딛고 자신의 몸 전체를 위로 뻗었습니다. 이런 행동은 엄마의 자궁 꼭대기에 갇혀서 밀면 밀수록 더 갇혀 버렸기에 좌절되었던 출생 당시 자신의 움직임을 완결하고자 하는 잭의 내적 추동을 입증합니다. 몇 년 뒤 잭의 후속 방문이 있었을 때, 출생 트라우마의 성공적인 재협상이 가져온 장기적인 결과를 관찰하고 강화할 수 있었습니다.

---

7) 역주: 해와 달의 인력에 의해 바닷물의 높이가 주기적으로 높아졌다 낮아졌다 하는 것입니다.

8) 역주: 1940년~1950년대에 뉴욕 양키스에서 활약한 전설적인 포수로, 나중에는 감독으로 활동하였으며, 2015년에 별세하였습니다.

잭의 후속 방문

잭의 네 번째 생일을 뒤늦게 축하해 주기 위해 저는 수잔에게 잭을 데리고 잠깐 방문해 달라고 초대했습니다. 저는 두 사람을 볼 것에 들떠 있었는데, 우리가 함께 나눴던 섬세한 순간들 때문이기도 했고, 또 정말 솔직히 말하자면, 잭의 절차 기억들이 어떻게 표현되고 있을까에 대한 저의 호기심 때문이기도 했습니다.

신경학적 발달에 대한 통상적인 이해에 따르자면, 제가 잭을 14개월에 처음 봤을 때 그 애는 어떤 일화 기억이나 의식적인 기억을 형성하기에는 너무 어렸습니다. 게다가 그 나이에 자서전적 기억이나 서사 기억과 비슷한 그 어떤 것이 존재하는 것은 불가능할 것입니다. 그들이 제 방으로 들어왔을 때, 저는 잭과 수잔에게 저 자신을 다시 소개했습니다. 수잔은 잭에게 저를 기억하느냐고 물었습니다. 그 애는 "아니!"라고 강하게 말하면서 단호하게 부정했습니다. 그런데 수잔이 조용히 웃으며 말했습니다. "문 쪽으로 오는데 애가 저한테 물었어요. '엄마, 저 사람이 내 등에 자기 손을 놓을 거야?'" 분명히 잭은 자기가 14개월이었을 때 있었던 우리의 만남에서 생긴, 몸에 기반을 둔 절차 기억에 일화적으로 접근할 수 있었던 것입니다.

첫 번째 회기에서 잭이 경계를 설정하고 더 이상 무력하게 느끼지 않으려는 충동에 참여해서 발전을 이뤘던 것을 생각해 보십시오. 그때 잭은 이제는 갇히지 않고 밀어서 출생의 통로를 따라 성공적으로 나아갈 수 있다는 것을 발견함으로써 출생 과정에 대한 새로운 숙달감을 얻었습니다. 울음, 그리고 자율신경계의 방출(파도처럼 밀려드는 열감과 자연스러운 호흡)과 함께 두 사람의 타고난 생물학적 추동이 자극되고 결합되어서 잭의 깊숙한 밀착과 그들의 유대적 연결로 나타났습니다. 이 순차적인 과정에서 그 애는 이 경험 전체를 자기가 '사과'라고 부른 석류의 이미지에 압축하여 신체화할 수 있었습니다. 이것이 그 애가 우리 셋에 대해 가진 연결을 더 강화시켜 주었던 것 같습니다. 나중에 그 애는 의사를 만나서 겁을 먹은 다음에 스스로를 조절하기 위해서 석류의 이미지와 저의 이름(피타)을 불러 낼 수 있었습니다.

이제 제 문 앞에 선 네 살 반인 잭의 절차 기억은 감정적인 것(일어났던 일에 대한 느낌)과 그런 느낌을 더 경험하고 싶은 욕구로 변했습니다. 그 애의 기억 엔그램이 절차에서 감정으로, 감정에서 다시 일화로 전환된 것을 그 애의 기대에 찬 질문("저 사람이 내 등에 자기 손을 놓을 거야?")에서 알 수 있었습니다.

수잔이 계속해서 말하길, 잭은 자기가 다니는 어린이집에서 가장 총명한 아이들 중 하나일 뿐만 아니라 운동에 뛰어난 소질을 보인다고 했습니다. 놀랍지 않았던 게, 그 애는 제 방에 있는 많은 물건에 지속적으로 흥미를 보이고 있었습니다. 그녀는 또 그 애가 슬프거나 피곤하거나 무서울 때가 아니면 그녀의 무릎 위에서 몸을 웅크리고 있는 일이 거의 없다고 말했는데, 그것은 잭 또래의 아이에게는 아주 정상적인 것입니다.

"그래서 잭." 제가 물었습니다. "네가 제일 좋아하는 운동이 뭐야?"

"야구." 그 애가 방긋 웃으며 대답했습니다.

"그래서 야구에서 무슨 포지션을 맡았니?" 제가 물었습니다.

"어, 나 투수랑 2루 자리랑 포수하는 것도 좋아해요." 그 애는 미소를 지으며 대답했는데, 이 모든 포지션을 다 기억할 수 있는 스스로의 능력에 자랑스러워하고 있다는 것을 알 수 있었습니다.

수잔은 잭이 항상 또래 아이들과 어울리고 상당히 자율적이 되었다고 말했습니다. 하지만 그녀는 "여전히 가끔은 품 안에 안겨 있는 걸 좋아해요."라고 덧붙였습니다. 바로 그때 마치 신호를 받기라도 한 듯이, 잭이 엄마의 무릎으로 올라가 3년 전에 했던 것처럼 머리와 어깨를 엄마의 가슴에 기대었습니다. 그리고 그 당시에 그랬던 것처럼, 활짝 핀 미소가 엄마의 입술과 눈가에 나타났습니다. 마치 두 사람이 우리의 재회를 함께 축하하며 시간 여행을 한 것 같았습니다. 그때 수잔이 놀란 듯이 말했습니다. "이건 정말 흔치 않은 일인데, 잭이 워낙 사교적이라서 항상 뭔가를 하거나 친구들과 같이 있기를 좋아하거든요."

우리는 이 모든 것을 어떻게 이해할 수 있을까요? 저는 잭이 '의식적으로는(서술 기억으로는)' 저를 기억하지 못했다는 것을 상당히 확신합니다. 하지만 그렇다면 그 애의 질문은 어디서 나온 걸까요? 그 애 기억의 어떤 부분이 그 애로 하여금 엄마에게 "저 사람이 내 등에 자기 손을 놓을 거야?"라고 묻게 했을까요? 실은 잭이 저의 집

문턱에서 촉발되기 전까지 잠복해 있었던 예전의 감각(절차 기억)에 접근하기 위해 자기 뇌/마음의 보다 의식적인 부분을 사용했던 것일까요?

책의 4년 반 된 몸은 3년 전에 있었던 자신의 암묵적 경험을 재연하기 시작했습니다. 하지만 이제 그 애는 자신의 신체적 경험을 말로 표현하고 제가 자신의 등에 손을 놓을 것이냐는 질문을 할 수 있었습니다. 그 다음에 무언의 신호를 받고 준비된 듯한 그 애는 자기 엄마의 품 안에서 안전하게 쉬었던 절차 기억을 재연했습니다. 그 애는 등을 제게 보인 채로 엄마의 무릎 위에 몸을 웅크리고는 다시 한 번 자기가 엄마의 품 안에 안겨 있는 동안 제가 손을 자신의 척추 위에 올리고 이제는 운동을 해서 단단해진 그 애의 등을 살살 문지르도록 초대했습니다.

그리고 그 애는 엄마의 품에 바싹 안겨서 커다랗게 포옹하는 것으로 마지막을 장식했습니다.

잭은 계속해서 잘 자라 주었고, 저는 자신들의 여정을 저와 공유해 준 잭과 그의 어머니 수잔에게 감사를 드립니다.

레이: 내 안에서 일어난 전쟁의 치유

> 66 전쟁을 잘 견뎌 낸 사람은
> 평화 시 잘 지낼 수 있는 권리를 얻는다.
>
> -로버트 브라우닝Robert Browning 99

프롤로그

매일 스물두 명 이상의 군인들이 자살을 한다는 것이 냉혹한 현실입니다. 이 총계는 이라크와 아프가스니탄 전쟁에서의 사망자

전체보다 많은 수이고, 민간인보다 두 배 높은 발생률입니다. 우리가 만나게 될 레이는 해병대에서 가장 자살률이 높은 소대에 있었습니다.

200~300만 명의 군인들이 전선에서 귀환하고 있는데, 그들은 전쟁의 숨은 비용을 떠안고 돌아옵니다. 그들은 눈에 보이지 않는 고통, 그들의 가족과 결국에는 공동체를 '감염시키는' 트라우마의 상처를 집으로 가져옵니다. 만일 100만 명의 사람들이 지극히 전염성이 강한 종류의 결핵에 걸려 전선에서 돌아왔다면, 이것은 분명 국가적 재난으로 간주되었을 것입니다. 우리는 즉시 과학자와 임상가의 전문 지식과 관심을 전국적으로 요청할 것입니다. 그런데 전쟁이 군인들에게 남긴 상처에 대해서는 그렇게 하는 대신에, 앞으로 닥칠 일을 무시하고 쓰나미 같이 몰아치는 트라우마, 우울, 자살, 폭력, 성폭행, 이혼, 중독과 노숙 문제가 우리가 사는 해안을 강타하는 것을 무력하게 맞이하고 있습니다. 군인들에게 효과적인 정신건강 치료를 충분히 제공하지 못한다면, 그것은 국가로서 그리고 특히 치료와 치유를 하는 전문가로서 우리가 가진 집단적인 책임을 광범위하게 유기하는 것입니다. 이런 의무를 도외시하는 것은 결국 우리 모두에게 영향을 미칠 전염성이 있는 고통이 확산되는 것을 보장하는 것과 별로 다를 바가 없습니다.

특정 전쟁에 대한 우리의 개인적인 신념이 무엇이든 간에 우리 모두는 사회의 일원으로서 **우리의 이름으로** 자신의 목숨을 걸고 싸웠던 이 전사들에게 그들이 누려 마땅한 민간인으로서의 삶을 돌려 주고 치유할 의무가 있습니다. 레이는 우리에게 매우 특별한 이런 젊은 참전 군인 중 하나였는데, 다음이 그의 이야기입니다.

레이와 그의 소대는 아프가니스탄의 헬만드 지역에 배치되었습니다. 2008년 6월 18일에 이들은 난폭한 매복 공격에 맞닥뜨렸고 이로 인해 소대원 몇몇이 사망했는데, 레이의 가장 친한 친구도 그의 품에서 숨졌습니다. 같은 날, 순찰을 돌던 중 두 개의 IED 폭탄이 순식간에 연속적으로 폭발했습니다. 레이와 가까운 곳에서 일어난 이런 폭발은 말 그대로 그를 공중으로 날려 버렸습니다. 그는 2주 후에 독일 란트슈툴에 있는 군병원에서 깨어났는데, 걷거나 말을 할 수 없는 상태였습니다. 아주 서서히, 오직 의지력 하나로 그는 이런 기본적인 기술들을 다시 익힐 수 있었습니다. 6개월 후에 저와 처음 만났을 때 레이는 PTSD, TBI(외상성 뇌손상Traumatic Brain Injury), 만성 통증, 심한 불면, 우울증, 그리고 그 외에도 투렛 증후군이라고 진단 받은 증상들로 몹시 괴로워하고 있었습니다. 그는 벤조디아제핀benzodiazepine,[9] 세로켈(항정신병약Seroquel),[10] 다수의 SSRIs-Selective Serotonin Reuptake Inhibitors[11] 및 진통제를 포함한 강력한 정신과 약물들을 한꺼번에 복용하고 있었습니다.

레이는 2008년 12월에 제가 로스앤젤레스에서 열었던 자문 집단에 참석했습니다(1회기). 첫 회기 이후에 우리는 저의 집에서 세 번

9) 역주: 신경 안정, 진정의 효과를 가진 약물로, 불안이나 불면의 치료에 많이 쓰입니다.
10) 역주: 조현병, 조울증, 우울증 등의 치료에 쓰이는 약물입니다.
11) 역주: 우울증 치료에 많이 쓰이는 세로토닌 재흡수 억제 약물입니다.

의 무료 회기를 가졌습니다(2, 3, 4회기). 그리고 나서 2009년에 저는 캘리포니아 빅 서의 바위가 많은 아름다운 해안지대에 위치한 에설렌 기관에서 워크숍을 열었는데, 그 곳에 레이를 초대했습니다(5회기~10회기). 이렇게 하는 것은 우리에게 작업을 계속할 수 있는 기회를 제공했고, 레이가 안전하고 지지적인 사회적 환경에서 다른 사람들과 접해 볼 가능성을 열어 주었습니다.

1회기

레이는 진단받은 여러 가지 상태를 치료하기 위해 자신이 복용하고 있는 12가지 정도 되는 매우 강력하고 무감각하게 만드는 정신과 약 및 진통제에 대해 얘기하는 것으로 회기를 시작했습니다. 기능적으로 그가 입은 손상은 머리와 목 부분의 경련성 수축이었는데, 이것은 먼저 눈과 턱에서부터 시작해서 그 다음에 목과 어깨로 퍼져 내려갔습니다. 저와 초기 면접을 진행하는 동안, 그는 눈길을 돌리고는 땅을 바라보며 시선을 맞추지 못했고, 수치와 패배감에 가득 찬 모습을 보였습니다.

레이가 눈을 맞추려고 했을 때, 저는 또 한 번의 경련성 수축이 일어나는 것을 보았습니다. 이런 연쇄 반응이 0.5초 정도의 간격을 갖고 순차적으로 일어났는데, 아마 이것이 레이가 투렛 증후군으로 진단 받은 이유일 것입니다. 하지만 SE의 관점에서 보자면, 이런 빠르게 일어나는 연속적인 사건들은 **완결되지 않은 정향과 방어 반응**으로 간주됩니다. 첫 번째 폭발이 있었던 순간에 레이의 귀, 눈, 그리고 목은 사건의 발생지를 향해 돌리려는 시도를 간신히 조금 했을 것입니다. 이런 **전운동 준비 반응**premotor preparatory responses은 동물적인 뇌간의 중앙 반응 네트워크Core Response Networks: CRNs에서 유발됩니다.❸ 하지만 이런 반응이 행동으로 실행되기 한참 전에 두 번째 폭발이 첫 번째 폭발과 거의 동시에 일어났고, 두 개의 폭발은 그를 공중으로 거칠게 내던졌습니다. 이 시점에서 그의 머리와 목은 갑작스레 몸통 쪽으로 당겨지고(소위 말하는 거북 반사turtle reflex), 몸의 나머지 부분은 공처럼 동그랗게 말렸을 것입니다. 혹은 전문 용어를 쓰자면, 그는 전면적인 굴곡 반사로 수축되었을 것입니다. 이런 것들이 함께 그 당시에 '갇히고' 압도되어서 완결되지 못했던 일련의 정향과 방어 반응의 스냅 사진을 만듭니다. 이 미완의 절차 기억(고정된 행동 패턴)이 특정 반응을 반복하는 것과 소위 말하는 투렛 같이 보이는 틱 경련을 초래한 것입니다.

목과 어깨를 포함하는 본격적인 경련이 있기 바로 직전에 저는 레이의 틱이 먼저 수축되는 것을 보았습니다. 이런 연쇄 반응을 중

단하기 위해서 저는 레이가 턱
을 아주 천천히 열었다가 닫도
록 했는데, 그가 **저항이나 공포
를 느끼기 시작할 때까지** 열었다
가 그런 다음에는 아주 조금씩
입을 다물도록 했습니다. 우리

(a)

는 이것을 다시 했는데 그가 저
항을 느끼는 지점까지 입을 열
었고, 매번 여는 정도를 서서히
확장시켰습니다. 저는 그가 이

(b)

렇게 자기 몸을 인식하는 연습
을 몇 번 반복하도록 했습니다.
우리는 매번 그가 입을 약간 더
열 수 있는 것을 보았습니다.

(c)

이 연습은 '과도 결합'을 줄임으
로써 순차적인 경련 반응이 훨
씬 약하게 나타나도록 해 주었
습니다. 레이는 갑자기 눈을 뜨

(d)

고 호기심에 차서 주위를 둘러보더니 자신의 턱에서부터 팔까지 퍼
지는 기분 좋은 찌릿찌릿한 감각을 묘사했습니다.

다음에 저는 레이에게 눈으로 저의 손가락을 따라오도록 했습니
다. 제 손가락을 따라온 시간은 약 5~6초 정도였습니다.

(a)

(b)

(c)

(d)

눈 움직임은 정향 반응의 필수적인 부분입니다. 만일 큰 소리 혹은 희미한 발자국 소리나 숲에서 나뭇가지가 갈라지는 소리가 난다면, 우리의 눈은 소란의 근원을 찾으려고 노력합니다. 제가 이 연습에서 발견하고자 했던 것은 단지 그의 눈이 가로, 세로 혹은 원형의 축을 따라서 어디서 얼어붙고, 갑자기 휙 움직이거나 '초점을 잃고 멍해지는지' 하는 것이었습니다. 레이의 눈은 첫 번째 폭발이 있었던 곳을 향해 정향 반응을 하려고 했겠지만, 압도되었을 것이고, 그가 공중으로 날아가 버렸기에 위협의 근원을 추적해서 찾아낼 수 없었을 것입니다. 분명 그의 신경계는 총격 전과 소중한 친구의 죽음 뒤에 잇따라 생긴 이런 절대적으로 압도적인 일련의 사건들을 처리할 수 없었을 것입니다. 눈 움직임을 분리시킨 것은 턱 근육의 수축을 제지했는데, 저는 이미 턱 근육의 수

**트라우마와
기　　억**

축이 앞으로 해결해야 할 경련성 신경근 움직임(절차 기억)의 발단이라는 것을 파악하고 있었습니다.

그의 시각적 반응을 조사하면서 저는 그의 눈이 왼쪽 사분면에서 5~10도를 가로질러 고정되는 것을 보았는데, 이것은 폭발이 그의 왼편에서 일어나지 않았나 하는 제 의혹을 더 강하게 만들었습니다. 저는 레이의 눈이 얼어붙거나 '초점을 잃고 멍해지는' 지점에서 손가락을 움직이는 것을 멈췄습니다. 눈이 얼어붙거나 멍해지는 반응은 각각 수축과 해리의 일화를 나타냅니다. 둘 중 하나가 일어날 때면, 저는 잠시 멈춰서 활성화가 가라앉도록 했습니다. 눈으로 손가락을 따라오는 노력, 촉발된 반응, 진정시키기와 안정화의 이런 조합은 절차 기억의 앞으로 나아가려는 움직임이 궁극적 완결을 향해 가도록 촉진합니다.* 제가 이런 과정을 활성화/비활성화의 주기를 따라 천천히 이동하면서 간격을 두고 시행하자 레이의 눈에서 추적하는 움직임이 차츰 '순조로워지기' 시작했고, 연쇄적인 경련은 누그러졌으며, 보다 정돈되기 시작했습니다. 레이는 전보다 평화로운 느낌이라고 말했습니다.

그의 활성화가 가라앉도록 몇 분 쉬고 난 다음에 저는 눈으로 하는 추적을 계속했습니다. 이번에는 연쇄적인 경련 반응이 1분밖에 활성화되지 않았습니다. 그 다음에 레이는 처음으로 편한(자연스러운) 호흡을 쉬었고 그의 심박수는 한 100에서 75 정도로 느려졌습

---

* 혼란을 막기 위해서, 여기서 충격 반응의 시공간적 사분면을 시각적으로 활성화시키는 과정이 EMDR에서 사용하는 손가락 움직임과는 전혀 관련이 없음을 밝힙니다.

(a)

(b)

경과 시간 ~10초

니다. 저는 이것을 목의 경동맥을 보고 관찰했습니다. 그는 손에서 깊은 이완이 느껴지고 "찌릿찌릿함과 따뜻함이 온몸으로 퍼져 나간다."고 묘사했습니다. 제 얼굴에 나타난 만족스러운 표정은 레이가 기분 좋은 평정을 향해 나아가면서 안정을 찾는 과정에서 우리가 함께한 경험을 반영하는 것이었습니다.

그 다음에 레이는 즉흥적으로 그의 두 손을 쭉 뻗었습니다. 저는 레이가 양손에 마음을 가져가도록 한 다음에 안으로부터(내수용적으로) 무엇이 느껴지는지를 감지해 보도록 했습니다. 레이는 그렇게 하면서 점점 손을 넓게, 더 넓게 폈습니다. 이것은 그가 '진자 움직임', 맥박, 그리고 흐름$_{flow}$이 가진 역동적 치유의 리듬에 훨씬 잘 접촉할 수 있도록 도왔습니다.

(a)

(b)

(c)

(d)

(e)

경과 시간 ~5초

3회기

저의 집에서 있었던 3회기
에서 저는 레이에게 1부터 10
까지의 척도에서 그가 지금 어
디에 있는지를 봄으로써 진전
을 평가해 보자고 했습니다.
0이 로스앤젤레스에서 있었
던 우리의 첫 회기 이전의 상
태이고, 10이 그가 완전히 자
기 역량을 다하고, 자신에 차
있고, 자기가 원하는 삶을 살

(a)

(b)

(c)

(d)

(e)

고 있는 상태라면 그는 현재 4에 있다고 말했습니다. 저는 만일 미래를 내다볼 수 있다면, 앞으로 몇 주 그리고 몇 달 안에는 어디쯤 있을 것 같냐고 물었습니다. 그는 팔을 벌리는 동작을 취하면서 자기가 6… 그 다음에는 8에 가 있을 것 같다고 했습니다. 그의 '코치/가이드'로서 저는 그가 자신의 치유 과정이 탄력을 받았다는 것을 믿는 것을 보고 기쁨을 감추지 않았습니다. 레이는 이런 '양적인quantitative' 평가에 매우 적극적으로 임했는데, 이런 평가는 내담자에게 자신이(트라우마가 발생했던 과거와는 다른 미래를 산다는 것을 상상할 수 없었던) 트라우마로 인한 충격/기능 정지 상태에서 확실히 벗어나고 있다는 것을 보여 줄 수 있다는 점에서 유용합니다. "이제는 저에게 밝은 미래가 있다는 것을 알겠어요."라고 레이가 너무나 적절하게 표현했듯이 말입니다.

5회기

레이와의 다음 회기들은 캘리포니아 빅 서에 있는 에설렌 기관에서 1주일간 열린 워크숍에서 진행되었습니다.

5회기에서 저는 레이에게 턱을 열었다 닫았다 하는 움직임을 하면서 '부$_{voo}$'라는 특정한 소리를 계속 내 볼 것을 요청했습니다.* 이것은 그의 복부에 있는 생명 에너지 센터를 턱에 있는 단호한 공격성과 연결해 보도록 하기 위한 것이었습니다. 처음에 레이는 몸 전체에서 자기가 살아 있음을 더 느끼게 하는 찌릿찌릿함이 있다고 말했습니다. 하지만 그는 이런 활기 띤 느낌을 지속하지 못하고 무너지는 자세와 얕은 호흡을 보이며 안으로 웅크렸습니다. 저는 여기서 기능 정지가 일어난 것은 살아 있다는 느낌을 경험하자 생존

---

* 이 연습에 대한 묘사는 『무언의 목소리로(In an Unspoken Voice)』(역주: 저자의 다른 저서)를 참고하십시오.

자로서 가진 그의 뿌리 깊은 죄책감이 즉시 촉발되었기 때문일 거라고 짐작했습니다. 우리는 그의 고개가 아래로 향하는 것을 분명히 볼 수 있었습니다. 그의 죄책감을 탐색하기 위해서 저는 그가 다음의 말을 따라하면서 자신의 몸에 어떤 일이 일어나는지 관찰해 보도록 했습니다. "나는 살아 있다······. 나는 여기 있다······. 나는 생존했다······. 모두가 살아남지는 않았다." 이렇게 주어진 말을 따라하는 것은 그가 자신의 죄책감을 받아들이고 분노를 직면하기 시작하도록 도왔습니다. 결국 이 분노는 동료 군인들로부터 가까운 전우를 잃은 것에 대한 그의 깊은 슬픔을 드러냈습니다.*

저는 레이가 자신의 분노를 다루고 그 밑에 깔려 있는 상실감, 취약성 및 무력함에 접근하도록 돕기 위해서 워크숍에 참여한 사람들 중 두 명의 자원자에게 레이가 자신의 분노를 절제하고 발산하는 것 둘 다를 돕도록 하였습니다. 저는 그가 카타르시스를 느끼며 분노를 폭발하기보다는 자신의 움직임을 유지해서 커다란 베개로 가져가기를 바랐습니다. 화와 분노로 인해 자신이 다른 사람을 해칠 수도 있다는 깊은 두려움 때문에 그는 주먹으로 치려는 충동을 습관적으로 억제했습니다. 주먹으로 치고 파괴하려는 충동은 그의 전방 근육에 나타났습니다. 그는 이 강력하지만 받아들일 수 없는 충동을 느낌과 동시에 다른 사람을 다치게 할 이런 금지된 충동을 막기 위해서 팔

---

* 이런 종류의 정서적 처리는 먼저 폭발로 인한 충격 반응을 충분히 해소하지 않고서는 일어날 수 없었을 것입니다. 그런 해소는 제가 레이와 가진 처음 세 번의 회기에서 주로 일어났습니다. 하지만 우리는 약해진 충격 반응의 잔재를 계속해서 다루었는데, 이러한 잔재의 울림이 때때로 희미하게 다시 나타났기 때문입니다.

과 어깨 뒤쪽에 있는 근육을 수축시켰습니다. 그러나 이런 신경근의 억제는 그의 몸을 구속했고, 그가 가진 보다 부드러운 느낌을 근육으로 된 일종의 '갑옷' 속에 묻어 버렸습니다.

이제 억제해서 저지하는 기능을 '인계 받은' 두 명의 자원자는 레이

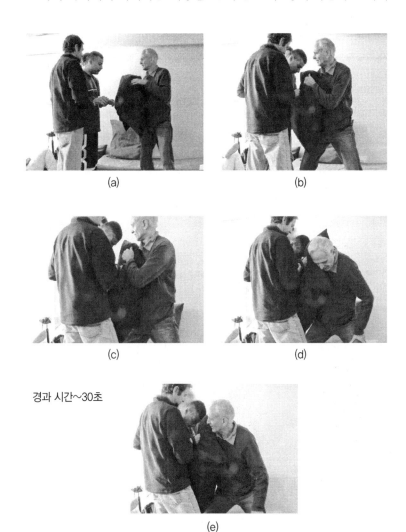

(a)

(b)

(c)

(d)

경과 시간~30초

(e)

가 주먹으로 공격하는 행동을 가지고 있다가 다른 곳으로 내보내는 것을 도왔습니다. 그 결과 레이는 억제되지 않은 충동을 안전하고 수위 조절이 된 방식으로 느끼고 따를 수 있었습니다. 이렇게 하는 것은 그가 자신의 '건강한 공격성'을 온전히 경험하고 스스로의 '생명력', 생명의 약동$_{elan\ vital}$[12]에 접촉할 수 있도록 했습니다. 그는 이렇게 지시된 행동을 세 번 반복했는데, 한 번 앞을 향해 세게 밀고 나면 그의 감각과 활성화가 진정을 찾을 때까지 휴식을 취하도록 했습니다.

세 번을 이렇게 한 다음에 저는 그에게 손과 팔에서 무엇이 느껴지는지를 물었습니다. 그는 이렇게 대답했습니다. "손과 팔이 정

말 강하게 느껴져요……. 좋은 의미에서요……. 마치 인생에서 계속 나아갈 수 있을 것처럼요. 이제는 가 버린 제 친구들을 여전히 기리면서 인생으로부터 제가 원하는 것을 얻을 수 있는 힘을 느껴요." 삶에서 앞으로 나아가려는 이런 움직임은 '건강한 공격성'의 핵심입니다.

---

12) 역주: 프랑스의 철학자 앙리 베르그송이 처음 쓴 말로, 모든 생명체에게 있는 창조적인 힘을 뜻합니다. 베르그송은 이런 힘이 성장과 진화를 낳는다고 믿었습니다.

이 시점에서 우리는 나란히 함께 앉았습니다. 레이는 자신의 가장 친한 친구가 자기 품에서 죽는 것을 보는 것이 그에게 어떤 경험이었는지, 그 절대적인 무력감과 상실감을 묘사했습니다. 저와 집단의 지지 속에 그는 자신의 경험을 조용히, 품위 있게, 차분하게 그리고 가장 중요한 것은 스스로를 존중하면서 말했습니다. 그가 침착하게 자신의 고통과 애도를 인정하고, 그것을 집단과 나누면서 그의 눈에는 눈물이 차올랐습니다.

이런 '부드러운 느낌' 요소는 ① 폭발로부터 온 충격 반응의 해소, ② 과거와는 다른 미래를 상상, ③ 집단의 지지와 절제 속에서 죄책감과 분노를 다룸, ④ 건강한 공격성과 내면의 힘에 접촉, ⑤ 그 결과, 마침내 애도, 무력함과 상실이라는 마음 깊숙한 곳의 느낌을 차분히 받아들이게 됨, ⑥ 지금 여기에 정향 반응으로 이루어지는 유기적이고 순차적인 6단계 과정의 정점입니다. 많은 사람 앞에서 수줍어했던 레이는 저를 쳐다보기 시작했고, 마치 집단 구성원들을

처음 보는 듯이 방 안을 둘러보았습니다. 그는 자신의 깊은 상실감과 접촉하면서도 다른 사람들과 함께할 수 있었습니다. 아마도 그에게 있어서 이 사람들은 자신을 민간인으로서의 삶 그리고 느낌의 세계로 연결해 주는 '과도기적 가족'이었을 것입니다.

에설렌에서의 회기가 있은 지 몇 달 후에 레이는 멀리사와 결혼을 했고, 그들은 아들 나다니엘을 낳았습니다.

2012년에 두 사람이 점검 차 제가 있던 캘리포니아의 엔시니터스에 방문하기로 했습니다.

　레이는 저를 만나기 전 날 밤에 자신이 흥분해서 얼마나 '고조되어 있었는지'를 들려주었습니다. 그는 제가 가르쳐 주었던 몇 가지 연습을 해서 빠르게 이완 상태를 찾을 수 있었습니다. 그러고 나서 우리는 '부voo' 소리와 턱 움직임을 함께했습니다. 그는 이완이 되면서 '따뜻함의 물결'을 느꼈는데, 거기에는 '기쁨의 물결'도 따라온다고 말했습니다.

　저는 레이에게 그동안 어떻게 지냈는지 물었습니다. 그는 말과 접촉하는 치료법equine therapy을 시도해 보았고, 말들이 얼마나 비판단적이었고 자신을 기꺼이 믿어 주었는지를 설명했습니다.

이 사진은 매도우 중독 치료 센터The Meadows Addiction Treatment Center의 허가를 받고 사용했습니다. ⓒ2012

저는 그에게 내면으로 들어가서 말과 함께 있을 때 느꼈던 것과 같은 비판단적인 느낌을 찾을 수 있는지, 그렇다면 그런 내적인 감각을 그의 몸 어디에서 느끼는지 찾아보라고 요청했습니다. 그가 이런 자기애의 느낌과 접속하기 시작했을 때, 저는 그에게 멀리사를 바라보면서 그녀를 향해, 그리고 그녀로부터 무엇을 느끼는지를 살펴보라고 했습니다. 그들은 조용히 서로를 응시하더니 부드러운 미소를 지었습니다.

멀리사는 자신이 어떻게 해서 남편에게 혼자만의 공간을 주는 법을 배웠고, 남편이 거리를 둘 때에는 자기 때문이라고 생각하지 않게 되었는지를 들려주었습니다.

멀리사는 레이가 거리를 둘 때조차도 서로 연결되어 있을 수 있는 방법을 찾게 된 것이 얼마나 다행인지를 말하면서 눈물을 글썽이기 시작했습니다. 이것은 재향 군인과 그들의 가족뿐만 아니라 우리 모두가 배워야 할 중요한 기술인데, 설명하자면 주위 사람들은 재향 군인이 자기만의 '공간'을 필요로 하는 것을 존중하고, 그들이 계속 안전하다고 느끼도록 도울 수 있어야 합니다. 재향 군인은 혼자 있고 싶은 것을 포함한 스스로의 필요와 감정을 표현함으로써 다른 사람들과 단절되지 않을 줄 알아야 합니다.

그들의 아들인 나다니엘이 방으로 들이닥쳤을 때, 멀리사는 아이를 기쁨에 차서 바라보았고 레이는 멀리사가 그들의 아이를 사랑스럽게 대하는 것을 보며 즐거워했습니다.

(a)

(b)

(c)

멀리사는 레이에게 그가 점점 더 마음을 여는 모습이 그녀를 얼마나 감동시켰는지 얘기했습니다. 멀리사는 힘들 때도 있지만, 바로 이런 순간들이 두 사람 사이의 유대가 계속 자라날 수 있도록 도와준다고 덧붙였습니다.

우리의 만남은 서로를 아끼는 사람들이 서로의 행동을 따라하고 장난을 치는 다정한 어울림 속에 끝났습니다.

이 사례의 많은 부분을 보여 주는 동영상을 온라인에서 보실 수 있습니다www.youtube. com/watch?v=bjeJC86RBgE.

에필로그와 논의

2015년 1월에 전직 해병대였던 데이비드 모리스가 쓴 〈PTSD 이후, 더 많은 트라우마〉라는 제목의 글이 『뉴욕 타임스』에 실렸습니다.[4] 그는 이 글에서 자신이 1998년에 해병대에서 제대했고, 2004

년부터 IED 폭탄으로 거의 죽을 뻔 했던 2007년까지는 이라크에서 리포터로 일했었다고 기술합니다. 이런 고통스러운 시련을 겪은 후에 그는 치료를 받기 위해 샌디에이고 재향 군인 클리닉을 찾았고, 그곳에서 PTSD를 위해 '선택된 치료' 중 하나로 알려진 지속적 노출 Prolonged Exposure: PE 치료를 받았습니다. 이런 방식의 치료에서 환자들은 자신이 겪은 전쟁 경험의 가장 끔찍하고 공포스러운 부분을 몇 번이고 반복해서 다시 체험하게 됩니다. 이론적으로는 환자가 트라우마에 대해 기억하는 것을 치료자에게 다시 이야기함으로써 그 특정한 기억에 대해 갖고 있는 트라우마 반응을 '탈피하게'[13] 된다는 것입니다.

치료 과정에서 모리스가 초점을 맞췄던 사건은 그가 바그다드 남부에서 보도를 했던 2007년에 일어난 IED 폭탄 매복 공격이었습니다. "회기 중에 저의 치료자는 제게 매복 공격 이야기를 수없이 반복하도록 했습니다."라고 모리스는 회고했습니다. "저는 눈을 감고 제1보병 사단에서 온 순찰대와 같이 탔던 군용 트럭 안으로, 제가 입었던 방탄복 속으로, 폭탄이 폭발하는 소리 속으로, 우리 모두를 영영 뒤덮을 것처럼 위협했던 자욱한 연기 안으로 돌아갔습니다. 그것은 다시 가기에는 힘들고 감정적으로 진을 빼는 풍경이었습니다." 그는 자기가 그 얘기를 충분히 반복하면 시간이 지나면서 공포가 사라질 거라고 기대했습니다. 그런데 한 달 동안 치료를 받은 후

---

13) 역주: 원문에서는 unlearn이라고 표현되었는데, unlearn이란 자신이 배웠던 것을 버리거나 기억에서 지운다는 뜻으로, unlearning은 탈학습이라고 번역되기도 합니다.

에 그는 오히려 더 심각한 문제를 겪기 시작했습니다. "제가 아프다는 것을 몸으로 느꼈습니다. 제 정맥에서 피가 뜨거워졌어요. 저는 원래 잠을 잘 못 자는데, 극도의 불면에 시달리게 되었습니다. 저는 쓰기는커녕 읽을 수도 없었습니다……. 마치 제 몸이 스스로와 전쟁 중인 것 같았습니다." 모리스의 치료자가 지속적 노출 치료에 대한 그의 커져 가는 불안과 걱정을 무시했을 때, 모리스는 이건 "정신 나간 위험한" 짓이라 말하며 치료를 그만두었습니다.

모리스는 지속적 노출 치료가 한 가지 사건에 초점을 맞추는 것도 비판했습니다. 그는 이것이 "액션 영화의 한 장면으로 빨리 돌리기를 한 다음에 영화 전체를 그 장면으로 판단하는 것"과 마찬가지라고 예리하게 짚었습니다. 이 짧고 성급한 듯한 관찰은 지속적 노출 치료와 그 외의 카타르시스를 중시하는 다른 치료 방법들에 대한 매우 중요한 지적입니다. 이런 극적인 치료법들은 각각의 트라우마 기억이 고립된 섬, 잘라내고 제거되어야 하는 매우 특정한 '종양'이라는 믿음을 내재하고 진행됩니다. 이와 같이 트라우마 기억을 반복적으로 되살려서 잘라내야 하는 것으로 형상화한 현혹적인 관점이 놓치고 있는 것이 있는데, 그것은 전 생애를 통틀어 한 사람의 발달 선상에서 일어나는 모든 경험(한 개인이 겪게 되는 성공, 행복, 좋은 일들뿐만 아니라 스트레스와 트라우마 전부)을 통합하는 데 있어서 몸, 마음과 뇌가 따로 떨어진 것이 아니라 유기적으로 전체를 이룬다는 점입니다. 제가 지속적 노출과 같은 방식의 치료법들이 핵심을 놓치고 있다고 느끼는 것이 바로 이 부분입니다. 물론 이런 치료들이 도움이 될 때가 있다는 것은 의심할 여지가 없는 사실이지만, 어떤 경우에는 해가 되기도 합니다. 모리스가 그랬던 것처럼, 커져 가는 고통 때문에 이런 치료를 중단하고 이탈하는 비율이 극히 높다는 것은 시사하는 바가 큽니다. 여기서 해제 반응과 트라우마에 대한 역사를 간략히 살펴봅시다.

독일어 단어Abreagieren에서 유래한 해제 반응abreaction이란 말은 어떤 경험에서 온 감정적 과도함을 없애기 위해서 그 경험을 다시 하는 것을 뜻합니다.[5] 해제 반응의 치료 효과는 '종기를 절개해서 터뜨리는 것'에 비유할 수 있습니다. 상처를 절개하면 '독'이 나와서 낫게 됩니다. 절개하는 과정이 아픈 것과 같이, 트라우마를 다시 경험하는 것은 환자에게 매우 고통스러울 수 있습니다. 이런 식의 비유에 따르자면, 새로 열린 상처는 나을 수 있을지도 모릅니다. 하지만 다시 염증이 생기는 것을 막지는 못할 수 있는데, 안타깝게도 모리스가 아주 적절히 기록했듯이 그런 일은 일어납니다. 제가 잭과 레이와의 작업에 적용했던 SE는 절차 기억에 훨씬 조심스럽게 접근하지만, 절대 실패하지 않는 치료법이란 없습니다. 물론 저는 한결 느리고 수위 조절이 된 SE의 과정이 제공하는 안전의 폭이 더 넓기에, 결과적으로 SE 치료에서 다시 트라우마가 일어날 가능성은 지속적 노출 치료나 다른 카타르시스 효과가 있는 치료법들에 비해 낮다고 말씀 드리겠습니다. 저는 노출exposure 기법을 사용하는 치료자들이 여기에 요약된 방식의 일부를 활용해서 자신들의 치료 작업을 더 발전시켜 나가기를 진심으로 바랍니다.

결국 프로이트는 트라우마에 연결된 억압된 감정은 그저 그것에 대해 말하는 것만으로도 자유로워질 수 있다고 해석한 것 같습니다. 그는 트라우마 정서의 이런 '방출'이 '특정 순간이나 문제에 초점을 맞춤'으로써 일어날 수 있다고 보았습니다.[6] 이런 방법은 소위 히스테리성 전환[14] 증상에 대한 프로이트식 접근의 기본이 되었습니다.[7] 제2차 세계 대전이 일어났을 무렵에는 강렬한 정서적 카타르시스를 끌어내기 위해 최면과 페노바르비탈(마약성 해제 반응phenobarbital)[15]이 사용되었습니다. 하지만 이런 방법들은 종종 역효과를 내거나 효과가 있더라도 잠시 뿐이기 때문에 결국 외면을 받게 됩니다. 흥미롭게도, 공상 과학 소설 작가이자 후에 사이언톨로지를 창시하게 되는 론 허버드는 1943년에 샌디에이고 발보아 해군 병원의 환자였습니다. 허버드는 '정화(트라우마 경험을 해제반응으로 제거하는 사이언톨로지의 기법clearing)'가 전쟁에서 부상을 입은 후 자기 스스로 한 발견이었다고 주장합니다.[8] 당연히, 그가 1943년에 샌디에이고 발보아 해군 병원에서 받은, 두말 할 것도 없이 카타르시스를 일으키는 방식이었던 치료에 대한 언급은 전혀 없었습니다.

카타르시스 치료법의 소위 진화에서 그 다음은 조셉 울프Joseph Wolpe가 1950년대에 소개한 점진적 형태의 노출 치료였습니다.[9] 원

---

14) 역주: 전환conversion이란 몸에 이상이 없는데도 심리적인 원인으로 마비, 경련, 감각 기능의 이상과 같은 신경학적 문제가 발생하는 것을 말하며, 프로이트는 무의식적 갈등이 신체적 증상으로 '전환'된다고 해석했습니다.
15) 역주: 페노바르비탈은 진정, 진통, 수면 유도 등의 효과가 있는 약물로 간질 증세, 불면증, 불안 등의 치료에 쓰입니다.

래 이런 식의 치료는 단순한 공포 증세, 이를 테면 높은 곳, 뱀 혹은 벌레 등에 대한 공포를 치료하기 위해 고안되었습니다. 거미를 두려워하는 사람에게는 치료 중에 거미를 보여 주거나 혹은 거미를 몇 차례 상상해 보도록 할 것이며, 두려움이 '사라질 때까지' 점진적으로 '두려워하는 대상'에 점점 더 가까이 가도록 할 것입니다. 1980년대에 펜실베니아 대학교에서 에드나 포아Edna Foa와 동료들이 만든 지속적 노출 치료는 단순한 공포 증세를 없애는 울프의 고전적인 방법을 토대로 개발되었습니다. 그러나 지속적 노출 치료를 단순한 공포 증세보다 훨씬 복잡하고 그것과는 근본적으로 다른 PTSD나 그 외의 다양한 트라우마에 적용한다는 것은 별개의 문제입니다. 지속적 노출 치료는 폭탄 매복 공격, 폭발, 비행기 사고, 성폭력과 같은 트라우마를 경험한 생존자들이 트라우마 사건으로부터 '과도학습'을 해서, 그 결과 트라우마에서 나온 공포가 일상생활의 행동을 좌우하게 된다는 생각에 기반을 두고 있습니다.

저는 원래는 단순한 공포 증세를 위해 개발된 치료를 훨씬 더 복잡한 트라우마 치료용으로 목적을 바꿔 사용하는 것은 초창기 방법들의 걱정스러운 오용이라고 생각합니다.

레이의 에필로그

❝❝ 어떤 사람들은 붙들고 있는 것이 우리를 강하게 만든다고 생각한다.

하지만 때로는 놓아 주는 것이 우리를 강하게 한다.

—헤르만 헤세Hermann Hesse 99

66 애도하지 않을 때, 인간은 거의 존재하지 않는 것이나 마찬가지이다.

—안토니오 포르쉐Antonio Porsche 99

66 우리 중에는 주저앉아 울음을 터뜨리고, 그래도 여전히 전사로 간주될 수 있는 사람들이 있어야 한다.

—에이드리엔 리치Adrienne Rich 99

　　우리가 레이의 경우에서 봤듯이, 지속적 노출 치료보다 훨씬 덜 '거칠고' 완전히 다른 방식으로 접근하는 트라우마 치료법들이 있습니다. 제가 여기서 사용하고 있는 접근인 SE는 과거에 있었던 트라우마를 다시 얘기해서 트라우마로 과도학습된 결과들을 '탈피하는' 것에 주력하기보다는 압도적인 무력감과 상반되는 **새로운 경험을 창조하고자** 합니다.[10][11] 레이의 변화는 단지 스스로의 트라우마 반응과 생각의 과정을 탈피하거나 이해하는 것을 훨씬 넘어서는 것이었습니다. 그것은 그의 몸에 일어난 폭발적인 충격을 **완결**(그래서 '재협상')하고, 그런 다음에는 그의 정신과 영혼에 너무 깊게 자리 잡고 있던 분노, 애도와 상실이라는 얼어붙은 감정을 '녹이고' 다루는 과정이었습니다.

　　사례 설명에서 보듯이, 레이의 '갇혀 있던' 충격/기능 정지의 해소는 폭발에 대한 그의 정향 및 과보호 반응을 점진적으로 다시 방문(그래서 완결)하면서 이루어졌습니다. 이런 타고난 보호 반응은 숙이기, 굽히기와 신체적 준비하기를 포함합니다. 만일 우리가 그의 죄책감, 분노, 애도로 바로 들어가서 거기에만 집중했다면, 잘해야 수확이 없었을 것이고, 최악의 경우에는 그의 충격 반응이 심화되고 실망스럽게도 틱과 발작 비슷한 움직임을 다시 반복하게 되는 역효과를 내었을 것입니다. 절차 및 감정 기억을 다루기 위해서는 신체 반응에 대한 세심한 관찰과 추적이 필요합니다. 신체 반응이란 혈류(피부 착색의 변화에서 감지된 혈관 수축과 팽창), 경동맥을 관찰해서 확인되는 심박수, 호흡의 자연스런 변화와 같은 자율신경계의 신호들뿐 아니라 몸짓, 순간적인 감정 상태를 나타내는 얼굴의 미세한 표정, 자세의 변화를 포함합니다.

첫 회기는 관찰과 참여라는 중요한 일련의 순서에 따라 진행되었습니다. 첫 번째 단계는 레이의 시선이 저로부터 멀어져서 바닥으로 내려가 있는 것을 알아보는 것이었습니다. 이 시점에서는 눈맞춤을 강요하거나 한 번 해 보자고 제안하는 것조차 하지 않는 것이 중요합니다. 그렇게 했다면 더한 고통을 불러일으키고, 훨씬 심한 기능 정지, 수치심과 단절을 초래했을 가능성이 큽니다. 두 번째 단계는 레이를 서서히 자신의 신체 감각으로 안내하되, 그것이 압도적인 경험이 되지 않도록 하는 것이었습니다. 세 번째 단계는 폭발에 대한 반응으로 눈, 목과 어깨가 순차적으로 수축하는 것의 후유증이었던 신경근 수축의 단단히 감긴 순서를 **분리하는** 작업이었습니다. 이런 수축은 그의 몸이 처음에는 정향 반응을 하려고 했고, 그 다음에는 두 번의 폭발로 온 충격파에 대항해서 스스로를 지키려고 시도했던 결과였습니다. 이렇게 하는 데에는 몸 전체에 있는 굴근[16]의 수축이 관여하는데, 아마도 우리는 숲 속에 살던 선조들에게서 이런 반사 반응을 물려받았을 것입니다. 아기 영장류가 어쩔 수 없이 나무 아래로 떨어졌을 때 스스로를 보호하기 위해서 몸을 공처럼 단단하게 마는 것처럼 말입니다. 어른이 되어서는 굴근을 사용하여 배에 타격을 당하지 않도록 보호할 수 있습니다.

두 번째 단계에서 세 번째 단계로 끊기지 않고 넘어갈 수 있었던 것은 레이와 했던 턱 근육에 대한 인식 작업과 그 다음에 있었던 안내에 따른 눈의 추적 작업을 통해서였습니다. 이런 아주 간단한 인식 연습을 했을 때, 그는 거의 즉시 찌릿찌릿함, 따뜻함, 편한 호흡과 깊은 이완을 느꼈습니다. 세 번째 단계는 다음 4회기를 걸쳐 정교해졌습니다. 4번째 회기 무렵에는 깜짝 놀라는(투렛) 반응이 거의 없어졌고, 그래서 그의 죄책감, 분노, 애도와 상실에 대한 **감정 기억**에 접근해서 다루기 시작할 수 있었습니다. 마지막 작업은 에설렌 기관에서의 워크숍에 참여한 다른 사람들과 함께 집단으로 이루어졌습니다. 레이는 집단 구성원의 지지를 받으며 어떻게 자신의 분노를 발산하고 절제하는지를 배울 수 있었습니다. 이런 절제된 경험은 그가 자신의 분노를 힘과 건강한 공격성, 다른 말로 하자면 그가 삶

---

16) 역주: 굴근flexor muscle은 관절이 구부러지도록 하는 근육입니다.

에서 필요한 것을 향해 나아갈 수 있는 역량과 에너지라는 방향으로 돌리고 전환시킬 수 있도록 해 주었습니다. 마침내, 이런 변화는 그가 가진 보다 부드러운 느낌인 애도와 상실, 그리고 정서적으로 다른 사람들과 연결되고 싶은 바람을 향한 통로를 열었습니다.

만일 모리스가 재향군인 병원에서 지속적 노출 치료를 받으면서 했던 것처럼 레이에게 IED 폭탄의 폭발을 소리, 연기와 혼란을 떠올리며 다시 체험하게 했다면, 그의 깜짝 놀라는 반응을 강화하고 증폭시키기만 했을 것이고 그가 자기 몸 안에 더 깊숙이 갇히도록 만들었을 것입니다. 실제로 2014년에 〈60분〉[17]에서는 지속적 노출 치료를 받고 있는 한 무리의 군인들을 보여 준 적이 있습니다. 마지막에 그중의 한 명에게 치료를 받고 더 좋아졌는지를 묻자 그는 "그럴 걸요."와 같이 대답했는데, 아마도 자기보다 권위 있는 사람을 불편하게 하고 싶지 않아서 그랬을 수 있습니다. 하지만 몸을 읽을 줄 아는 사람이라면 그 군인이 전보다 훨씬 심각한 고통을 받고 있고, 기능 정지 상태로 더 깊게 빠져들게 되었음을 분명히 알 수 있었을 것입니다.

만일 제가 레이로 하여금 자신의 전반적인 깜짝 놀라는 반응에 주의를 기울이고 해소해 보기 전에 바로 분노, 죄책감과 슬픔을 다루도록 몰고 갔다면, 그런 강렬한 감정들은 강화되었을 가능성이 크고, 트라우마의 재발retraumatization[18]이 일어났을 수 있습니다. 이런

---

17) 역주: 1968년에 시작된 미국 CBS 방송사의 시사 프로그램입니다.
18) 역주: retraumatization을 '재외상화'라고 번역하기도 합니다.

고려 속에 세심하게 구성된 절차의 본질은 일단 레이의 충격-놀람 반응을 완화하고, 그 다음에는 집단과의 친밀한 교류와 지지 속에서 그가 점진적으로 자신의 느낌에 접촉하고 느낌과 평화롭게 공존할 수 있도록 합니다. 레이가 자신의 애착과 부드러운 느낌을 동료 군인들뿐만 아니라 자신의 가족에게로도 향하게 할 수 있었던 것은 이런 절차가 있었기에 가능했습니다. 이렇게 다가가는 것이 그의 새로운 임무였습니다. 정말 자랑스러운 해병대인 레이, 군인으로서 그리고 민간인으로서 당신이 겪은 노고에 감사를 드립니다.

자랑스러운 해병대 레이.
2005년에 레이가 입대했을 때 찍은 사진입니다.

레이와 멀리사는 아들을 돌보는 기쁨의 순간을 함께하고 있고,
나다니엘은 부모로부터 따뜻한 관심의 햇살을 받고 있습니다.

TRAUMA AND MEMORY

CHAPTER 7

정확성의 덫과
잘못된 기억의 함정

❝ 과거를 끄집어내라. 오직 당신이 과거로부터 발전해 나갈 거라면.

−도메니코 에스트라다Doménico Estrada ❞

4장에 나왔던 미테콰이 공원에서 저와 로라에게 생겼던 작은 사고를 떠올려 보십시오. 거기서 저희는 무리를 이탈한 아이들을 대나무에서 놀고 있던 것을 이름 모를 맹수가 잠복해 있는 것으로 착각했었습니다. 다른 말로 하자면, 우리는 지극히 가능성이 낮은 상황에서도 처음에는 위험을 인식하는 긍정 오류를 향한 진화적 편향의 희생양이었던 것입니다. 공원에서 그랬던 것처럼, 긍정 오류의 결과는 본질적으로 비교적 가볍습니다. 그렇기 때문에 우리는 가능성이 높든 낮든 간에 위험을 인식하도록 타고 났습니다.

위험을 예상하는 이런 강력한 편향을 고려했을 때, 우리가 위협의 심각성을 그와 관련된 부정적인 감정의 강도로 가늠한다는 것을 쉽게 이해할 수 있습니다. 아주 간단히 말해서, 두려움이나 화의 감정이 강렬할수록 우리는 우리가 위협이라고 판단한 것이 사실이라고 믿도록 타고 났습니다. 즉, 우리가 도망이나 싸움이라는 기본 생존 반응으로 최선을 다해 대응해야 하는 위험이 정말 있다고 믿게 됩니다. 다르게 말하자면, **우리가 정확성과 감정의 강도를 동일시한다는 것입니다.** 우리의 감정은 우리의 믿음에 정보를 줍니다. 우리의 믿음은 우리의 감정을 강화합니다. 이런 긍정 피드백 루프positive feedback loop,[1) '정확성의 덫'은 겉으로는 그럴싸해 보이지만 사실이 아닌 '복원된 기억'이 치료 중에 생길 가능성을 이해하는 것과 특히 관련이 있습니다. 게다가 이 덫은 우리가 느끼는 것을 어떤 식으로든 '설명하는' 듯한 이미지를 '제공하려는' 우리 마음의 강력한 경향에 의해 강화되고 더 단단해집니다. 예를 들어, 어렸을 때 무서운 의료 절차를 겪었던 사람이 이제는 강렬한 공포와 분노의 감정을 해제 반응으로써 경험하고 있다면, 그 사람은 원래 신체에 가해졌던 유린을 고문이나 성폭행으로 잘못 시각화할 수 있습니다. 넘쳐 나는

---

1) 역주: 피드백 루프란 어떤 시스템에서 나온 결과물이 그 시스템이 다음 결과물을 만들어 내는 데에 영향을 주는 순환적인 구조를 말합니다. 생물학적으로는 몸이 어떤 자극이나 사건에 대한 반응을 보였을 때, 긍정 피드백 루프가 작동하면 그 반응은 더 증가하고 시스템은 변화를 겪게 됩니다. 반면에, 부정 피드백 루프negative feedback loop가 작동하면 반응의 양이나 정도가 감소하며, 시스템이 유지되거나 변화가 억제됩니다.

그 사람의 강력한 감정이 치료자의 해석 혹은 그 사람이 속한 집단이 가진 학대의 주제와 결부되었을 때 이런 혼란이 생길 수 있습니다. 내담자는 이런 유도적인 해석에 의지하게 되고, 지금보다도 훨씬 더 심한 감정의 범람을 유발하는 조작된 '플래시백'을 경험하고, 그러고 나서는 이것을 확실한 혹은 사실에 기반을 둔 것으로 간주할 가능성이 큽니다. 강렬한 감정을 경험할 때에는 물러서서 관찰하고 평가하는 능력이 줄어들기 때문에 잘못된 것일 가능성이 있는 귀인attribution으로 쉽게 빠져듭니다. 우리는 이제 점점 더 그런 일이 정말 일어났다고 확신하게 되는데, 어떤 때에는 개연성이 없음에도 불구하고 그렇게 믿습니다.

이런 함정은 우리에게 잘못된 귀인이 치료를 해롭고 부정적인 것으로 만들 수 있음을 경고합니다. 우리가 감정적으로 고조된 경험에 첨부하는 이미지와 이야기들은 잘못된 기억을 하기 쉽게 만들 뿐만 아니라, 삶에서 계속 앞으로 나아가는 것을 어렵게 만들 수 있습니다. 물론 어린이에 대한 학대가 실제로 광범위하게 일어나고 있다는 것은 분명한 사실입니다. 여기에는 논란의 여지가 없습니다. 그럼에도 불구하고 치료에 있어서는 기억이 정확하냐 아니냐 하는 것이 주된 관심사여서는 안 됩니다. 정말 인식해야 할 중요한 점은 내담자들이 뇌와 몸에 각인된 엔그램(그들의 정서, 기분, 행동을 좌우하는 절차 및 감정 기억)에 갇혀 있다는 것입니다. 그러므로 사실관계를 떠나서 우리는 그들의 경험이 가진 영향과 의미는 참이며 가치를 지닌다는 것을 이해해야 합니다. 치료자 그리고 치유자인 우리는 내담자들이 구체적으로 어떤 트라우마를 겪었느냐에 상관없이 그들의 신경계에 갇혀 있는 방대한 양의 생존 에너지를 해방시킴으로써 그들이 훨씬 나은 자유와 평화의 상태로 뻗어 나갈 수 있도록 도울 의무가 있습니다.

정확성의 덫

다음에는 '정확성의 덫'과 그것이 매일매일의 삶에 낳는 해로운 결과에 대해서 우리가 잘 알고 있는 예를 들어 보겠습니다. 당신이 가장 최근에 배우자나 지인과 정말 고약한 다툼을 하게 되어서 심한 괴로움에 빠졌던 적을 생각해 보십시오. 혹은 '살기등등한' 말싸움의 최고조에 처해 있는 사람을 지켜보고 있었던 때를 상기해 볼 수도 있을 것입니다. 주변에서 관찰하는 중립적인 목격자는 말다툼이 고조되면서 양측 모두 상대방의 관점에 점점 더 위협을 받을 뿐만 아니라, 자신의 입장을 한층 더 고수하게 된다는 것을 금방 알아챌 수 있을 것입니다. 이렇게 고조되는 격렬한 감정의 소용돌이는 싸우는 사람 둘 다에게 자신이 옳고 상대방은 완전 틀렸다고, 자신이 느끼는 것이 사실이고 그러므로 상대방이 느끼거나 믿는 것은 철저히 그리고 위험스럽게 틀린 것이라고 확신하게 합니다. 이렇듯 우리가 가진 확신만이 **유일한 진실**이라고 믿는 양극화 경향은 정당한 분노의 핵심적인 본질인데, 특히 고강도의 감정을 동반했을 때 그렇습니다. 정확성 효과의 예를 찾으려면, 정치 성향에 상관없이 그저 AM 라디오 토크쇼나 TV의 정치 채널을 틀면 됩니다. 이런 프로그램의 해설자들은 이미 자신들의 입장을 지지하는 사람들에게 호소하면서 시청률을 높이기 위해 분노의 힘을 이용합니다.

이번에는 어떤 상황에 대해 사실로 인식한 것, 혹은 믿음에 대한 고집이 종종 그에 결부된 감정의 강도와 비례한다는 것을 보여 주는 매우 다른 예를 살펴보도록 합시다. 우리는 두려움, 공포, 화나 분노라는 문제적 감정에서 이런 역동이 나타난다는 것을 논의했는데, 이것은 희열이나 황홀과 같이 강렬하게 긍정적 감정을 경험할 때에도 사실일 수 있습니다. 사실 이것이 종교적 열정의 어두운 일면일 수 있습니다. (격한 호흡과 움직임이 들어가는 집단의식의 산물일 때가 많은) 종교적 무아지경을 경험했을 때, 사람들은 자신들 사이에서 합의된 믿음을 절대적 진리, 즉 '하나뿐인 진리'로 받아들일 수 있습니다. 그 결과, '믿는 자'들은 다른 모든 종교, 종파, 집단 등을 본질적으로 나쁜 것으로, 실존적인 위협으로 경험하기 쉬운데 특히 카리스마를 가진 지도자에게 인도되었을 때 그렇습니다. 우리는 이미 그런 열광적인 감정의 힘으로 추진된 잔인한 전쟁과 운동들을 충분히 보아 왔지 않습니까?

요약하자면, 진화적으로 유리한 긍정 오류의 편향이 임상적으로 시사하는 바를 알고 정확성에 대한 인식이 어떤 식으로 강렬한 감정과 결부되는지를 이해하는 것은 매우 중요합니다. 종교적 극단주의와 진화 생물학에서처럼, 치료적 맥락에서도 감정이 뜨거울수록 우리가 가진 신념의 진실성을 더 타당화하게 됩니다. 그래서 뜨거운 감정과 더불어 우리가 경험하는 어떤 이미지, 암시suggestion나 믿음도 진짜인 것처럼, 즉 사실에 근거한 것처럼 보일 것입니다. 강렬한 감정적 카타르시스를 수반하는 '기억 복원' 치료에는 종종 이런 식의 감정적 고조가 개입됩니다. 이런 이유로 유발된 기억의 혼합물, 즉 감각 더하기 감정 더하기 이미지는 실제와는 상관없이 종종 진짜이고 사실인 것으로 받아들여집니다. 만일 복원된 기억이 무서운 것이라면, 현재의 감정 상태는 극도로 심화될 것입니다. 특히 집단의 다른 구성원들이 그들 스스로의 경악, 공포와 분노를 표출할 때, 사실로 인식된 것에 대한 믿음은 더 커질 가능성이 큽니다. 우리는 치료자의 때맞춘 암시적인 힌트나 유도하는 듯한 질문에도 취약할 수 있습니다.* 게다가 보다 많은 이미지와 암시가 주어졌을 때, 고통은 심지어 더 심해집니다. 이렇듯 반복되는 감정적 고조는 겉보기에는 '사실'인 것 같은 더 많은 기억의 유발로 이어질 수 있습니다. 관련된 감각과 감정이 강렬할수록 우리는 겉보기에 기억으로 보이는 것의 정확성을 더 믿게 되고, 이런 믿음이 공격당하면 더 방어적이 됩니다. 이런 귀인은 거의 종교적 신념처럼 되어 버려서 치료적 해소와 삶에서 전진할 수 있는 힘에 직접적인 방해가 될 수 있

* 최면 치료, 혹은 최면분석을 실습하는 데에는 종종 본질적으로 피암시성suggestibility 요소가 있습니다. 사실 어떤 때에는 최면을 피암시성이 증가된 상태로 정의하기도 합니다. 그러므로 이런 식의 치료는 엄청난 훈련과 기술과 신중을 요합니다. (역주: '피암시성'은 타인의 생각이나 제안을 의심 없이 쉽게 믿고 따르는 경향을 이르는데, 피암시성이 높은 사람일수록 최면에 잘 반응하는 것으로 알려져 있습니다.)

습니다. 이것이 비교적 차분하고, 안정된, 현재의(지금-여기에) 경험에 기반을 두고 트라우마 기억에 접근해야 하는 이유입니다. 어쩌면 앞에서 한 말이 반복되는 것처럼 보일 수도 있겠지만, 이런 개념들은 아무리 해도 지나치지 않을 정도로 중요한데도 잘 주목받지 못하는 트라우마 치료의 단면입니다.

이 모든 논의와는 별개로 성적 학대의 발생률이 걱정스럽게 높고 성적 학대의 지속적인 영향은 지극히 해롭다는 것을 인식하고 이해하는 것은 매우 중요합니다. 현재 미국에는 어린 시절에 성적 학대를 겪은 (모든 인종과 사회경제적 집단에 분포되어 있는) 성인 생존자의 수가 삼천 구백만을 훌쩍 넘습니다. 성적 학대는 치료 과정에서 세심하고 철저하게 다루어져야 할 극심하게 혼란스러운 배신이며, 이것이 드문 일이 아니라는 것은 명백합니다. 이런 중대한 상처로부터 치유되는 것은 궁극적으로는 즐거움을 느끼거나, 친밀하고 기분 좋은 성적 행동을 누리는 능력을 되찾는 것을 포함합니다.[1]

기억의 조작

1989년에 저는 '기억 복원' 치료를 받은 후에 심각한 우울증을 겪고 있던 '브레드'라는 이름의 젊은이를 만나 달라는 요청을 받았습니다. 기억 복원 치료자는 간단한 평가 후에 즉시 브레드가 악마 숭배와 같은 의식에서 행해지는 학대ritual abuse의 피해자라고 진단했습니다. 그녀는 브레드에게 다음과 같이 말했습니다. "이런 말을 하게 되어서 유감입니다만, 당신의 증상은 의식에서 행해지는 학대를 겪은 저의 다른 환자들의 것과 거의 똑같아요." '진단'을 받고 나서 브레드는 그녀에게 집단 상담을 받았습니다. 그는 격렬한 감정적 해제 반응을 겪으며 비슷한 진단을 받은 집단의 다른 구성원들의 것과 상당히 유사한 많은 '기억'을 복원했습니다.

우리가 같이 한 작업에서 저는 브레드에게 신체 인식을 소개했고, 기초적인 그라운딩과 센터링$_{centering}$ [2] 연습을 가르쳤습니다. **2** 그런 다음에는 그에게 몸에서 감각이 올라올 때 어떻게 추적하는지를 보여 줬습니다. 새로 배운 기술들, 그리고 여기서는 기억을 파헤치지 않을 것이라는 확신이 주는 안심과 함께 우리는 계속해서 그의 **지금-여기에 신체 감각**을 탐색했습니다. 우리는 같이 그의 내수용 세계의 다양한 음영에 대해 배웠습니다. 15~20분 정도 이렇게 신체 감각을 추적한 뒤에 저는 그의 등 아래쪽이 살짝 굽어 있는 것을 관찰하고 그의 주의를 그곳으로 돌렸습니다. 자세에서 나타난 이런 새로운 변화를 인식했을 때, 그는 등의 굽음과 함께 매우 기분 나쁘고 무서운 감각을 느낀다고 했습니다. 그는 골반이 저절로 움츠러들면서 생식기가 "무감각해졌다."라고 말했습니다. 바로 이 순간에 브레드에게 유도 질문을 던졌다면, '잘못된 기억'이 쉽게 유발되었

---

2) 역주: 센터링은 몸과 마음이 중심을 잡고 균형을 찾는 것을 말합니다. 때로는 배꼽 아래나 심장과 같은 몸의 특정 부위를 이런 균형을 잡아 주는 센터, 즉 구심점으로 여기고 균형을 잃었을 때 그곳으로 돌아가는 연습을 하기도 합니다. 우리 말로 풀어 쓰자면, 중심 잡기 정도로 번역할 수 있습니다.

을 수 있습니다.

그렇게 하는 대신에 저는 브레드가 먼저 신체의 말단(손과 발)을 느껴 보도록 했고, 그런 다음에는 그의 주의를 (중립적이고 심지어 그를 그라운딩 시켜 주는 것처럼 느껴졌던) 이런 말초 감각과 생식기에서 느껴지는 기분 나쁜 감각 사이에서 왔다 갔다 하도록 했습니다. 이런 과정은 그에게 충분한 '거리'를 주어서 그가 기분 나쁜 감각에 압도되지 않도록 했습니다. 손과 발에서의 그라운딩과 생식기에서 느껴지는 기분 나쁜 수축/무감각 사이를 오가는 것은 불편함에 대한 그의 내성을 강화했습니다. 이것은 그가 자신의 신체 감각에 집중할 수 있는 역량을 증진시켰습니다.

서로 다른 내수용 감각 사이에서 왔다 갔다 하는 것은 굽음과 움츠림에 수반된 감각도 더 명확히 드러날 수 있도록 했습니다. 갑자기 그에게는 어머니가 당황스러워하며 어설프게 그의 성기에서 붕대를 거칠게 풀어내는 선명한 이미지가 떠올랐습니다. 그는 이제 12살 때 의학적으로 필요했던 포경 수술을 한 후에 그의 어머니가 얼마나 건성으로 상처를 닦고 붕대를 감았었는지가 생각났습니다. 물론 이것이 정말로 그의 우울을 촉발한 실제 있었던 사건인지를 완전히 확신할 수 있는 방법은 없습니다. 하지만 저는 그 이미지에 대해 묻지 않았습니다. 대신에 우리는 이 새로운 이미지를 굽히는 행동에 접목했습니다.

저는 브레드에게 움츠려서 보호하려는 움직임을 계속하면서 이제는 그의 주의를 그런 움직임과 화나고 당황한 얼굴을 한 어머니의 강력한 이미지 사이에서 오가도록 했습니다. 움츠림은 끝까지 가서 완결될 때까지 계속되었습니다. 브레드는 이제 해방과 안도의 강력한 물결을 느꼈습니다. 여기에는 떨림과 깊고 흔들리는 들숨, 그 뒤에 따르는 꽉 찬 자연스러운 날숨이 함께 나타났습니다. 그는 마침내 예전 치료자의 심각하게 어긋난 조율과 그릇된 조작뿐만 아니라 어머니의 거친 대우로부터 자신을 보호할 수 있었습니다. 이번에는 그가 집단에서 반복적으로 경험했었던 격렬한 해제 반응 대신에 오직 눈물만이 그의 슬픔, 화, 안도를 표출했습니다. 그는 이제 자신의 '신체 기억'을 논리 정연한 서사에 다시 연결시킬 수 있었는데, 이것은 그가 다른 사람과 공유할 수 있는 이야기였습니다. 궁극적으로, 그는 이 이야기를 공직자에게 할 수 있었고 충분히 정당한 보복(자기 보호의 한 걸음 더 나아간 완결)의 행위로써 자신의 증언을 치료 과실 청문회에 보냈으며, 청문회 후에 그 치료자의 면허는 정지되었습니다.

따져 보면 거짓으로 판명될 수 있을 때조차 진실이라고 여겨지는 잘못된 기억의 힘으로 잠시 돌아가서 고의적으로 잘못된 기억을 주입하는, 특히 사악한 예를 살펴봅시다. 경찰은 그들이 심문하고 있는 용의자에게 공격적이고, 강도 높은 압박을 사용(악용)하고 극도의 두려움을 불어 넣음으로써 의도적으로 거짓된 혹은 최소한 일관성이 없는 요소들을 용의자의 진술에 주입할 수 있습니다. 그러면 그 용의자가 나중에 심문받을 때, 심문하는 사람의 각색을 **자기 자신의 이야기로 믿으며 말하게 될 것입니다.**

많은 사건에서 명백히 잘못된 기억이 용의자에게 너무 깊게 박혀 버려서 나중에는 검찰이 용의자 진술에서 나타나는 일관성 부족을 용의자에게 불리하게 적용합니다. 이렇게 해서 많은 경우에 사실은 오판인 유죄 판결이 나오기도 합니다. 놀랍게도 이런 무고한 사람들의 상당수는 자신이 유죄라고 믿게 됩니다. 그들에게 새롭게 주입된 잘못된 기억은 평생 지속될 수도 있습니다. 물론 억울하게 유죄 판결을 받은 사람들 중 일부는 자신이 속았다는 것을 깨닫기도 합니다. 불행하게도 너무나 뒤늦게 깨달아서 그때는 DNA 증거나 목격자의 진술 철회만이 그들의 무고를 확실하게 입증할 수 있습니다.*

경찰의 이런 경악스럽고 악의적인 심문 방법은 고의적으로 잘못된 기억을 불어넣는 분명한 예입니다. 하지만 이미 언급했듯이, 브레드의 경우에서처럼 강력하고 오래 지속되는 가짜 기억은 치료자의 가장 미약한 암시$_{suggestion}$만으로도 무심코 주입될 수 있습니다. 겉보기에 무해해 보이는 이런 암시는 가끔 평범한 질문의 형태로 전달될 수 있습니다. 이를 테면, 듣는 사람이 어떤 형태의 폭력과 연관된 느낌을 경험하는 시점에서 "아버지와의 관계에 대해 말해 주실 수 있겠어요?"와 같은 질문을 한 경우입니다. 치료 과정에서의 이런 실수는 내담자의 각성 정도가 높은 상태일 때, 특히 그들이 강렬한(절제/억제되지 않은) 두려움/공포나 화/분노를 경험하고

---

* 이런 혼란을 섬세하게 다룬 작품을 보려면 선댄스 채널의 TV 시리즈인 〈Rectify〉를 보십시오. (역주: 'Rectify'는 잘못된 것을 바로잡는다는 뜻입니다.)

있을 때, 일어날 가능성이 가장 높습니다.

가짜 기억의 발생에 대한 취약성은 대부분 사람이 고통 속에서 흔히 갖는 **왜** 내가 이렇게 고통스러운 감각과 감정을 깊게 느끼는 지를 스스로에게 설명하고 싶어 하는 절박한 필요에 의해 생기기도 합니다. 이런 '설명하려는 충동'은 기억 창고로부터 현재의 생존을 강화하기 위한 적절한 움직임 전략(즉, 예전에 성공적이었던 절차 기억 엔그램)에 관련된 정보라면 무엇이라도 찾아내려는 생존에 기반을 둔 필요로부터 나옵니다.

그런데 치료 현장에서 내담자들이 고통스러워하면 그들이 **위협을 느끼는 경험**을 하는 것에 대한 해결책이 필요합니다. 설명하려는 충동과 비슷하게 해결책에 대한 절실한 필요는 내담자들로 하여금 기억 창고를 샅샅이 살펴서 예전에 유사한 형태의 위협을 성공적으로 상쇄했던 전략을 찾도록 밀어붙입니다. 이런 강력한 '탐색 엔진'은 현재 경험과 어떻게든 들어맞는 구석이 있다면 어떤 감각, 이미지나 행동(신체적 표식과 엔그램)이라도 찾으려고 할 것입니다. 이미 언급했듯이, 이런 생물학적 추동은 현재의 고통(인식된 위협)을 중재하기 위한 성공적인 전략을 포착하게끔 되어 있습니다. 하지만 이렇게 찾아낸 신체적 표식은 명백히 방어적이고 보호적인 행동이 없다면 계속 다시 활성화를 일으킵니다. 효과적인 행동을 통해 각성 상태가 가라앉는 대신, 활성화를 고조시키는 자기 강화적인 긍정 피드백 루프 속에서 감각과 이미지가 점점 더 큰 고통을 불러일으킵니다. 이것은 마치 마이크가 스피커를 향해 있을 때, 끼익 하는 소리를 내는 것과 흡사합니다([그림 5-1] 참조). 숙련된 치료자의 안내가 없다면, 이런 반복적인 과정은 내담자가 점점 더 격렬해지는 고통, 분노, 공포, 압도와 절망의 주기로 휩쓸려 들어갈 때까지 계속될 수 있습니다. 효과적인 행동 없이는 출구도 없이 끝없이 다시 일어나는 트라우마가 내담자를 집어삼켜 버릴 것입니다.

트라우마의 블랙홀 밖으로

5장과 6장에서 보았듯이, 내담자가 트라우마의 소용돌이에서 빠져나오도록, 그리고 해로울 수 있는 '설명하려는 충동'으로부터 멀어지도록 인도하는 첫 단계는 현재의 활성화 수준을 현저히 덜 고통스러운 정도로 낮추는 것입니다. 두 번째 단계는 감각에 대한 작업을 해서 내담자가 미완의 상태인 자신의 감각-운동 반응에 접근하고 내수용에 기반을 둔 **행동과 감각**을 통해 완결을 경험하도록 하는 것입니다. 비교적 차분한 상태와 신체화된 행동이라는 두 가지 요소는 긍정 피드백 루프를 멈춰서 이로 인해 트라우마가 다시 일어나는 부정적인 결과를 막습니다. 앞서 언급하였듯이, 우리가 물러서서 관찰하면서 감각과 감정의 강도를 낮출 수 있을 때 우리는 생존 반응 자체를 선택하고 수정할 수 있는 가능성도 얻게 됩니다.

SE는 수위를 조절하면서 지지적이고 힘을 실어 주는 내수용의 경험을 유발시킴으로써 트라우마와 연결되어 있는 고통스러운 감정

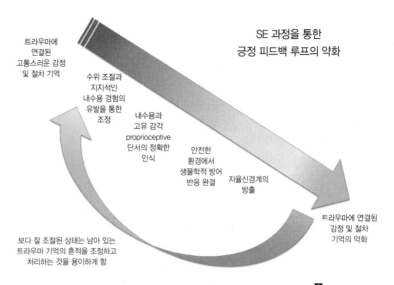

트라우마에
연결된
고통스러운 감정
및 절차 기억

SE 과정을 통한
긍정 피드백 루프의 약화

수위 조절과
지지적인
내수용 경험의
유발을 통한
조정

내수용과
고유 감각
proprioceptive
단서의 정확한
인식

안전한
환경에서
생물학적 방어
반응 완결

자율신경계의
방출

트라우마에 연결된
감정 및 절차
기억의 약화

보다 잘 조절된 상태는 남아 있는
트라우마 기억의 흔적을 조정하고
처리하는 것을 용이하게 함

[그림 7-1] 트라우마에 기반을 둔 감정 및 절차 기억의 약화 **3**

및 절차 기억을 '약화'시킵니다(해롭지 않게 만듭니다). 치료자와 내담자가 함께 극도의 각성 상태를 낮추고 조절하면서 생물학적 방어 반응의 완결을 촉진합니다. 치료자가 만든 안전하고 지지적인 환경에서 내담자는 이미지와 미세한 (내적) 움직임을 통해 좌절되었던 방어 반응을 완결시킬 수 있습니다. 여기에는 종종 자율신경계의 방출이 따르는데, 방출은 열기, 가벼운 떨림, 눈물과 그 외에 다른 저절로 생긴 움직임의 형태로 나타납니다. 일단 생물학적 완결의 고유 감각proprioceptive 경험이 일어나면, 기억은 강렬한 힘을 잃습니다(약화됩니다). 이제 그 기억은 일상적인 기억처럼 해마의 자서전적인 연대표에 통합됩니다([그림 7-1] 참조).

다음은 기억 복원 치료 중에 브레드를 구속한 해로운 피드백 루프를 멈추기 위해 필요했던 과정을 탐색해 보겠습니다. 여기서의 검토는 그의 고통 주기를 '재협상'함에 있어서 나타난 주요한 특징에 대한 간단한 요약을 포함한 것입니다. 회기 중에 브레드와 저는 보다 차분하고, 중심 잡힌, 그리고 점진적인 방식으로 작업을 했는데, 이런 방식은 그가 자신을 쫓아다니며 극심하게 괴롭혔던 '기억들'과 평화롭게 공존할 수 있도록 해 주었습니다. 브레드가 '기억 복원' 집단 치료를 받기 이전에도 분명히 우울증으로 힘들어했다는 것은 말해 둘 필요가 있습니다. 그가 처음에 치료를 받으려고 했던 것도 우울증 때문이었습니다. 그러나 그가 '기억 복원' 치료를 받은 해에 겪었던 우울증은 매우 심각했고 끊임없이 계속되었습니다.

브레드가 이룬 새로운 성과가 가능했던 것은 먼저 그를 자신의 지금-여기에 신체 감각과 충분히 익숙해지도록 했고, 트라우마의 근원을 즉시 밝히려는 그의 충동을 제지했기 때문입니다. 이렇게 처음에 신체 중심으로 접근하고 두려움/각성을 비활성화했기에 그는 심하게 불편한 자신의 감각을 점진적으로 탐색하면서도 '기억 복원' 치료 중에 여러 번 그랬던 것처럼 압도되거나 트라우마의 블랙홀 속으로 빨려 들어가지 않을 수 있었습니다. 이런 식으로, 신체적 표식에 대해 브레드가 현재 갖고 있는 내수용의 인식은 그로 하여금 생산적으로 쓸 수 있는 새로운 신체화된 행동을 발견할 수 있도록 했습니다([그림 7-1] 참조). 그가 골반과 생식기의 움츠림을 인식하게 되면서 포경 수술로 생긴 상처를 어색하고 고통스럽게 다뤘던 어머니에게 대항하는 통제감을 어느 정도 경험하기 시작했다는 것을 떠올려 보십시오. 이런 식의 신체에 기반을 둔 힘의 성장은 그의 기억이 어머니의 거칠고 세심하지 못한 돌봄에 관한 것이었든 혹은 다른 형태의 성적 학대에 대한 것이었든 간에 일어날 수 있었습니다. 이번에도 역시 지금-여기에 경험에서 나온 안정화가 있었기에 그가 불편한 감각과 이미지 밑에 깔려 있는 **절차** 기억으로 들어가서 접속하고, 또한 고통에서 힘의 성장으로 옮겨 가기 위해서 완결시켜야 했던 보호적인 행동을 발견할 수 있었던 것입니다. 이 것은 제가 4장에서 '재협상'을 다루며 논의했던 것을 보여 주는 확실한 예입니다.

때 아닌 고백

저는 제가 다른 사람에게 잘못된 기억을 부적절하게 주입한 적이 있음을 고백해야겠습니다. 기억을 조작하는 것과 관련된 저의 개인적 경험은 제가 열 살 정도 되었을 때 일어났습니다. 막 마술 쇼를 보고 난 저는 묘기뿐 아니라 마술사의 놀라운 최면 기술에 매료되어 있었습니다. 저는 마술사가 어떤 여인을 '트랜스_{trance}'[3] 상태로 만들고, 그녀에게 마술사의 볼에 입 맞추거나 닭처럼 꼬꼬댁거리는

---

3) 역주: 깨어 있음에도 불구하고 마치 잠이 덜 깼거나 의식이 완전히 돌아오지 않은 것처럼, 자신의 환경이나 상황에 대한 인식이 제한적인 상태를 말합니다. 최면에 의해 유도되기도 합니다.

소리를 내는 등의 각종 행동을 하게 하는 능력에 굉장한 흥미를 느꼈습니다. 제 생일이 돌아오자, 저는 당연히 마술 세트를 사 달라고 했습니다. 저와 형제들을 돌보는 일을 했던 미셸이 며칠 뒤 저희 집에 왔을 때, 저는 저의 새로운 기술을 연습해 보기로 했습니다. 저는 마술사가 했던 것처럼 미셸에게 '최면을 걸어' 보았습니다. 저는 미셸에게 닭처럼 꼬꼬댁 소리를 내고 옷을 벗어 보라는 '최면에 걸린 상태에서의 암시'를 주었습니다. 10에서 0까지 숫자를 거꾸로 세고 나서 저는 미셸에게 눈을 떠 보라고 했습니다. 그녀가 정말 이런 말도 안 되는 행동을 했다는 것을 저와 형제들이 확인해 주는 동안 미셸은 혼란스러운 표정으로 주위를 둘러보았습니다. 그녀는 몹시 당황한 것처럼 보였습니다. 물론 그녀가 그저 저희를 즐겁게 해 주려고 장단을 맞춰 줬을 가능성이 있기는 하지만, 안타깝게도 저는 그렇지 않다고 생각합니다. 저와 형제들은 미셸로서는 매우 유감스럽고 당황스러운 잘못된 기억을 실제로 불어넣었던 것이 꽤 확실해 보입니다.

무엇이 진실이든 간에 1장에서 언급했던 엘리자베스 로프터스가 동료들과 함께한 연구는 여러 가지 암시 기법을 통해 '(트라우마에 대한 것을 비롯한) 잘못된 기억'을 주입하는 것은 상당히 쉬운 일이라는 것을 보여 줍니다. 치료자들은 근거 없는 기억이 생길 수 있다는 가능성을 경계할 필요가 있지만, 로프터스는 트라우마에 있어서 절차 기억의 결정적 역할과 중요성 그리고 고정성을 잘 이해하지는 못했던 것 같습니다. 또 로프터스는 기억이라는 것이 본질적으로 더 큰 힘과 평화를 향해 나아가면서 한 사람의 일생 동안 반복해서 다시 쓰여지며 계속 변화한다는 것 그리고 이것이 치유 과정에 있어서는 **어떤** 의미를 가지는지를 충분히 파악하지 못했던 것 같습니다. 정말 중요한 질문은 이것입니다. 무슨 목적으로, 그리고 무엇에 의해서 기억이 다시 써지는 것일까요?

기억의 분자

재응고¹⁾: 기억의 연금술

    뇌의 기능은 과거로부터 선택하고,

과거를 약하게, 단순하게 하는 것이지 과거를 보존하는 것이 아니다.

–앙리 베르그송Henri Bergson, 『현재의 기억과 잘못된 인식Le Souvenir

Du Present Et La Fausse Reconnaissance』(1908)

1950년대에 유명한 실험 심리학자였던 도널드 헤브Donald O. Hebb는

---

1) 역주: 단기 기억이 장기 기억으로 축적되어 견고해지는 과정을 응고consolidation라고
하고, 이런 과정이 다시 일어나는 것을 재응고reconsolidation라고 합니다.

기억의 신경계적 메커니즘을 묘사해 보고자 했는데, 그의 시도는 너무나 많이 회자되는 다음의 문구로 대표되고 기억됩니다. "같이 발회히는 세포가 서로 연결된다Cells that fire together, wire together."* 각각의 그리고 모든 기억은 **뇌 세포 간의 연결성에 생긴 변화로부터** 발생합니다. 기억이 존재하기 위해서는 이전에는 독립적이었던 세포들이 서로의 활동에 보다 민감해져야 합니다. 헤브는 이런 동조entrainment가 일어날 때, 뉴런이 전기 자극을 화학적 시냅스synapse(시냅스 간극)2)를 통해 인접하고 있는 다음 뉴런의 수상돌기dendrites(수용체receptor)에 선달하는 방식으로 서로 소통하는 것이 더 쉬워진다고 주장했습니다. ◼

　1970년대부터 시냅스 전달의 분자 메커니즘을 한층 더 명확히 밝히는 연구들이 나왔는데, 가장 잘 알려진 것은 노벨상을 수상한 에릭 캔들의 업적입니다. 그는 바다에 사는 무척추 동물(군소)3)의 단순하고 '거대한' 신경 세포를 조사해서 달팽이의 반사 반응은 몇 가지 형태의 조건화로 변형될 수 있다는 것을 발견했습니다. 이런 발견은 신경 세포가 서로 어떻게 소통하는가에 있어서의 변동을 포함합니다.

---

* 이 특정 문구는 1992년에 카를라 샤츠Carla Shatz가 처음으로 사용했습니다. (역주: '카를라 샤츠'는 미국의 신경생물학자이며, 하버드 대학교에서 신경생물학으로 박사학위를 받은 첫 번째 여성입니다.)
2) 역주: 시냅스는 뉴런과 뉴런 사이의 작은 틈을 말하며, 시냅스 간극은 시냅스 전후 세포막 사이에 있는 미세한 공간을 일컫습니다. 세포 간에 전류의 흐름으로 정보를 전달하는 것을 전기적 시냅스라 하고, 신경전달물질을 통해 전달하는 것을 화학적 시냅스라 합니다.
3) 역주: 군소는 무척추 동물sea slug의 일종으로, 몸집이 비교적 큰 바다달팽이입니다. 무척추 동물이라고 불리는 상당수의 생물은 진화의 과정에서 껍질을 잃은 바다달팽이라고 합니다.

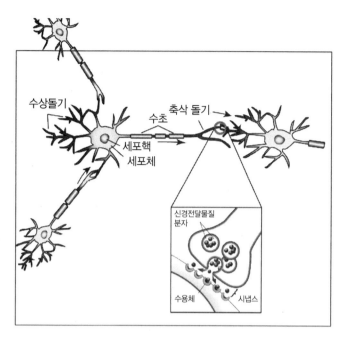

[그림 8-1] 시냅스의 기본 구조

캔들은 달팽이 뉴런을 통해 단기 기억과 장기 기억을 모두 연구했습니다. 그는 이 연구를 통해서 단기 인상(민감화sensitization)이 장기 기억으로 축적(강화potentiation)될 때 어떤 일이 벌어지는가에 얽힌 수수께끼를 풀기 시작했습니다. 그는 단기 기억이 일어났을 때에는 세포 간 시냅스의 전도성에 일시적인 변화가 일어나지만, 눈에 보이는 해부학상의 변화는 일어나지 않는다는 것을 발견했습니다. 반면에 장기 기억이 생겼을 때에는 지속적인 기능적 · 구조적 변화가 발생하는데, 이것은 새로운 시냅스 연결이 성장하면서 생긴 결과입니다. 이런 변화에는 다음 뉴런의 시냅스 후postsynaptic 수상돌기에 새로운 수용체가 더해지는 것이 포함됩니다. 또 신경 세포가 소통하기 위해서 사용하는 신경전달물질의 분비가 증가하는 결과도 낳습니다. 뉴런은 축삭 돌기axon의 길이와 더불어 새로운 이온 전도 경로조차도 자라나게 할 수 있습니다. 이런 새로운 경로는 보다 많은 전압을 만들어 낼 수 있도록 해서 전도 속도를 증가시키고 시냅스 간극으로 신경전달물질을 훨씬 더 많이 분비하도록 촉진합니다. 종합해 봤을 때, 이런 해부학적이고 기능적인 변화 **모두**가 장기 강화, 즉장기 기억의 저장으로 이어집니다. 이들은 기억의 **응고**consolidation라고 부르는 단계를 구성합니다. **2**

캔들의 이런 선구적인 업적이 있은지 약 40년 후에 박사 후 과정에 있었던 카림 네이더Karim Nader라는 젊은 학생이 '감정적인 뇌'라는 말을 만들어 낸 유명한 학자인 조셉 르듀Joseph LeDoux의 신경생물학 연구실에서 일하고 있었는데, 그는 기억을 다른 각도에서 탐구하기 시작했습니다. 그는 기억이 형성되면서 어떤 일이 일어나는가뿐만 아니라 기억이 이미 생기고 난 **후**에 우리가 그 기억에 **접근하려고**, 즉 그것을 '기억'하려고 할 때 무슨 일이 생기는지에 주목했습니다. 기억을 확립하기 위해서는 특정 단백질이 필요하다는 것을 기존의 연구로부터 알고 있었던 네이더는 장기 기억에 나중에 접근해서 기억할 때에도 역시 비슷한 단백질이 만들어지지 않을까 생각했습니다. 그는 이 가설을 시험하기 위해서 살아 있는 쥐의 뇌에 있는 기억 응고 단백질의 합성을 일시적으로 막고 이렇게 하는 것이 기억을 상기하는 데 어떤 변화를 주는지 살펴보았습니다.

르듀는 학생의 이런 연구에 매우 회의적이었습니다. 그는 비록 네이더가 기억을 상기하는 동안 쥐의 단백질 합성을 막는다 하더라도 원래의 신경 회로는 그대로 남아 있을 것이고, 따라서 기억도 여전히 그대로일 것이라고 주장했습니다. 더 나아가 르듀는 네이더가 기억을 상기하는 중에 단백질 합성을 막음으로써 '기억 상실'을 유발할 수 있다면, 그것은 기껏해야 일시적인 상실일 것이라고 추론했습니다. 일단 단백질 합성에 대한 차단이 없어지면 원래의 해부학적 구조와 장기 강화 중에 일어난 생화학적 변화는 여전히 본래대로일 것이므로 기억은 돌아올 것이라고 믿었습니다.

자신의 혁신적인 실험에서 네이더는 많은 쥐가 특정한(중립적인) 소리를 그에 뒤따르는 고통스러운 전기 충격과 결부짓도록 훈련시켰습니다. 몇 주 동안 이렇게 두려움을 조건화하고 강화한 후에는 뒤따르는 전기 충격 없이 쥐들을 같은 소리에 노출시켰습니다. 쥐들은 여전히 네이더가 조건화시킨 생리적 각성 반응을 보이며 전기 충격에 대한 두려움으로 얼어붙었습니다. 여기까지는 '평범한' 파블로프식의 조건화된 반사 반응이므로 놀라울 것이 없었습니다. 네이더는 조건화된 자극(전기 충격 없는 소리)에 쥐들을 다시 노출시켰는데, 이번에는 단백질 합성을 억제하는 특정 화학 물질을 쥐의 편도체('감정적' 뇌의 두려움 센터)에 직접 투입한 후였습니다. **3** 네이더와 그의 보수적인 멘토 모두 이번에 네이더가 소리 자극을 주었을 때 일어난 일을 믿을 수가 없었습니다. 네이더의 말을 빌리자면, "두려움의 기억은 사라졌습니다. 쥐들은 전부 다 잊어 버렸습니다." 르듀

그리고 캔들의 기억 패러다임은 변하지 않는 해부학적 구조와 정적인 생화학 과정을 강조했는데, 네이더가 **상기하는 과정에서 기억이 개조되어 다시 탄생될 수 있음을** 확실히 입증함으로써 이것을 뒤집었던 것입니다. 르듀에게는 당황스럽게도 그가 예측했던 것과는 반대로, 소리에 대해서 **두려움이 없는 것은** 화학 물질의 투입이 없어지고 한참이 지난 후에도 계속되었습니다. 네이더가 정말로 두려움의 기억을 완전히 그리고 영구적으로 지웠던 것입니다!

네이더가 이룬 괄목할 만한 성과의 결정적 요소는 난백질 억제제의 투입과 기억 유발 사이에 정확히 조정된 타이밍이었습니다. 게다가 쥐들은 **오직 특별한 기억**(특정한 소리)만을 잊어 버렸는데, 그것은 단백질 억제제에 '취해 있었을' 동안에 유발된 기억이었습니다. 관련 없는 다른 기억들이 그랬던 것처럼, 다른 소리에 조건화되었던 두려움도 영향을 받지 않았습니다. 삭제는 정말로 그 특정한 소리에만 국한되어 나타났습니다. 간단히 말하자면, **기억을 하는 행위 중에 새로운 단백질이 만들어질 수 없으면 원래의 기억은 존재하기를 멈춥니다!**

네이더의 획기적인 연구가 시사하는 놀랄 만한 점은 기존에 믿었던 것처럼 기억이 한 번 만들어지면 계속 본래대로 유지되는 것이 아니라는 것입니다. 오히려 기억은 생긴 후에 접근할 때마다, 즉 기억할 때마다 새로 만들어진다는 것입니다. 2012년에 기고한 글에서 조나 레러Jonah Lehrer는 네이더의 연구에 대해 다음과 같이 평했습니다. "우리가 과거를 돌아볼 때마다 우리는 뇌 안에 있는 과거의 세포적 표상을 미묘하게 변화시키고, 결국 과거에 대한 기억의 기저를 이루는 신경 회로를 바꿔 놓게 됩니다."[4] 이제는 생각을 바꾼 네이더의 멘토 르듀는 다음과 같은 적절한 표현으로 겸손하게 네이더의 결과를 지지했습니다. "뇌는 과거에 대한 완벽한 기억을 갖추는 데에는 관심이 없습니다……. 대신에, 기억은 자연 발생적인 업데이트 시스템을 타고 났으며, 우리는 이런 시스템을 통해 우리 머리 안에 귀중한 공간을 차지하고 있는 정보가 여전히 쓸 만하다는 것을 확인합니다. 이것이 우리의 기억을 덜 정확하게 할 수는 있지만, 기억을 현재와 미래에 더 관련 있게 만드는 것은 분명합니다. 즉, 기억을 적응적으로 만듭니다."[5]

이런 흥미로운 계열의 연구로부터 기억해 두어야 할 요점은 기억을 떠올리는 바로 그 행위의 목적이 새로운 정보에 기반해서 기억을 업데이트할 분자적 기회를 제공하는 데 있다는 것입니다. 다른 말로 하자면, 이런 업데이트는 과거가 어떻게 현재까지 계속되느냐 뿐만 아니라 현재가 어떻게 과거 혹은 과거였던 것을 변화시킬 잠재력을 갖는지의 핵심입니다. 우리의 현재 감각과 이미지를 바꿈으로써 우리가 접근한 기억은 한층 더 강력해질 것입니다. 우리는 이것을 5장의 페드로, 6장의 아기 잭과 레이, 그리고 7장의 브레드의 경우에서 명료하게 보았습니다. "신조차도 과거를 바꿀 수는 없다."던 덴마크의 철학자 소렌 키에르케고르는 틀렸을 수 있는데 비해, 앙리 베르그송이 1908년에 "뇌의 기능은 과거로부터 선택하고, 과거를 약하게, 단순하게 하는 것이지 과거를 보존하는 것이 아니다.", 다시 말해서 뇌가 과거를 업데이트한다고 했던 것은 정확했습니다. 여기서 중요한 질문은 자연주의적인 방법을 어떻게 활용하면 사람들이 스스로의 기억을 변화시키고 평화를 찾도록 도울 수 있느냐 하는 것입니다.

요약하자면, 기억을 약리적으로 삭제하는 데 있어 결정적인 성분은 특정 기억을 유발하면서 단백질을 억제하는 약물을 투여하는 정확한 타이밍입니다. 한편 그 특정 기억이 자연주의적, 신체적 그리고 행동적 개입의 시행을 통해 바뀌거나 전환되기 쉬울 때가 바로 그 적절한 타이밍일 가능성이 높습니다. 기억에 비약리적으로 접근했을 때, 기억이 회복된 다음에 지워지기보다는 점진적으로 유도되고, 순차적으로 다시 방문되어서 재작업되고, 업데이트 되며, 학습됩니다. 이런 자연주의적인 기억 '연금술'은 우리가 삭제 약물에서 봤던 것처럼 일시적으로 주어지는 생물학적 기회를 이용할 가능성이 높습니다. 하지만 이런 연금술의 결과는 사람이 기억을 상기하는 구조에 틈이나 구멍을 남길 수 있는 약리적 삭제와는 완전히 다릅니다. 약리적으로 기억을 걸러 내는 것은 궁극적으로는 일관성 있는 서사와 자기에 대한 통합된 감각의 토대를 약화시킬 수 있습니다.

반면에 자연주의적인 모델에서는 앞서 언급한 기억을 회상하고 재응고하는 결정적인 기간 동안에 내적인 힘과 절차 기억을 재작업해서 얻은 (처음에 트라우마가 있었을 당시에는 압도되었거나 부재했던) 역량에 접근하고, 신체화하고, 다시 소생시켜서 온전히 완결되고 표현될 수 있도록 합니다. 사실 이것이 우리가 5장과 6장에서 페드로, 아기 잭과 레이에게서 목격한 바로 그 과정이지 않습니까? 페드로에게는 그가 처음으로 자기 손에서 느껴지는 힘을 인식하게 되었을 때가 그런 순간이었습니다. 그는 힘을 모으기 위해 손을 닫았다가, 뻗어 나가서 원하는 것에 닿을 수 있도록 손을 열었습니다. 이렇게 내재되어 있던 역동적인 자원은 적절한 참여와 지지, 절차가 있을 때 나타나는 경향이 있는데, 이런 필수적인 요인들이 기억 삭제나 많은 형태의 트라우마 치료에서는 등한시 됩니다.

우리가 힘을 얻은 상태에서 트라우마를 '뒤돌아봤을' 때, 기억은 우리가 가진 영향력이 마치 트라우마가 발생한 당시에도 있었고 온전히 기능할 수 있었던 것처럼 업데이트 될 것입니다. 이렇게 새로 재응고된 경험은 기억을 업데이트 시키는데, 힘을 얻은 현재의 신체적 경험은 업데이트 과정에서 과거 기억을 엄청나게 바꿔 놓습니다. **이렇게 새로 나타난 자원은 과거와 현재를 이어 주는 가교, 즉 '기억된 현재'가 됩니다.** 기억의 업데이트는 특정한 트라우마 사건이 실제로 일어났고, 그것이 지독한 피해를 초래했으며, 애도와 격분은 트라우마 생존자의 존엄성과 스스로에 대한 진정한 존중을 회복하는 데 있어 중요한 요소라는 진실을 결코 앗아가지 않습니다. 현재에 기반한 자기애의 발판으로부터 기억은 점차적으로 부드러워지고, 다시 형태를 이루며, 개인이 가진 정체성의 구조 속으로 다시 엮이게 됩니다. 이것은 깨진 도자기를 금박으로 이어 붙여 수리를 했던 고대 일본의 전통을 생각나게 합니다. 트라우마의 상처를 치유하는 것이 자연스러운 조수의 간만을 불러일으켜서 힘, 조화, 자기애와

[그림 8-2] 금박으로 이어 붙인 자기

존엄성을 회복시키는 것처럼, 산산이 부서진 파편들의 수리는 정교
하게 변형된 예술 작품을 만들어 냅니다. 무엇이 이보다 더 아름답
고 고귀할 수 있겠습니까?

타이밍의 치료적 시사점: 요약

1. 언제 기억을 유발하느냐 하는 타이밍이 치료 결과와 효과에
   중대한 영향을 미칩니다.
2. (지속적 노출 치료나 위기 사건에 대한 디브리핑Critical Incident
   Debriefing: CID[4]과 같이) 내담자에게 반복적으로 트라우마를 다시
   체험하게 하는 치료에서는 트라우마 사건을 떠올리는 중에 내

---

4) 역주: 여기서 디브리핑debriefing이란 위기 사건이 일어난 후 빠른 시간 안에 위기 상
   황을 겪은 사람들이 지지적인 환경에서 자신의 경험에 대해 이야기할 기회를 제공하
   는 것으로, 대개 관련 지식이 있는 촉진자가 이런 대화를 이끌며 구조화된 방식으로
   진행됩니다.

담자의 몸이 두려움으로 각성되거나 괴로운 상태에 있을 때, 고통스러운 기억이 재응고되고 강화되어 더 단단해질 수 있는 여건이 조성됩니다. 이 과정에서 내담자는 다시 트라우마를 겪게 될 수 있습니다.

3. 트라우마 기억이 치료 현장에서 나왔을 때, 치료자는 타이밍에 대한 결정을 내리게 됩니다. 바라는 결과인 교정 경험이 일어나려면 내담자가 트라우마 기억을 직접 다루기 **이전**에 충분히 그라운딩 되고, 스스로를 조절하고, 힘을 얻는 것이 요구됩니다. 이런 안정화가 확보된 후라면, 교정 경험의 성공적인 유발은 절차 기억 상기의 타이밍과 속도 조절에 달려 있습니다. 더 나아가, 치료자가 회기 내내 내담자의 활성화뿐만 아니라 관련된 감정이 동요하는 것을 조절하는 것이 대단히 중요합니다.

4. 기억을 상기하는 행동이 가진 적응적인 기능은 기억을 업데이트하는 것이라는 점을 유념하십시오. 이런 업데이트는 관련성이 있는 새로운 정보를 가져오고, 또 미래에 어려움이 왔을 때 생존하고 번창하기 위해 보다 나은 반응성과 역량을 양성함으로써 이루어집니다. 대부분 절차 및 감정 기억인 트라우마 기억을 긍정적으로 업데이트 시키는 핵심은 (원래의 상황에서는 압도되어서 결국 자기 보호의 실패로 이어졌던) 효과적이고 생존에 기반을 둔 운동 반응을 경험적으로 통합하는 데 있습니다. 다른 말로 하자면, 기억을 상기하는 결정적인 시기에 기억을 삭제하는 것이 아니라, 기억이 원래의 부적응적인 형태로 재

응고되는 것을 막을 기회가 있다는 것입니다. 페드로, 아기 잭과 해병대 레이의 사례에서 보듯이, 힘을 얻은 새로운 신체 경험을 소개힘으로씨 그렇게 할 수 있습니다. 재응고는 트라우마로 남은 실패 경험을 신체화된 성공으로 전환시킬 수 있는 엄청나게 중요한 기회입니다. 이것이 트라우마 기억을 변형시키는 효과적이고 자연주의적인 접근 방식의 핵심입니다.

다음에 이어지는 예는 시의적절한 기억의 업데이트가 어떻게 적응을 위한 진화의 지시, 즉 포식자의 허를 찌르거나 생명을 위협하는 미래의 상황을 피할 수 있도록 우리의 역량을 계속적으로 상향 조정하라는 것을 충족시킬 수 있는지를 보여 줍니다. BBC에서 방영된 내셔널 지오그래픽의 다큐멘터리에는 사자가 세 마리의 어린 치타를 쫓는 장면이 있습니다. 나무 위로 기어올라 가서 간신히 죽음을 모면한 어린 치타들은 경계를 늦추지 않고 사자가 그 구역을 떠나기를 참을성 있게 기다립니다. 그런 다음에 나무에서 내려와서 한 마리씩 차례로, 마치 사자가 그랬던 것처럼 다른 둘을 뒤쫓습니다. 그런데 그들의 이런 놀이를 지켜보고 있노라면, 어린 치타들이 성공적인 탈출의 다양한 전략과 변주를 시도하는 것을 보고 감탄하게 됩니다. 그들은 이런 식으로 이 특정 상황에서 특정한 방식으로 탈출했을 뿐만 아니라, 미래에 생길 수 있는 포식자/먹이 상황에서의 탈출 가능성과 실행력을 향상시킨 것입니다.

이와 유사하게, 성폭행 피해를 입은 여성이 자신의 공포와 무력함을 반복적으로 다시 체험함으로써 배울 수 있는 것은 별로 없습니다. 그러나 이 여성이 통제감의 경험을 얻은 후에는, 원래의 트라우마 상황에서 너무 압도되는 바람에 자신이 어떤 신호와 탈출의 기회를 못 봤거나 놓쳤는지를 인식하게 됩니다. 또한 우리는 그녀가 지금 여기에서 실행할 수 있고, 힘을 실어 주는 다양하고 본능적인 반응에 다시 접속해서, 계속 남아 있는 두려움, 무력함과 압도의 느낌을 상쇄하도록 안내할 수 있습니다. 이제 그녀는 더 이상 피해자가 아니라 힘을 얻은 생존자가 된 것입니다.

만일 여성이 손을 내밀며 단호하게 "멈춰!"라고 외친다면, 즉 강력하고 분명한 경계를 표시한다면 성폭행범들이 그녀를 내버려 둘 가능성이 좀 더 높아진다는 보고가 있었습니다. 이제는 고전이 되어 버린 연구에서는 유죄를 선고받은 폭력적인 범죄자들에게 보행자들이 뉴욕시의 번화한 거리를 걸어가는 비디오를 보여 주었습니다. 몇 초 지나지 않아 범죄자들은 자기들이 겨냥했을 사람들을 지목할 수 있었습니다. 그보다 더 당혹스러웠던 것은 범죄자들이 잠재적 피해자로 지목한 대상이 서로 비슷했다는 것입니다. 여기서 신체 사이즈, 성별, 인종이나 나이는 상관이 없는 듯했습니다. 범죄자들은 정확히 무엇 때문에 그들이 특정 사람들을 지목하고 다른 사람들은 내버려 두었는지를 의식적으로 알지 못했지만, 연구자들은 자세, 보폭, 걸음의 속도 및 주변 환경에 대한 인식을 비롯해서 어떤 보행자를 제압하는 것이 얼마나 쉬울지를 보여 주는 몇 가지 비언어적인 단서를 밝혀냈습니다. 이 연구에 기반을 둔 그들의

2009년 논문에서 척 허스트마이어_{Chuck Hustmyre}와 제이 딕시_{Jay Dixit}는 "주요 촉발요인 중 하나는 '조화로운 상호작용_{interactional synchrony}'[5]과 '통일성'이 결여된 걷는 방식이었습니다. 가해자들은 걸음걸이가 정돈되지 않았고, 자연스럽게 이어지는 동작이 결여된 사람들을 알아봅니다. 어쩌면 이런 사람들의 걸음걸이가 그들이 잘 어울리지 못한다고, 그리고 아마도 더 많은 트라우마가 있었다고 암시하기 때문에 가해자들은 이런 사람들을 자신감이 낮다고 보고, 결국 그들을 이용하게 될 가능성이 매우 높습니다."[6]라고 기술했습니다.

앞에서 언급했던 새로이 힘을 얻은 성폭행 생존자에게로 돌아가자면, 얼어붙거나, 해리되거나, 혼란에 빠지지 않는 것이 결정적으로 중요하다는 것을 알 수 있습니다. 그리하여 내수용의 인식을 신체화하고 해결되지 않았던, 즉 좌절되었던 방어에 대한 절차 기억을 완결함으로써 트라우마를 해소하는 것은 생존에 필요한 자기 보호의 충동, 지금-여기로의 정향, 일관성 그리고 흐름과 그것의 표현에 대한 자신감을 회복시킵니다. 여기서 어린 치타들이 잡아먹히지 않고 탈출하는 전략을 확장한 것과 성폭행 생존자의 자기 보호에 대한 역량과 자신감이 증진된 것 사이의 유사성을 생각해 볼 수 있습니다.

---

5) 역주: 마치 안정적인 애착 관계를 형성한 보호자와 어린 아이의 상호작용에서처럼, 상호작용에 참여하는 사람들이 상대방의 행동, 반응 양상 및 감정 상태에 세심한 주의를 기울이며 서로에 대한 반응을 조율해 나갈 때 그 상호작용이 조화롭다고 합니다.

기억 상기의 종류와 임상적 시사점

다시 체험하기

위기 사건에 대한 디브리핑CID이나 지속적 노출과 같은 치료는 트라우마 사건을 다시 체험하는 것이 내담자를 그 사건과 관련된 정서에 '둔감화'시킬 것이라는 전제 하에 다시 체험하기를 권장합니다. 하지만 CID에 대한 많은 연구에서는 충격적인 사건 직후에 사람들이 정서적으로 격해져 있을 때 이런 접근을 실행하는 것이 실제로는 관련 정서를 강화해서 고통의 연장과 트라우마의 재발로 이어질 수 있음을 보여 줍니다.[7, 8] 이런 식의 반복적인 노출은 다시 체험하고 반복하려는 강박을 초래할 수 있습니다.[9] 즉, 과도 각성(아드레날린) 그리고/혹은 해리(오피오이드)의 중독성 있는 신경화학적 자극에 기반을 둔 습관적인 다시 체험하기의 주기를 낳을 수 있습니다.

기억 삭제

기억 삭제란 단백질 합성을 화학적으로 억제하여 재응고 단계를 차단함으로써 기억을 지우는 과정을 말합니다. 이것은 열공lacuna, 즉 정서적인 기억의 구조에 생기는 틈을 만들 수도 있습니다. 그렇게 되면 맥락에 맞는 방향성의 상실이 있을 수 있는데, 이런 방향성은 대개 관련된 감정 및 절차 기억에 의해 제공됩니다. 새로운 반응이니 일관성 있는 서사는 개인의 정체성과 통제감의 여러 요소에 응집력을 불어넣는데, 삭제가 일어나면 이런 것들이 생길 가능성이 제한됩니다. 삭제 후에도 무의식적인 절차 기억에 대한 알려지지 않은 유발원의 존재가 남아 있을 수 있는데, 이것은 가면 갈수록 내담자의 몸의 정신body psyche에 고집스럽게 자리 잡고, 계속되는 고통과 종잡을 수 없는 트라우마 반응을 일으킵니다.

재협상(자연주의적인 접근)[10]

트라우마 기억으로 괴로워하다가 치료를 받으러 온 사람들은 활성화된(과도 각성된) 상태이거나 정체되고 무기력한(과소 각성된) 상태에 있습니다([그림 5-2] 참조).

치료자는 내담자가 트라우마 기억을 상기하고 있다는 것을 인식하고, 내담자가 그 기억을 잠시 '밀어놓을' 의향이 있는지 묻습니다. 만일 내담자가 그렇게 하기로 한다면, 치료자는 이제 내담자가 신체에 기반을 둔 현재의(지금-여기) 감각에 주의를 기울여 보도록 합니다. 활성화나 기능 정지는 완화되고 조절 능력이 어느 정도 회복됩니다. 이런 상태를 발판삼아 그 다음에는 기억을 다시 마음으로 가져와서 방문하고, 접촉해 보도록 합니다. 이 과정에서 내담자가 압도되지 않도록 합니다.

내담자가 증가된 자제력, 침착함과 역량이라는 현재의 새로운 경험으로부터 출발해서 기억을 한 번에 한 조각씩 다시 방문하고 경험하도록 조심스럽고 점진적인 방식으로 안내합니다(수위 조절). 기억을 접촉(재방문)할 때마다 반응하는 역량이 증가하고 단단해짐과 함께 각성 상태가 한층 더 정상화됩니다.

이런 새롭고 정교해진 신체 경험이 원래의 경험과 통합되면서 업데이트된 '새로운' 절차 기억이 형성됩니다. 이 새로운 기억은 이제 재응고되고, 압도와 무력함으로 가득한 이전의 기억 대신 업데이트 된 힘을 얻은 버전이 들어서는 '분자적 대체'가 일어납니다.*

통제감과 능력에 대한 새로운 절차 및 감정 기억을 가진 채, 내담자는 지금 여기로 정향하고, 이제는 눈맞춤을 통해 치료자와 서서히 교류하도록 인도됩니다. 기억의 다양한 요소에 대한 탐색과 공유가 일어납니다. 감정, 일화 및 서술 기억이 일관성 있는 서사로 통합됩니다([그림 8-3] 참조). 이 과정은 자기 성찰과 자기애에 대한 내담자의 역량을 강화합니다.

---

* 동물을 대상으로 한 흥미로운 몇몇 연구들은 새로운 긍정적인 기억을 형성하는 것의 효력을 보여 줍니다. 최근의 한 연구에 따르면, 연구자들이 인위적으로 긍정적인 기억을 자극하자 쥐(이 연구에서는 암컷)가 우울한 듯한 행동에서 금방 빠져 나왔습니다. 이 연구에서는 긍정적인 기억을 저장하는 뇌세포를 표시해 두었다가, 나중에 쥐가 스트레스를 받았을 때 그 세포를 다시 활성화시켰습니다. 좋은 기억을 자극하기 전과 같이 우울해지는 대신에 그저 몇 분 동안 긍정적인 기억을 자극했을 뿐인데도 우울의 징후는 사라졌습니다. (Steve Ramirez, Xu Liu, Christopher J. MacDonald, Anthony Moffa, Joanne Zhou, Roger L. Redondo, and Susumu Tonegawa, "Activating Positive Memory Engrams Suppresses Depression-like Behavior," *Nature* 522 (June 2015) 335-339. doi:10.1038/nature14514.)

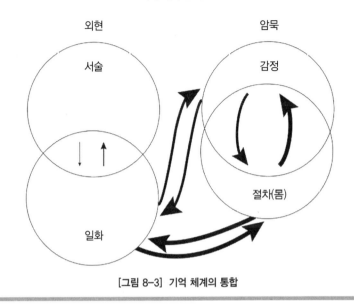

기억 체계 간의 관계

[그림 8-3] 기억 체계의 통합

자연주의적인 변화 과정의 기저에 있는 기동력은 완결과 능숙함을 향한 우리의 강력하고 타고난 추동인데, 이것은 5장에서 나온 aMCC 자극 연구에서 보았듯이 성공과 끈기를 향한 진화적으로 유발된 열망입니다.

과거, 현재와 미래에서 기억의 변화 가능성

지난 몇십 년간, 우리는 위기 사건에 대한 디브리핑$_{CID}$과 지속적 노출 기법이 광범위하게 적용되면서 중대한 사용 금지 사유와 부작용을 낳는 것을 목격했습니다. 이제 기억을 변화시키는 자연주의적인 수단들이 실행 가능한 대안으로 부상하고 있지만, 자연주의적인 접근으로 효과적인 결과를 얻으려면 먼저 치료자들을 세심하고 헌신적으로 훈련시키는 것이 요구됩니다. 뿐만 아니라 더 많은 연구를 통해 자연주의적인 접근이 근거 기반 치료로 인정받는 것도 필요합니다. 대형 제약 회사들과 '단단한 과학'[6]이 홍보하는 기억 삭제의 유혹을 뿌리치기 힘든 것은 화학 작용을 통해 '빠르게 대충' 해결할 수 있다는 가능성 때문입니다. 이제 이 미래형 치료가 어떻게 생겼는지 살펴봅시다.

기억 삭제의 미래-잊은 자의 어리석음?

> ❝아무 죄도 없는 수녀의 삶은 얼마나 행복한가!
> 세상이 그녀를 잊었듯이, 그녀도 세상을 잊는다.
> 오점 없는 마음의 영원한 햇살이여!
>
> –알렉산더 포프Alexander Pope· ❞

---

6) 역주: 정확한 정의에 대해서는 의견이 갈리지만 일반적으로 자연 과학 분야를 단단한 과학hard science이라고 하고, 사회 과학을 부드러운 과학soft science이라고 부릅니다. 이런 구분은 통제된 환경에서 조작된 변인들로 실험을 하고, 수학적인 모델에 기반해서 수치로 나타낼 수 있는 데이터를 도출하는 물리학이나 화학과 같은 자연 과학이 더 객관적이고 우월하다는 전제를 깔고 있어 때로는 사회 과학을 폄하하는 뉘앙스로 쓰이기도 합니다.

66 망각하는 자들은 축복을 받은 것이다.

그들은 심지어 자신의 어리석은 실수로부터도 이득을 본다.[7)]

−프리드리히 ||체Frederick Nietzchc 99

66 과거를 기억하지 못하는 사람들은 그것을 반복하게 되어 있다.

−조지 산타야나George Santayana 99

우리는 트라우마나 다른 고통스러운 기억의 삭제가 매우 실현 가능한 시대에 살고 있습니다.[11] 그러나 우리가 살펴볼 것처럼, '기억 삭제' 약물들은 분자 기억 과학이라는 용감하고 새로운 세계에 존재하는 함정, 예측하지 못한 장애와 숨겨진 역류로 가득 차 있습니다. 이것은 알려지지 않은 위험과 의도하지 않은 결과로 넘쳐 나는 미지의 세계입니다. 이런 문제들 중 가볍게 여길 수 없는 것 중의 하나는 기억이 실험을 통해 분자적 개입으로 지워졌더라도 기억 엔그램은 이미 뇌의 몇몇 다른 부위, 즉 기억의 일부가 숨겨져서 은밀히 보관되어 있는 정말 미로라고 할 수 있는 곳에 전해졌다는 것입니다.[12] 우리가 다음에서 보게 되듯이, 가장 큰 문제를 일으킬 수 있는 것이 이런 감춰져 있는 기억 엔그램입니다.

이제 우리는 기억 삭제에 내재된 문제와 심각한 윤리적 딜레마의 일부를 살펴볼 텐데, 선견지명이 있는 2004년작 영화 〈이터널 선샤

---

7) 역주: 그들이 자신의 실수도 잊어버린다는 의미로 볼 수 있습니다.

인Eternal Sunshine of the Spotless Mind〉은 이런 문제를 잘 그리고 있습니다. 영화는 두 주인공, 조엘(짐 케리)과 클레먼타인(케이트 윈즐릿)이 롱아일랜드에 있는 몬토크로 가는 기차를 기다리고 있는 것으로 시작합니다. 승강장에는 두 사람 말고 아무도 없습니다. 그들은 잠시 서로를 주목하고는 신기하게도 서로에게 끌립니다. 이것은 아마도 제가 뉴욕의 지하철에서 저도 모르게 저의 1학년 때 친구인 아놀드에게 끌렸던 것과 비슷할 것입니다. 물론 영화에서 주인공들이 서로에게 느꼈던 양가적인 감정은 없었지만 말입니다. 이 두 '모르는 사람들'이 서로 반대 방향에서 같은 객차에 올라탑니다. 그들은 조심스럽게 서로 거리를 두고 앉지만 은근 슬쩍 서로를 쳐다봅니다. 그들이 접근과 회피의 춤을 조율하기 시작했던 것입니다. 클레먼타인이 갑자기 멀리 기차의 저쪽 끝에서 대화에 초대하는 듯이 말을 꺼냅니다 (접근). 조엘의 주저하는 듯한 "저한테 말씀하시는 거예요?"라는 대답에 "그럼 누구겠어요?"라는 조소가 돌아옵니다(회피). 지독히 수줍어 하는 조엘은 그녀가 다가오는 것을 피하려고 하는 반면(회피), 클레먼타인은 점점 그가 있는 쪽으로 옮겨 가면서 그의 관심을 끌어 보려는 노력을 계속합니다(접근). 그러려고 했던 게 아닌데도 불구하고, 조엘은 계속 대화에 응합니다(접근). 그들의 이상한 끌림은 두 사람이 쫓아가는 사람과 도망가는 사람의 역할을 번갈아 하는 묘한 경쟁의 형태로 나타납니다. 그들을 지켜보고 있노라면, 두 사람이 왠지 사전에 미리 대본을 짜놓고 그 안에서 맡은 역할을 하고 있는 것처럼 보입니다. 마치 그들이 의식적으로는 인식하지 못하는 대본, 즉 서로에 대한 절차 기억에 기반을 둔 대본을 읽고 있는 것처럼 보이는데 우리는 이게 어찌 된 일인지 알게 될 것입니다.

영화를 보는 사람들이 처음에 몰랐던 것 혹은 이 두 사람이 **외현적으로** 기억하지 못했던 것은 이들이 사실 서로 아는 사이였다는 것입니다. 그것도 아주 잘 아는 사이! 우리는 그들이 연인이었으며 한때는 서로에게 푹 빠져 있었지만, 결국에는 매우 안 좋게 헤어졌다는 것을 알게 됩니다. 두 사람은 그들의 관계가 끝났을 때 너무나 커다란 아픔을 겪고, 각자 라쿠나Lacuna*라는 딱 어울리는 이름을 가진 클리닉을 찾아갑니다. 그곳에서 어쩌면 선한 의도를 가졌다고도 볼 수 있는 하워드 미어스위액 박사(톰 윌킨슨)로부터 기억 삭제 시술을 받게 됩니다. 이 신경 클리닉에서 상대방도 클리닉의 환자라는 걸 몰랐던 클레먼타인과 조엘은 그들 관계를 추억하게 하는 모든 물건들, 즉 사진, 선물, 기념품, 그 외에 헤어진 애인을 생각나게 하는 것이라면 무엇이든 가져오도록 지시를 받았습니다. 그들이 끝난 관계를 떠올리게 하는 것들을 하나씩 보는 동안, 컴퓨터가 그들의 뇌파를 강화하고 해당 감정 기억과 특별히 연관되어 있는 전기 활동의 장소를 기록합니다. 나중에 그들이 아무것도 모른 채 잠을 자는 동안 삭제 기술자가 이 기록으로 완성된 지도를 사용해서 뇌의 특정 부분에 전자기파를 점화합니다. 이 과정은 고통스러운 기억을 영구히 '삭제'하는 것처럼 보입니다. 클리닉의 비서인 메리는

---

* 라쿠나lacuna는 잃어버린 부분, 틈, 혹은 역설적이게도 일시적 중단/휴지기라고 정의할 수 있습니다.

기억 삭제로 기대되는 결과를 다음과 같이 요약했습니다. "사람들이 슬픔과 공포로 엉망이 되지 않고 다시 시작할 수 있도록 하죠." 그리고 미어스위액 박사는 이렇게 덧붙입니다. "뇌 세포가 좀 파괴되기는 하겠지만, 사실 밤새 폭음하는 것보다 더 나쁘지는 않습니다."

영화 끝 부분에 가서야 우리는 클레먼타인과 조엘이 기차에서 만나는 첫 장면이 실제로 일어났다는 것을 짧은 회상 장면을 통해 알게 됩니다. 영화를 보는 우리들은 고통스러운 기억을 지웠음에도 불구하고, 두 주인공 사이에는 어떤 '운명적인 끌림' '익숙하게 느껴지는 낯선 사람'을 자석처럼 끌어당기는 힘이 남아 있었다는 것을 점차 깨닫게 됩니다. 비록 그들에게 익숙함에 대한 **의식적인 인식**은 없었는데도 말입니다.

수면 상태에서 기억 삭제를 받던 어떤 시점에서 꿈을 꾸던 조엘은 순간적으로 자신이 중대한 실수를 했다는 것을 깨닫습니다. 그는 자신과 클레먼타인이 각자 파티에 초대되어서 처음 서로를 만났던 장소가 몬토크였기 때문에 어떻게든 **몬토크라는** 단어에 집중하기로 결심합니다. 두 주인공 중 누구도 의식적으로 이 잠재적인 촉발 단어를 떠올리지는 않았지만, 둘 다 설명할 수 없는 잠재의식적인 연상으로 신기하게도 서로에게 끌립니다. 겉보기에는 그들이 함께 했던 시절을 망각한 듯한 조엘이 기차에서 클레먼타인에게 "나 오늘 회사 안 갔어요……. 몬토크로 가는 기차를 탔죠. 왜인지는 몰라요. 난 충동적인 사람이 아니거든요."라고 말합니다. 몬토크라는 단어는 완전히 지워지지 않은 그들의 관계에 대한 무의식적 가닥으로 그들 각자의 잠재의식 속에 깊숙이 잠겨 있었습니다. 하지만 그들의 의식적인 기억은 다 지워졌기에 그들이 서로를 외현적으로 기억하지는 못합니다. 그들은 정말로 기차에서 생전 처음 만난 것처럼, (불)완전한 이방인이었습니다.[*]

그런데도 기차에서 그들은 이상스럽게도 서로에게 끌림과 동시에 거부감을 느꼈는데, 이것은 그들의 절차 기억을 통해 일어난 일입니다. 한층 깊숙한 끌림의 요인은 그들 각자의 해소되지 않은 어린 시절의 절차 기억, 즉 아동기와 청소년기의 발달 과정에서 겪은 트라우마뿐만 아니라 그들이 아주 어렸을 때 부모님과 맺은 애착 관계로부터 생긴 이마고imago(각인 혹은 엔그램)로부터 나옵니다. 대부분의 치료자들은 내담자가 (혹은 치료자 자신이) 이런 식의 전이transference[8]에서 오는 혼란으로 인해 자신의 부모와 비슷한 사람을 사귀거나 혹은 연인을 자기 부모처럼 바꿔 버리는 것을 목격한 적이 있을 것입니다. 폴 에크만Paul Ekman[9]은 이런 현상을 다음과 같이 적절하게 표현했습니다. "이것은 마치 우리 중 다수가 기회가 있을 때마다 계속 우리의 상황에 드라마를 도입하려고 대본을 갖고 다니는 것과 같습니다. 우리는 영화감독이 하듯이 같은 대본을 몇 번이

---

[*] 3장에서 나온 다마시오의 환자 데이비드를 기억하실 것입니다. 데이비드는 그들을 전혀 기억하지 못했는데도 예전에 '친절한 역할'을 맡았던 직원들에게 끌렸고, 불친절했던 이들은 멀리했습니다.

8) 역주: 전이란 정신분석에서 나온 용어로, 과거의 관계에서 경험했던 감정이나 행동이 현재의 다른 관계로 옮겨져서 나타나는 것을 말하는데 무의식적인 과정으로 알려져 있습니다. 상담을 받는 내담자는 상담자와의 관계에서 전이를 경험하기도 합니다.

9) 역주: 미국의 심리학자로, 감정과 표정에 대한 연구로 잘 알려져 있습니다.

고 반복하기 위해서 우리가 만나는 사람들을 필요한 역할에 캐스팅합니다. 우리의 기분처럼, 감정적인 대본도 우리가 세상을 잘못 인식하게 만듭니다."[13] 영화를 보는 사람들은 조엘이 보이는 서투름이 상당 부분 어린 시절에 따돌림을 당하고 놀림을 받았던 것과 히스테리컬한 어머니에게서 제대로 보살핌 받지 못했던 경험에서 기인한다는 것을 알게 됩니다. 한편, 클레먼타인은 자신의 외모에 대한 엄청난 불안으로 괴로워하는데, 이것은 그녀가 인형과 가진 관계를 통해 설명됩니다. 또 접근/회피의 절차 기억으로 남아 있는 버림받고 압도되었던 어린 시절의 결핍이 그들을 서로 끌어당기면서도 동시에 밀어내게 하였으며, 양가감정이라는 고르디아스의 매듭Gordian knot[10)]으로 얽히게 했던 바로 그 자력이었다는 것도 확실해집니다. 그들 사이의 매듭은 끝없이 얽히고 점점 더 조여 들었는데, 이것은 엉망진창으로 얽힌 올가미의 긴장이 못 견디게 팽팽해지고 막혀서 그들이 서로를 기억 창고에서 없애 버리는 것밖에는 다른 선택이 없어 보일 때까지 계속됩니다. 하지만 안타깝게도 그들은 노력의

10) 역주: 신화에 따르면, 왕이 없던 나라 프리기아에서 몇 날 몇 시에 소달구지를 끌고 오는 사람이 왕이 될 것이라는 신탁에 따라 농부였던 고르디아스가 왕이 됩니다. 고르디아스의 아들 마이더스가 감사의 표시로 그 달구지를 신전의 기둥에 단단히 매듭을 지어 묶어 놓았다고 합니다. 후세에는 이 매듭을 푸는 자가 아시아 전체의 왕이 될 것이라는 예언이 전해졌는데, 수많은 사람들의 시도에도 불구하고 오랜 세월 동안 매듭은 풀리지 않았습니다. 나중에 프리기아를 지나던 알렉산더 대왕이 이 매듭을 풀려고 해봤으나 역시 풀리지 않자 칼로 매듭을 베어 버립니다. 그리고 예언대로 알렉산더는 그 지역을 정복하게 됩니다. 고르디아스의 매듭은 대단히 풀기 어려운 문제를 비유적으로 이르며, 고르디아스의 매듭을 자른다는 것은 복잡한 문제를 대담한 행동으로 푼다는 뜻으로 이해할 수 있습니다.

결실대신 고통에서 헤어나고자 파우스트의 거래[11]를 했던 대가를 치러야 했습니다.

우리들 대부분이 어려워하고, 또한 조엘과 클레먼타인이 힘겹게 배우기 시작한 것은 우리가 나 스스로와는 계속 상처투성이인 관계를 유지하면서 다른 사람들과 효과적인 관계를 맺을 수는 없다는 사실입니다. 자신에 대한 이해가 빈약하다면, 우리는 한때 부모님의 눈으로 우리 자신을 보았던 것처럼 다른 사람이라는 거울 속에서 스스로의 정체성을 찾으려 들 것입니다. 스스로의 짐과 거진 상처를 전부 안은 채, 우리는 겉보기에는 안전해 보이는 다른 이의 품 안에서 쉼터와 자양분을 찾고 싶어 합니다. 그런데 사실은 상대방도 우리에게서 같은 위안을 찾을 것입니다. '마법의 상대'[14]에 대한 이러한 투사는 결국에는 폭발하거나 실망과 상호 비난 속에 무너져내릴 (부)적응적인 전략입니다. 이것이 조엘과 클레먼타인에게 일어났던 일입니다. 그들이 마침내 자신의 투사를 의식적으로 이해하고, 서로를 단지 부모님과 힘들었던 과거에 대한 엔그램의 대체로서가 아닌 **있는 그대로** 바라보는 것을 배울 기회가 있었을 때까지 말입니다. 실제로, 만일 클레먼타인과 조엘이 서로를 다시 발견하지 않았더라면 그들은 틀림없이 그런 역할을 해 줄 또 다른 상대를 찾았을 것입니다. 분명히 그들은 또다시 해결되지 않은 감정 및 절

---

11) 역주: 무한한 지식과 힘을 얻기 위해 자신의 영혼을 악마에게 팔았던 파우스트 신화에서 나온 표현으로, 바라는 것을 얻기 위해 양심이나 도덕적 가치를 포기하는 거래를 가리킵니다.

차 기억의 각인에 휩쓸려 자신의 충족되지 않은 필요와 어린 시절에 있었던 트라우마의 심연으로 빠졌을 것입니다. 과거의 감정적인 실수로부터 배우지 않는다면, 우리는 누구를 만나든지 간에 그들과 끝없이 과거를 반복하게 될 운명입니다. 얼마나 많은 로맨스와 결혼이 '더없이 행복하게' 시작하지만 나중에는 헤어진 연인을 기억 창고에서 지워 버릴 수 있으면 좋겠다고 은밀히 바라는 것으로 끝이 납니까?

클레먼타인과 조엘이 마침내 그들이 함께하는 삶을 다시 시작하고 시도해 볼 수 있었던 것은 그들이 자신의 '기억 파일'과 클리닉에서 했던 인터뷰 테이프를 돌려받게 되면서입니다. 자신이 조롱을 당했음을 알게 된 클리닉의 비서 메리가 제공한 테이프에는 그들이 서로와 했던 모든 경험, 즉 서로에 대한 끌림과 반감, 원한, 투사와 내적 투사[12]가 담겨 있었습니다. 예를 들어, 어떤 테이프에서는 클레먼타인이 조엘에게 이렇게 말합니다. "나는 관념[13]이 아니야……. 너무 많은 남자들이 나를 관념으로 여기거나 내가 자신들을 완성할 거라고, 아니면 내가 자신들을 살아 있게 만들어 줄 거라고 생각해. 하지만 나는 그저 내 마음의 평화를 찾고 있는 엉망진창

---

12) 역주: 투사가 스스로의 감정이나 믿음을 다른 사람에게 대입하는 것이라면, 내적 투사는 반대로 다른 사람의 특성을 자기 것으로 내재화하는 것으로 정신분석에서는 두 가지 모두를 무의식적인 방어 기제로 간주합니다.
13) 역주: 원문에는 concept으로 되어 있습니다. 다른 사람들이 자신을 있는 그대로 받아들이는 대신, 머릿 속에 그려 놓은 생각/관념concept에 고정시켜 놓고 본다는 뜻으로 볼 수 있습니다.

인 여자라고. 날 당신의 소유로 생각하지 마, 진짜로."

　처음에는 다시 만나는 것을 주저하던 조엘과 클레먼타인은 차츰 데이프에 나오는 받아들이기 힘든 정보를 활용하는 것이 얼마나 엄청난 **기회**인지를 알게 됩니다. 그들은 과거의 실수로부터 배우고, 어린 시절의 고통, 스스로의 편견과 양가적인 감정을 넘어설 수 있는 가능성을 깨닫습니다. 이런 시의적절한 기회와 열린 자세는 그들이 스스로를 받아들이고 서로를 자신과는 다른 사람으로 자유롭고 온전하게 사랑할 수 있는 잠재력에 대한 수용, 이해와 열정으로 향하게 합니다. 이것이 니체와 포프가 틀렸고 산타야나가 옳았던 지점입니다! 일관성 있는 기억이 없다면 우리는 자신의 실수로부터 더 나아지지 못합니다. 우리는 그저 그것을 반복하게 될 뿐입니다.

　기억이 완전히 없어졌어야 할 상황에서도 조엘과 클레먼타인 안에 계속 남아서 그들을 서로에게 향하게 했던 것은 과연 무엇이었을까요? 삼촌에게 학대를 받았지만 거기에 대한 의식적인 기억이 없는 여인이 계속 학대하는 남자에게 끌리는 것은 대체 왜 그런 것일까요? 그런데 만일 그녀가 삼촌에 대한 기억을 되찾고 동시에 마치 조엘과 클레먼타인이 그랬던 것처럼 감정적으로 고조된 옛 기억을 다시 들여다보는 동안 기억 삭제 약물을 복용한다면, 그녀는 잠재적인 절차 기억을 통해서 자기도 모르게 학대하는 사람들에게 설명할 수 없는 이끌림을 느낄 수 있습니다. 영화 〈이터널 선샤인〉에서 그랬던 것처럼, 기억 삭제는 사람이 자신의 고통스러운 실수를 의식적으로 돌아보고 그를 통해 배우는 혜택 **없이** 똑같은 실수를 다시 재연하게 되는 무시무시한 결과를 낳을 수 있습니다. 한때는 스스로 지우고자 했던 기억을 회복할 때까지, 조엘과 클레먼타인은 자신들의 과거, 현재, 미래를 일관성 있게 연결하는 새로운 내적 서사를 만들 역량을 얻을 수 없었습니다.

선견지명이 있는 이 영화에서 우리는 기억 삭제가 어떻게 나쁜 의도로 악용될 수 있는지도 보게 됩니다. 우리가 이때까지 미어스위액 의사 선생님이라고 불렀던 사람은 사실 그의 비서 메리와 불륜 관계에 있었습니다. 그는 나중에 라쿠나 클리닉에서 메리 몰래 불륜에 대한 그녀의 기억을 삭제합니다. 메리는 자신이 의사를 다시 한 번 성공적으로 '유혹한' 것이 의사의 부인에게 들켰을 때에야 비로소 두 사람 사이의 이런 역사를 알게 됩니다. 의사의 부인은 자신의 바람둥이 남편에게 "저 어린애를 구해 줘."라고 말합니다. 그리고 이렇게 해서 메리는 자신도 모르게 받은 기억 삭제와 과거를 반복하려는 충동의 비밀을 알게 됩니다.

영화 속에서가 아니라 현실에서 충분히 일어날 수 있는 기억 삭제는 다른 식으로도 악용될 우려가 있습니다. 특히 비아그라 대체약품처럼, 삭제 약물들이 인터넷상에서 암거래로 널리 유통되면서 악용의 소지가 높아질 것입니다. 예를 들어, 제 학생 중 한 명인 닐 웨인블랫이 기억 삭제 약물에 대한 글을 논의하는 블로그 토론에서 제시했던 시나리오를 생각해 봅시다. 이 가상의 시나리오에서 당신이 가장 친한 친구의 아내에게 성적으로 끌렸다고 상상해 보십시오. 동네 술집에서 같이 술을 마시면서 당신은 친구가 자기 아내에 대해 갖고 있는 모든 아름다운 추억을 얘기하게 만듭니다. 이때 당신은 친구 몰래 그의 술에 기억 삭제 약물을 탔습니다. 다음 주에 같은 술집에서 당신은 친구에게 자기 아내의 모든 단점에 대해 얘기하도록 만듭니다. 그런데 이번에는 그의 술에 기억 강화제를 탑니다. 자신의 아름다운 기억들이 지워진 채, 이 친구가 얼마나 쉽게 부정적인 기억들에 압도될 수 있을지를 생각해 보십시오. 이렇게 해서 기억 삭제와 기억 강화의 조합은 이 시나리오에서 악역인 당신이 상황을 자신에게 유리하게 조작해서 자신의 친구가 지금은 경멸하지만 한때 사랑했던 아내에게 접근할 수 있는 완벽한 기회를 제공합니다.

여기서 기억 삭제의 비인간적인 면모로 돌아가 봅시다. 기억에 대한 연구로 노벨상을 수상한 에릭 캔들은 자신의 고통스러운 기억을 지울 의향이 있느냐는 질문을 받습니다. 그 기억의 많은 부분이 그가 어린 시절 홀로코스트 때 겪은 상상을 초월하는 고통에 관한 것임을 감안하면, 그의 대답은 당신을 놀라게 할지도 모릅니다.

> 기억을 강화하는 것이라면 문제가 되지 않습니다. 기억을 없애는 것은 그보다 복잡합니다……. 당신의 머릿속으로 들어가서 불행했던 연애 경험에 대한 기억을 잡아 뽑는다면, 그건 좋지 않은 생각입니다. 결국 우리는 우리 자신입니다. 우리는 우리가 경험해 온 모든 부분입니다……. 제가 비엔나에서 겪었던 [홀로코스트] 경험을 없애고 싶냐고요? 아니오! 그 경험은 끔찍했습니다. 하지만 그것이 지금의 나를 만들었습니다.[15]

고통스러운 기억을 제거하는 것의 약점은 고통이 종종 우리의 가장 강력한 스승이라는 점입니다. 성숙이란 우리의 실수와 어려움으로부터 배우는 것입니다. 진정한 지혜는 공짜로 얻어지는 것이 아닙니다. 덴마크어에는 이런 과정과 특히 관련이 있는 Gennemleve라는, 훌륭한 단어가 있습니다. 이것을 대략적으로 번역하자면, '완결될 때까지 살아나가는 것, 계속 그 과정에 접촉하면서 인식하는 것 그리고 마침내 그 과정에서 평화를 찾는 것'이라고 할 수 있습니다.

대형 제약 회사들이 이미 환자의 두려움과 공포를 없애는 데 맞춰진 기억 삭제 약물에 대한 연구를 밀어붙이고 있는 상황에서 그들이 이런 상품을 제조하고 홍보하는 데 수억 혹은 수십 억 달러를 쓰지 않을 것이라고 생각할 이유가 없습니다. 예측해 보건대, 국회가 제재를 최소화하도록 로비가 벌어질 것이고, TV와 인터넷 광고는 자극적일 것입니다. 모든 역효과와 오용의 가능성에도 불구하고 말입니다. 정치적인 그리고 경제적인 이득을 위한 대대적인 조작이 있을 가능성을 무시하거나 묵살할 수 없습니다.

올더스 헉슬리의 『멋진 신세계Brave New World』에서 정부는 진정 효과가 있는 '소마'란 이름의 벤조디아제핀/프로작이 섞인 약으로 국민을 조종합니다. 국민을 기만하는 정치인들이 자기들의 필요에 따라 기억을 잊혀지게 하거나 강화하려고, 얼마나 많은 기억 삭제 약물을 사용했을지 생각해 보면 우리는 경악 속에 몸서리를 치게 됩니다. 공상 과학 소설이라고요? 20세기에는 그랬을지도 모르겠지만,

21세기에는 절대로 그렇지 않습니다. 어쩌면 기억 삭제 약물에 대한 관심은 그것이 항우울제가 되었든, 각성제, 항불안제, 수면제나 또 다른 약이 되었든 간에 자기 조절과 회복을 위한 우리 자신의 창조적인 역량을 이끌어 내기보다는 오직 약을 통해 해결책을 찾으려는 우리 문화의 게으른 성향을 반영하는지도 모릅니다.

삭제 절차에서 가장 걱정스러운 것은 그것이 다양한 기억 체계, 즉 외현(서술과 일화) 기억과 암묵(감정과 절차) 기억의 본질, 기능 그리고 서로 다른 체계 간의 관계에 대한 전반적인 이해 없이 시행된다는 점입니다. 영화 〈이터널 선샤인〉에서 볼 수 있듯이, 가장 심각한 문제는 기억 삭제의 '성공'이라는 것이 절차 기억은 그대로 둔 채, 주로 서술, 일화 및 감정 기억의 대부분을 삭제하는 것이라는 점입니다. 남겨진 절차 기억은 똘똘 감겨서 기다리다가 약간의 (무의식적인) 자극이나 유발원만 있어도 다시 나가려고 대기하고 있을 것입니다. 우리가 학대의 기억을 지울 수는 있지만, 완전한 통합과 통제력의 회복 없이는 미래에 비슷한 상황이 왔을 때 효과적으로 대처할 수 있는 우리의 역량은 계속 약해진 채로 남아 있게 될 것입니다. 이런 역량이 없다면 우리는 위험한 상황에 묘하게 이끌리고 인간관계에서 실패를 반복하게 되는 문제를 겪을 수 있습니다. 인간관계에 대한 우리의 이해를 새로운 기술, 성찰과 증진된 역량에 통합할 수 있다면 이런 문제는 나아질 수 있을 것입니다. 만일 우리가 절차 기억을 지울 수 있다고 하더라도, 우리는 의도한 것과는 다르게 스스로의 직감과 단절된 사람이 되어 버릴 수 있습니다. 그 결과 위험한 것에 다가가고 이로운 것을 회피하는 잘못된 행동으로 스스로를 방어하지 못하게 될 수 있습니다. 이러한 방향성의 결여, 그리고 접근과 회피 사이에서의 혼란은 우리가 추행이나 학대 생존자에게서 자주 목격하는 특징입니다.

기억 삭제가 되는 멋진 신세계로 무턱대고 뛰어들기 전에* 트라우마 기억의 복합적인 기제를 소홀히 여기는 것은 재앙의 전조일 수 있음을 알아 두어야 합니다. 반면에, 치료자와 과학자들을 협력과 신뢰의 환경으로 한데 모을 수 있다면, 트라우마 기억에 대한 보다 폭넓은 이해를 도울 수 있고, 그 결과 불필요한 고통을 완화할 수 있습니다.

---

* 기억을 삭제하려고 하기보다는 혈압을 낮추는 데 쓰는 약물로 급성적인 스트레스를 줄여 보려는 약리학적 접근이 있다는 것을 말해 둘 필요가 있습니다. (관련 논문: Pitman et al., "Effect of Acute Post-Trauma Propranolol on PTSD Outcome and Physiological Responses During Script-Driven Imagery," *CNS Neuroscience and Therapeutics* 18, no. 1 (January 2012): 21-27.) 이런 약물의 효과는 제한적이지만 사고나 성폭행 이후에 응급실에 온 사람들에게 사용되어 왔습니다. 사실, 어떤 사람들에게는 응급실을 가는 것 자체가 트라우마일 수 있습니다. 하지만 그렇다 할지라도 응급실 간호사, 구급 의료 대원, 의사들은 사람들이 이런 심각한 상태를 '지나갈 수 있도록' 돕기 위해서 그들을 안심시키고 지지해 주는 것과 함께 간단한 '정서적 응급 처치'와 비활성화 기술에 대해 배우고 훈련 받을 수 있습니다. 사실 이건 정말 연구해 볼 만한 주제입니다!

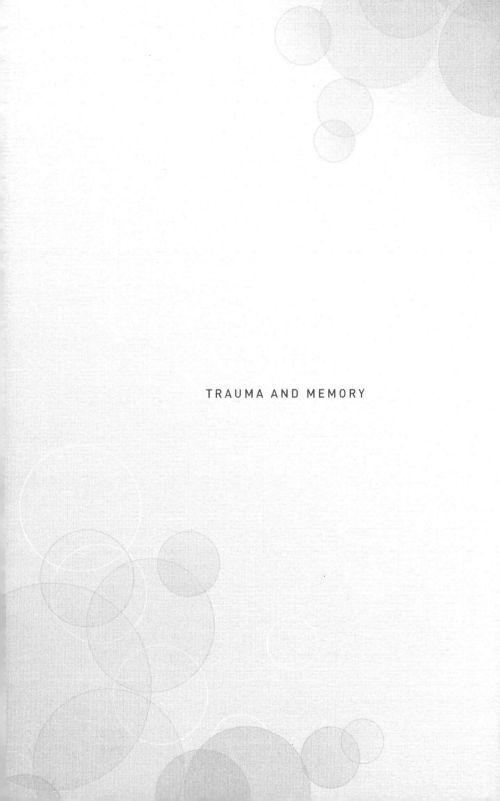

TRAUMA AND MEMORY

CHAPTER 9

세대를 타고 전해지는 트라우마:
계속되는 괴로움

❝ 나는 우리 모두가 유령이라고 생각하는 편이다.

그것은 단지 우리 안에 살고 있는

우리가 부모님으로부터 물려받은 것들뿐만 아니라

온갖 종류의 죽은 것들이다.

그것들은 실제로 우리 안에 살아 있는 것은 아니지만

그럼에도 불구하고 여전히 우리 안에 뿌리박혀 있다.

−헨리크 입센Henrik Ibsen, 〈유령GHOSTS〉❞

얼마나 먼 시간과 공간까지

제가 저의 첫 번째 책인 『내 안의 트라우마 치유하기Waking the Tiger』[1]를 출간했을 때, 책 마지막 부분에 '얼마나 먼 시간과 공간까지'라는 제목을 붙였습니다. 이 마지막 장이 쓰인 1990년대 초반에는 트라우마가 세대를 타고 전달된다는 생각은 허구가 아니라면 기껏해야 철저하게 비과학적인 것 정도로 간주되었습니다. 하지만 지난 수년 간의 연구들은 세대 간 전달의 존재를 기록했을 뿐만 아니라 그런 전달을 맡고 있는 후생적epigenetic, 분자적 그리고 생화학적인 기제의 일부를 입증했습니다.

한 중추적인 연구에서[2] 쥐들이 (좋은 향이 아니라면) 중립적인 벚꽃 향에 노출되었습니다. 이 중립적인 향 다음에는 너무나 싫은 전기 충격이 이어졌습니다. 이 조합에 몇 번 노출되고 나자, 쥐들은 향기만 있고 충격은 없는데도 두려움에 얼어붙었습니다. 놀라울 것이 없는 게, 이것은 전형적인 파블로프식 조건화의 예입니다. 하지만 이 실험에서 충격적이었던 것은 이렇게 견고하게 조건화된 반응이 최소 5대손에게까지 유지되었다는 것입니다. 다른 말로 하자면, 실험을 통해 조건화되었던 쥐의 손주의 손주가 벚꽃 향에 노출되었을 때, 마치 그들 스스로가 전기 충격에 조건화되었던 것처럼 두려움에 얼어붙었습니다. 게다가 이들 자손들이 다른 종류의 중립적인 냄새에 노출되었을 때에는 그들의 조부모의 조부모가 그랬을 것처럼 아무런 반응이 없었습니다. 그런데 이런 세대를 통한 전달은 남계에서 두드러지게 더 강했습니다.

다른 모든 냄새는 제쳐 두고 특정 냄새에만 조건화되는 이런 주목할 만한 특이성은 인간의 트라우마가 전달되는 것에 대한 깜짝 놀랄 만한 시사점을 갖고 있습니다. 예를 들어, 저는 몇몇 2세대 홀로코스트 생존자들[1]과 작업을 했는데 그들은 회기 중에 살이 타는 듯한 역한 냄새를 느끼고는 화들짝 놀랐습니다. 이것은 내장에서 느껴지는 강력한 역겨움과 두려움의 반응 그리고 뭔가 끔찍한 일이 벌어질 것이라는 손에 잡힐 듯한 불길한 예감과 함께 나타났습니다. 사실 이 내담자들 중 다수는 이런 종류의 냄새를 너무나 싫어해서 철저한 채식주의자가 되었습니다. 물론 제가 이것을 트라우마가 유전되었다는 증거로 삼을 수는 없지만, 쥐 실험 결과로 미루어 봤을 때, 냄새에 대한 반응이 자식들에게 전달된 것의 중요성을 무시하기는 어렵습니다.

'트라우마가 세대를 타고 잔물결을 일으키다'라는**❸** 제목의 인터뷰 기사에서 이스라엘의 트라우마 연구자인 자하바 솔로몬_{Zahava} Solomon은 그녀 자신의 집안을 돌아보며 대화를 마칩니다. 홀로코스트 생존자의 딸인 그녀는 부모님과의 관계가 매우 좋았다고 묘사했습니다. 그녀의 어머니는 자신과 형제자매들이 그 시절에 얼마나 용감했었는지에 관한 이야기, 자하바의 탄생이 희망의 빛이었다

---

1) 역주: 홀로코스트 생존자의 자식들을 말합니다.

는 것 또 나치에 대해 거둔 의기양양한 승리에 대해 들려주셨습니다. 솔로몬은 이런 말로 인터뷰를 마무리했습니다. "제가 아는 한에서는 그것(부모님의 경험)은 지에게 오직 긍정적인 방식으로 영향을 미쳤습니다." 하지만 그녀는 흥미로운 여담을 덧붙였습니다. "저는 공격성에 대해 불편함을 많이 느낍니다. 저는 상당히 불안한 사람이기도 합니다."

레이첼 예후다Rachael Yehuda는 세대를 타고 전해지는 트라우마의 신경 생물학적 영향, 그중에서도 특히 홀로코스트 생존자의 자손들을 대상으로 한 연구로 잘 알려져 있습니다. 예후다는 이 특정 집단에서 코르티솔cortisol²⁾의 수준과 기타 다른 불안의 생리적인 표식에서 분명한 변화가 나타남을 입증했습니다. **4** 물론 이렇게 비교적 일반적인 영향은 어린 자녀를 돌보는 방식에 있어서의 결함으로 인한 것일 수도 있습니다. 하지만 홀로코스트 생존자의 자녀 및 손주들과 함께 작업하면서 저는 그들에게서 자주 범불안 장애generalized anxiety와 우울증 증상을 발견하고 추적해 왔습니다. 저는 이들이 상당히 사실적이지만 그들이 스스로 겪었을 리가 없는 사건들에 대해 놀랍도록 구체적이고 많은 경우에 끔찍한 이미지, 감각과 감정을 묘사하는 것을 자주 보아 왔습니다. 저는 이런 구체적인 사건들 중 대다수가 실제로 그들의 부모님에게 일어났었고, 그들에게는 일어나지 않았다는 것을 확인할 수 있었습니다. 그러나 그들은 마치 그

---

2) 역주: 부신피질에서 분비되는 호르몬으로, 스트레스를 받으면 생성됩니다.

것이 자신들의 것인양 부모의 트라우마 기억을 분명히 경험하고 있었습니다. 중요한 것은 그들의 부모님과 조부모님 대부분이 이런 기억을 자녀들과 공유하지 않았다는 사실입니다.

몇몇 아메리카 원주민 부족들은 아버지의 고통이 자식들에게 그리고 또 그 자식들의 자식들에게 4세대에 걸쳐 전달된다고 말합니다.* 실제로 출애굽기 34장 7절에서 보듯이, 성경은 이에 동의하는 듯합니다. "아비의 죄 값을 자식들 또 그 자식들의 자식들, 삼사대 손까지 돌려받으리라." 아마도 여기서 '죄'란 유대인들이 이집트에서 노예로서 경험했고, 이후에 성지로 탈출했음에도 쉽게 떨쳐 낼 수 없었던 트라우마에 대한 비유일 것입니다. 저는 많은 아프리카계 미국인들이 노예 제도의 근절 후에도 위협적으로 표류하는 어두운 역사의 잔재로 여전히 고통 받고 있다고 믿습니다. 사실 수많은 흑인 남성과 소년들에 대한 억압과 대량 수감뿐 아니라 오늘날 미국 빈민가가 처한 적절한 교육 기회의 부족은 세대 간에 트라우마가 이어지는 이 비극적 유산을 한층 강화합니다.

제가 일전에 애리조나의 플래그스태프에서 만났던 나바호[3]의 의술인은 세대를 타고 전해지는 트라우마의 영향이 전쟁과 사회적 격변의 시기에 특히 두드러진다고 말했습니다. 그는 자신의 가족, 마을과 부족으로부터 멀리 떨어진 원주민 행정국의 기숙학교로 옮겨

---

* 어떤 부족들은 4세대라고 하고, 다른 부족들은 7세대라고 합니다. 앞에서 언급했던 동물 실험에서는 최소 5세대 동안 전달이 이어졌습니다.
3) 역주: 아메리카 원주민의 부족 중 하나로 주로 애리조나, 뉴멕시코, 유타 주에 거주합니다.

진 어린이들을 예로 들었습니다. 이 아이들은 강요된 분리, 유배와 함께 지속적인 굴욕을 겪었고, 존엄과 언어를 박탈당했으며, 자신들의 정신적 문화유산과 어떤 식으로도 연결되지 못하도록 금지당했습니다. 또한 그 의술인은 전사들이 전투를 마치고 집으로 돌아왔을 때 행해졌던 특정한 의례들 중 일부를 묘사했는데, 그것은 전사들의 트라우마가 가족과 후손들에게 전해지기 전에 그 원천을 감소시키는 데 도움을 준다고 알려진 의식이었습니다. 그러고 나서 그는 용감했던 '암호로 말하는 사람들Code Talkers'[4]이 제2차 세계 대전에서 돌아왔을 때 그리고 그 다음에는 1979년에 나바호 출신 베트남 참전 군인들이 귀환했을 때 열렸던 강력한 의례에 저를 초대했습니다. 그것은 우리가 이라크와 아프가니스탄에서 귀환한 전사들의 상처를 감싸고, 경의를 표하고, '씻어 내기' 위해 배우면 좋을 중대한 통과 의례였습니다.

세대를 타고 전해지는 내면의 지혜

66 우리 조상들의 노래는 우리 아이들의 노래이기도 하다.

−필리프 카곰Philip Carr-Gomm, 서섹스Sussex 소재 드루이즘[5] 단체의 의장 99

---

4) 역주: 세계 대전 당시 원주민 언어를 써서 전술이나 다른 군사 기밀을 전하는 것을 담당했던 미군 소속의 아메리칸 원주민 병사들을 말합니다.

세대를 타고 전해지는 트라우마에 대한 논의에서 빼놓을 수 없는 굉장히 흥미롭고 설명을 거부하는 듯한 부분이 있는데, 그것은 생존 기반 정보의 상속에 관한 것입니다. 구체적으로 여기서 제가 말하려는 것은 가족이나 부족의 역사에서 몇 세대를 타고 추적해 올라갈 수 있는 암묵적인 정보의 전달인데, 이런 전달은 대단히 중요하고, 심지어 목숨을 구할 수도 있습니다.

1990년에 저는 '켈리'라는 이름의 젊은 여성을 치료하도록 의뢰를 받았는데, 켈리는 아이오와의 수 시티에서 있었던 비행기 사고의 생존자였습니다. 이 사건은 영화 감독인 피터 위어의 강렬하게 사실적인 1993년의 작품 〈공포 탈출_{Fearless}〉의 소재가 되기도 했습니다. 1989년 7월 19일, 덴버에서 시카고로 향하던 유나이티드 232 DC-10[6]기가 폭발로 후방의 엔진을 잃었습니다. 이로 인해 모든 수력 노선들이 절단되면서 비행기는 사실상 통제가 불가능해졌습니다. 손상된 비행기는 너무나 가파른 각도로 기울어진 채 아래로 떨어졌기 때문에 빙글빙글 돌며 급강하하는 것을 피할 수 없었을 것입니다. 놀랍게도 조종사 알 헤인스와 그 비행기에 우연히 탑승해 있던 응급 비행 교관 데니 피치는 비행기가 선회하며 급강하하는 것을 막아서 작은 지역 공항의 포장도로에 긴급 착륙을 할 수

---

5) 역주: 드루이즘(Druidry 또는 Druidism)은 자연과의 조화를 강조하는 철학적·정신적 운동으로 정확한 역사가 공식적으로 남아 있지는 않지만 18세기에 영국에서 유래했다고 전해집니다. 19세기 들어서는 하나의 종교적 믿음으로 발전했으나, 현재 드루이즘을 믿는 사람들은 종교보다는 정신적 가르침으로 따르는 경향이 있습니다.
6) 역주: 맥도널 더글러스사에서 만든 여객기 이름입니다.

있었습니다. 땅에 닿으면서 비행기는 폭발하여 쪼개졌습니다. 부서져서 불타는 기체의 조각들이 주변의 옥수수밭으로 흩뿌려졌습니다.[*] 켈리는 다행히 생존한 사람들 중 하나였습니다. 그녀는 금속과 철사들로 꼬인 미로를 기어 비행기의 붕괴된 부분으로부터 부서져서 구멍이 난 곳을 향해 이동함으로써 바깥으로 탈출할 수 있었습니다.

우리가 같이 작업하면서 켈리는 처음에 엔진이 폭발했을 때 그리고 비행기가 포장도로에 격렬하게 충돌했을 때, 승객들 사이에 감돌았던 절대적인 두려움과 공포를 상기했습니다. 스스로의 신체 감각에 점점 집중하면서 그녀의 공포는 크게 줄어들었습니다. 그러자 '불빛이 새어나오는 작은 구멍'을 향해 손발을 땅에 대고 기어가던 중대한 절차 기억이 떠올랐습니다. 그녀는 그제서야 자기 아버지와 할아버지가 외치는 소리를 들었던 것을 기억했습니다. "기다리지 마! 지금 가! 불빛을 향해 가! 불덩이가 오기 전에 나가야 해!" 그녀는 시키는 대로 했습니다.

그 다음에 켈리는 포장도로 옆 옥수수 밭에 앉아 얼굴에 따뜻한 햇살을 느끼는 이미지를 말했습니다. 따뜻한 감각에 안도하면서 그녀는 이제 살아 있음에 대해 그리고 아버지와 할아버지가 건네준 '구명 기구'에 대해 깊은 감사의 물결을 느낀다고 했습니다. 켈리의

---

[*] 이 극적인 사건의 자료 화면을 유튜브에서 볼 수 있다(www. youtube.com/watch?v=GhSoyUWDmt0). 데니 피치는 나중에 자신의 경험을 다큐멘터리 영화 제작자 에롤 모리스의 텔레비전 쇼 〈일인칭First person〉에서 이야기합니다.

아버지와 할아버지는 각각 비행기 사고에서 살아남은 경력이 있었습니다. 하나는 민간 비행기였고, 다른 하나는 군용이었습니다. 두 **사람 모두** 비행기가 착륙하자마자 사고 비행기의 잔해에서 **빠져나**옴으로써 겨우 죽음을 면할 수 있었습니다. 물론 켈리가 아버지와 할아버지의 끔찍한 경험에 대한 이야기를 들었고, 그 이야기들이 비행기가 추락한다면 어떻게 해야 하는지를 그녀에게 가르쳐 주었을 가능성도 충분히 있습니다. 하지만 그렇다고 해도 그저 그 이야기를 기억한 것이 아니라, 이야기가 각인되어 그녀의 영혼과 몸의 기억에 새겨졌을 것입니다.

절차 기억의 직접적인 전달은 의식적인 심사숙고가 소용이 없거나 제한적인 상황에서 생존을 확보하기 위한 진화적인 기능을 할 수 있습니다. 이런 생각을 염두에 두고, 비영리단체인 SE 트라우마협회the Somatic Experiencing Trauma Institute는 2004년에 동남아시아 지진과 쓰나미의 여파를 겪고 있던 태국을 찾았습니다. 주민들 다수가 SE 팀에게 말하길 지진이 났을 때, 그리고 지진으로 인한 쓰나미가 일어나기 전에 많은 부족 구성원이 그랬던 것처럼 코끼리와 다른 야생 동물들도 더 높은 지대로 뛰었다고 합니다. 부족 구성원들의 행동은 예전에 엄청난 규모의 쓰나미가 있었던 이래로, 그에 대한 이야기가 300년 넘게 전해 내려왔기 때문이라고 하면 그런대로 설명이 될지도 모릅니다. 하지만 야생 동물들의 즉각적이고 '본능에 따른' 반응을 신화, 구전 지식, 이야기를 들어 설명할 수는 없습니다. 최소한 우리가 야생 동물들의 언어에 대해 알고 있는 바에 따르면 그렇습니다.

변화를 위한 '가장 믿을 만한' 기본 기제로 진화를 꼽는 생물 과학자로서 트라우마와 관련된 절차(몸) 기억이 시공을 가로질러 전달되는 것에 대한 저의 견해는 이렇습니다. 저는 세대를 타고 트라우마가 전해지는 것은 생명을 유지하기 위한 생존 기반 정보를 주고받기 위해서는 어쩔 수 없이 생기는 부정적인 측면, '부작용'이라고 봅니다. 이런 정보는 잠복하고 있다가 비슷한 상황이 닥쳤을 때 갑자기 강력한 절차 기억으로 나타날 수 있는데, 심지어 여러 세대가 지난 후에도 그럴 수 있습니다. 마치 동남아시아에 엄청난 규모의 쓰나미가 있었을 때나, 켈리가 돌아가신 아버지와 할아버지의 목소리를 듣고 기체의 부서진 조각들로 엉켜서 난장판이 된 비행기 안에서 무사히 기어 나와서, 그녀의 목숨을 앗아 갔을 것이 확실한 불덩이로부터 벗어날 수 있었던 것처럼 말입니다. 분명히 그 초세대적인 지시가 켈리의 목숨을 구했습니다.

동종요법[7]에서는 오래 전부터 세대 간에 이루어지는 이런 식의 정보 교환을 '미아스마'라는 개념을 통해 이해해 왔습니다. 미아스마는 전염력이 있는 탁한 공기를 뜻하는 용어인데, 이것은 독립된 생명을 갖고 있고 환자의 '에너지/정보의 장$_{field}$'에 영향을 주는 것으로 치료해야 합니다. 미아스마는 여러 세대에 걸쳐 전해지는 것으로 보입니다. 진화 생물학자 러퍼트 셀드레이크$_{Rupert\ Sheldrake}$는 그가

---

7) 역주: 건강한 사람에게 병의 증상을 일으키는 물질을 이미 그 증상을 앓고 있는 사람에게 투여함으로써 병을 고치는 방법입니다.

'형태 공명morphic resonance'[5],[6]이라고 칭한 과정을 통해 이와 유사한 세대 간의 정보 전달이 일어난다는 것을 제시하는 다양하고 흥미로운 실험들을 했습니다.

셸드레이크의 초기 실험 중 하나에서는 특정 종자의 쥐들이 호주 시드니에서 미로를 달리도록 훈련 받았습니다. 그런 다음에는 태어났을 때부터 뉴욕에서 살아서 전혀 대륙 이동이 없었던 같은 종자의 쥐들이 뉴욕시의 록펠러 연구소에 있는 동일한 미로에서 훈련을 받았습니다. 놀랍게도 뉴욕의 쥐들은 미로를 더 빠른 속도로 익혔는데, 속도의 차이는 통계적으로 유의미했습니다. 여기서 물론 뉴욕에서는 모든 것이 더 빠르다는 지적이 있을 수 있습니다. 그렇지만 실험을 뒤바꿔서 뉴욕에 있는 쥐들에게 먼저 미로 훈련을 시켰더니 이번에는 시드니 쥐들이 우위를 점했습니다. 만일 생물학적으로 동종인 쥐들이 간단한 미로 훈련을 하는 데에도 이렇게 증명 가능한 영향이 존재한다면, 인간이(특히 비행기 추락, 쓰나미나 전쟁과 같이 무언가 격렬한 일이 있을 때) 시공을 가로질러 서로에게 감정적으로 중요한 생존 정보를 전달할 가능성은 임상적으로 고려할 필요가 있을 것 같습니다.

세대를 타고 이어지는 전달은 우리가 무시할 수도 없고, 무시해서도 안 되는 강력한 가능성입니다. 비록 과학계의 주류에서는 셸드레이크의 발견이 지금까지 알려진 패러다임에 들어맞지 않기 때문에 무시하는 경향이 있지만, 그가 유사한 결과를 낳은 많은 실험을 성공적으로 수행했다는 것을 말해 둘 필요가 있습니다. 게다가,

한 기증자 집단에서 셸드레이크의 실험 중 어떤 것이라도 틀렸음을 입증하는 사람에게 상당한 상금을 주겠다고 나섰지만, 여태까지 그렇게 한 사람은 **없었습니다.**

독자 여러분 그리고 저와 같이 탐색하고 있는 동지 여러분, 지금으로서는 보다 자세한 설명은 로드 설링과 〈환상 특급〉[8]에 맡기겠습니다. 그렇다고 해서 트라우마에서 생긴 충격의 패턴이 실제로 얼마나 먼 공간과 시간까지 도달하는지 그리고 어째서 전쟁, 박해, 숙청이나 그 외 다른 폭력적인 사건들이 종종 놀랍도록 정기적으로 반복되는 것인지에 대한 궁금증을 내려놓는 것은 아닙니다. 트라우마에 관련된 '정보 꾸러미'가 어떻게 엔그램으로(절차 및 감정 기억으로) 한 세대에서 다음 세대로 전해지는지를 발견하는 것은 미래 세대에게 남겨진 '업보'이며, 중대한 불가사의입니다.

---

8) 역주: 로드 설링이 제작한 TV 시리즈물입니다.

기억 연구에 대한 과학적 발전은 우리가 고정된 실체로서 '상식적으로' 기억에 대해 알고 있는 것들이 근본적으로 틀렸다는 것을 매우 명확하게 해 줍니다. 게다가 우리가 어떤 경험의 각인(엔그램)을 떠올릴 때, 우리는 그 결과가 어떻든 간에 기억이 우리 생을 통틀어서 내용과 구조를 바꾸며 지속적으로 변화한다는 것을 발견하게 됩니다.

자, 그렇다면 우리가 트라우마를 이해하고 치유하는 데 있어서 기억의 역할은 무엇일까요? 아마도 우리는 오래도록 전해지는 신화의 지혜로부터 안내를 받을 수 있을 것 같습니다. 특히, 고대 이집트의 아이시스와 오시리스의 전설에는 현명한 조언이 담겨 있습니다. 이 교훈적인 이야기에서 우리는 오시리스 대왕의 적들이 그를 암살한 후 시신을 여러 조각으로 훼손해서dismembered 그것을 왕국의 외진 곳에 묻었다는 것을 알게 됩니다. 그러나 아이시스는 오시리스를 향한 그녀의 위대한 사랑에 힘입어 시신의 모든 부분을 발견할 때까지 계속 찾아 조각난 '부분들members'을 다시 맞춥니다. 이렇게 그의 몸을 되살림으로써 그녀는 그를 '기억했습니다re-membered'.

겉보기에 서로 분리되어 있는 증상들, 부서진 조각과 파편들, 트라우마를 겪은 사람들이 보이는 증세와 증후군들을 따라가 보면 치유 과정을 활성화시키는 데 쓸 수 있는 단서들이 드러납니다. 이런 증상들을 이해하기 위해서 우리는 사람이 두려움으로 얼어붙었을 때 몸과 뇌에서 무슨 일이 일어나는지를 잘 알아 두어야 합니다. 이런 증상들 중 다수는 **육체에서 분리된 경험을 반영하는** 것으로 이해할 수 있습니다. 마치 죽임을 당한 오시리스의 신체 부위들처럼, 과거에 트라우마 생존자를 압도해 버렸던 신체 감각은 미완인 채 해리된 조각으로 뿔뿔이 흩어져 있습니다. 이렇듯 떨어져 나간 감각들을 '다시 한데 모으는 것'을 목표로 하는 치료는 신화 속의 이집트 여신 아이시스가 자신의 남편인 오시리스의 훼손된 시신에 했던 일과 유사합니다. 그녀는 오시리스의 적들이 오시리스의 훼손된 시신을 묻어 두었던 숨겨진 장소들을 파헤쳤습니다. 상징적이게도, 그런 다음에 그녀가 한 일은 찾은 부분들을 하나의 연결된 유기체로 맞추는 것이었습니다. 그녀는 그를 '기억했습니다re-membered'. 흩어진 부분들을 하나로 연결한다는 것은 사람들을 부드럽게 달래서 한때 그들을 압도했던 감각을 느끼고 견디게 만드는 것을 포함합니다. 이렇게 해서 트라우마 기억이 합체되고, 다시 연결되어서 변형될 수 있습니다.

마지막으로, 헨리 워드 비처는 이렇게 말했다고 합니다. "고통은 우리를 슬프게 하려고 오는 것이 아니라 깨어나게 하려고 옵니다. 우리를 불쌍하게 만들려고 오는 것이 아니라 지혜롭게 만들려고 옵니다." 저는 이 책이 어떻게 하면 힘든 기억 및 감정과 평화롭게 공존할 수 있는지에 대해서 우리가 집단으로 갖고 있는 지혜에 작게나마 기여하기를 희망하면서 끝을 맺습니다.

미주

Chapter 1

1 X. Liu, S. Ramirez, P. T. Pang, C. B. Puryear, A. Govindarajan, K. Deisseroth, and S. Tonegawa, "Optogenetic Stimulation of a Hippocampal Engram Activates Fear Memory Recall," *Nature* 484, no. 7394 (March 2012): 381-385, doi: 10.1038/nature11028.

2 Bessel A. van der Kolk and Onno van der Hart, "Pierre Janet and the Breakdown of Adaptation in Psychological Trauma," *American Journal of Psychiatry* 146, no. 12 (December 1989): 1530-1540.

3 Pierre Janet, *L'automatisme psychologique: Essai de psychologie experimentale sur les formes Inferieures de l'activite humaine* (Paris: Societe Pierre Janet/Payot, 1973).

4 Jon D. Levine, H. Gordon, and H. Fields, "Analgesic Responses to

Morphine and Placebo in Individuals with Postoperative Pain," *Pain* 10, no. 3 (June 1981): 379-389.

5 B. van der Kolk, M. S. Greenberg, H. Boyd, and J. Krystal, et al., "Inescapable Shock, Neurotransmitters, and Addiction to Trauma: Toward a Psychobiology of Post-Traumatic Stress, *Biological Psychiatry* 20, no. 3 (March 1985): 414-425.

6 Bessel van der Kolk, *The Body Keeps the Score: Brain, Mind, and Body in the Healing of Trauma* (New York: Viking, 2014).

7 William Saletan, "Removable Truths: A Memory Expert's Indestructible Past," Slate.com, May 25, 2010.

8 William Saletan, "The Future of the Past: Cleansing Our Minds of Crime and Vice," Slate.com, June 2, 2010.

9 상게서.

Chapter 2

1 N. S. Clayton and A. Dickinson, "Episodic-like Memory during Cache Recovery by Scrub Jays," *Nature* 395 (September 1998): 272-344.

2 T. Suddendorf, "Foresight and Evolution of the Human Mind," *Science* 312, no. 5776 (May 2006): 1006-1007.

3 Henry Krystal, *Integration and Self-Healing: Affect-Trauma-Alexithymia* (Mahwah, NJ: The Analytic Press, 1988).

Chapter 3

1 Antonio Damasio, *Descartes' Error: Emotion, Reason, and the Human Brain* (New York: Penguin, 2005).

Chapter 4

1 Katherine Whalley, "Neural Circuits: Pain or Pleasure?" *Nature Reviews Neuroscience* 16, 316 (2015), doi: 10.1038/nrn3975.

2 Stephen W. Porges, *The Polyvagal Theory: Neurophysiological Foundations of Emotions, Attachment, Communication, and Self-Regulation* (New York: W. W. Norton, 2011).

3 Peter A. Levine, "Accumulated Stress Reserve Capacity and Disease" (PhD thesis, University of California, Berkeley, 1977).

4 Peter A. Levine, *In an Unspoken Voice: How the Body Releases Trauma and Restores Goodness* (Berkeley, CA: North Atlantic Books, 2010).

Chapter 5

1 Peter A. Levine, *In an Unspoken Voice: How the Body Releases Trauma and Restores Goodness* (Berkeley, CA: North Atlantic Books, 2010), Chapter 12.

2 Peter Payne, Peter A. Levine, and Mardi A. Crane-Godreau, "Somatic Experiencing: Using Interoception and Proprioception as Core Elements of Trauma Therapy," *Frontiers in Psychology,* February 4, 2015, http:// journal.frontiersin.org/Journal/10.3389/fpsyg.2015.00093/. 이 논문을 읽어 보시기를 적극 권장합니다.

3 상게서.

4 Josef Parvizi, Vinitha Rangarajan, William R. Shirer, Nikita Desai, and Michael D. Greicius, "The Will to Persevere Induced by Electrical Stimulation of the Human Cingulate Gyrus," *Neuron* 80, no. 6 (December 2013): 1359-1367.

5 Francisco Sotres-Bayon, David E. Bush, and Joseph E. LeDoux, "Emotional Perseveration: An Update on Prefrontal-Amygdala Interactions in Fear Extinction," *Learning and Memory* 11, no. 5 (September–October 2004): 525-535.

6 Peter Payne and Mardi A. Crane Godreau, "The Preparatory Set: A Novel Approach to Understanding Stress, Trauma, and the Bodymind Therapies," *Frontiers in Human Neuroscience*, April 1, 2015, http://journal.frontiersin.org/article/10.3389/fnhum.2015.00178/abstract.

7 Markus Gschwind and Frabienne Picard, "Ecstatic Epileptic Seizures-The Role of the Insula in Altered Self-Awareness," *Epileptologie* 31 (2014): 87-98.

8 A. D. Craig, "How Do You Feel? Interoception: The Sense of the Physiological Condition of the Body," *Nature Reviews Neuroscience* 3, no.8 (August 2002): 655-666.

9 H. D. Critchley, S. Wiens, P. Rotshtein, A. Ohman, and R. J. Dolan, "Neural Systems Supporting Interoceptive Awareness," *Nature Neuroscience* 7, no. 2 (February 2004):189-195.

Chapter 6

1 높은 농도의 이산화탄소를 들이마시는 것은 소위 뇌의 두려움 센터라고 말하는 편도체가 없는 사람에게조차 강렬한 두려움을 일으키며, 질식에 대한 원초적인 공포를 자극할 수 있습니다. Justin S. Feinstein, et al., "Fear and Panic in Humans with Bilateral Amygdala Damage," *Nature Neuroscience* 16, no. 3 (March 2013): 270-272.

2 Peter A. Levine, "Stress," in Michael G. H. Coles, Emanuel Donchin, and Stephen W. Porges, *Psychophysiology: Systems, Processes, and*

Applications (New York: The Guilford Press, 1986).

3 Peter Payne, Peter A. Levine, and Mardi A. Crane-Godreau, "Somatic Experiencing: Using Interoception and Proprioception as Core Elements of Trauma Therapy," *Frontiers in Psychology*, February 4, 2015, http:// journal.frontiersin.org/Journal/10.3389/ fpsyg.2015.00093/.

4 David J. Morris, "After PTSD, More Trauma," *Opinionater* (blog), New York Times, January 17, 2015.

5 Lee Jaffe, *How Talking Cures: Revealing Freud's Contributions to All Psychotherapies* (London: Rowman & Littlefield, 2014), 19.

6 Freud, quoted in Salman Akhtar, ed., *Comprehensive Dictionary of Psychoanalysis*, (London: Karnac Books, 2009), 1.

7 Josef Breuer and Sigmund Freud, *Studies on Hysteria*, "Notes from the Editor," trans. and ed. James Strachey (New York: Basic Books, 2000).

8 Bent Croydon, *L. Ron Hubbard: Messiah or Madman?* (Fort Lee, NJ: Barricade Books, 1987).

9 J. Wolpe, "Reciprocal Inhibition as the Main Basis of Psychotherapeutic Effects," *Archives of Neurology and Psychiatry* 72, no. 2 (August 1954): 205-226.

10 Peter A. Levine, In an Unspoken Voice: *How the Body Releases Trauma and Restores Goodness* (Berkeley CA: North Atlantic Books, 2010).

11 Peter Payne, Peter A. Levine, and Mardi A. Crane-Godreau, "Somatic Experiencing: Using Interoception and Proprioception as Core Elements of Trauma Therapy," *Frontiers in Psychology*,

February 4, 2015, http://journal.frontiersin.org/Journal/10.3389/
fpsyg.2015.00093/.

Chapter 7

1 Peter A. Levine, *Sexual Healing* (Transforming the Sacred Wound)
(Louisville, CO: Sounds True, 2003).

2 Peter A. Levine, *In an Unspoken Voice: How the Body Releases
Trauma and Restores Goodness* (Berkeley, CA: North Atlantic Books,
2010). 같이 참조할 수 있는 책: Levine, *Healing Trauma: A Pioneering
Program for Restoring the Wisdom of Your Body* (Louisville, CO:
Sounds True, 2008).

3 Peter Payne, Peter A. Levine, and Mardi A. Crane-Godreau,
"Somatic Experiencing: Using Interoception and proprioception
as Core Elements of Trauma Therapy," *Frontiers in Psychology*,
February 4, 2015, http://journal.frontiersin.org/Journal/10.3389/
fpsyg.2015.00093.

Chapter 8

1 아주 최근의 연구들은 연상을 통한 학습, 예를 들면 얼굴(혹은 얼굴 사
진)과 장소 간의 연상이 어떻게 단일 뉴런 차원에서 일어나는지를 보
여 줍니다. Matias J. Ison, Rodrigo Quian Quiroga, and Itzhak Fried,
"Rapid Encoding of New Memories by Individual Neurons in the
Human Brain," *Neuron* 87, no. 1 (July 2015) 220-230. doi: http://
dx.doi.org/10.1016/j.neuron.2015.06.016

2 Eric R. Kandel, *In Search of Memory: The Emergence of a New
Science of Mind* (New York: W. W. Norton & Company, 2007).

3 K. Nader and E. O. Einarsson, "Memory Reconsolidation: An Update," *Annals of the New York Academy of Sciences* 1191 (March 2010) 27–41. doi: 10.1111/j.1749-6632.2010.05443.x.

4 Jonah Lehrer, "The Forgetting Pill Erases Painful Memories Forever," Wired.com, February 17, 2012. http://www.wired.com/2012/02/ff_forgettingpill/

5 상게서.

6 Chuck Hustmyre and Jay Dixit, "Marked for Mayhem," PsychologyToday.com, January 1, 2009. https://www.psychologytoday.com/articles/200812/marked-mayhem

7 Richard J. Mcnally, "Psychological Debriefing Does Not Prevent Posttraumatic Stress Disorder," *Psychiatric Times,* April 1, 2004. www.psychiatrictimes.com/ptsd/psychological-debriefing-does-not-prevent-posttraumatic-stress-disorder-0.

8 David J. Morris. "Trauma Post Trauma," Slate.com, July 21, 2015. http://www.slate.com/articles/health_and_science/medical_examiner/2015/07/prolonged_exposure_therapy_for_ptsd_the_va_s_treatment_has_dangerous_side.html

9 Bessel A. van der Kolk, "The Compulsion to Repeat the Trauma, Re-enactment, Revictimization, and Masochism," *Psychiatric Clinics of North America* 12, no. 2 (June 1989): 389–411.

10 이런 식의 접근에 대한 자세한 묘사를 보려면 다음 책을 참조하세요. Peter A. Levine, *In an Unspoken Voice: How the Body Releases Trauma and Restores Goodness* (Berkeley, CA: North Atlantic Books, 2010)

11 Edward G. Meloni, Timothy E. Gillis, Jasmine Manoukian, and Marc J.

Kaufman, "Xenon Impairs Reconsolidation of Fear Memories in a Rat Model of Post-Traumatic Stress Disorder (PTSD)" *PLoS One* 9, no. 8 (August 27, 2014), doi: 10.1371/journal.pone.0106189.

12 Tomas J. Ryan, Dheeraj S. Roy, Michele Pignatelli, Autumn Arons, and Susumu Tonegawa, "Engram Cells Retain Memory Under Retrograde Amnesia," *Science* 348, no. 62387 (May 29, 2015): 1007-1013, doi: 10.1126/science.aaa5542.

13 Paul Ekman, *Emotional Awareness: Overcoming the Obstacles to Psychological Balance and Compassion* (New York: Times Books, 2008), 75.

14 James Hollis, The Eden Project: *The Search for the Magical Other* (Toronto, ON, Canada: Inner City Books, 1998).

15 Eric Kandel, interview by Claudia Dreifus. "A Quest to Understand How Memory Works," *New York Times,* 5 March 2012. http://www.nytimes.com/2012/03/06/science/a-quest-to-understand-how-memory-works.html?_r=0.

Chapter 9

1 Peter A. Levine, *Waking the Tiger: Healing Trauma* (Berkeley, CA: North Atlantic Books, 1997).

2 B. G. Dias and K. Ressler, "Parental Olfactory Experience Influences Behavior and Neural Structure in Subsequent Generations," *Nature Neuroscience* 17 (2014): 89-96.

3 *New Scientist,* February 7-13, 2015. http://www.newscientist.com/article/mg22530070.200-trauma-of-war-echoes-down-the-generations.html.

4 Rachel Yehuda, et al., "Phenomenology and Psychobiology of the Intergenerational Response to Trauma," in Yael Danieli, *Intergenerational Handbook of Multigenerational Legacies of Trauma* (New York: Plenum, 1998).

5 Rupert Sheldrake, *The Presence of the Past: Morphic Resonance and the Habits of Nature*, 4th ed. (London: Park Street Press, 2012).

6 Rupert Sheldrake, *Morphic Resonance: The Nature of Formative Causation*, 4th ed. (London: Park Street Press, 2009).

찾아
보기

인명

구로사와 아키라 36

Adler, A. 35
Aristoteles 35

Bergson, H. 239
Berra, Y. 177

Campbell, J. 140
Charcot, J. M. 45
Clinton, H. 34

Damasio, A. 84, 86, 256
Darwin, C. 65, 68
Dickinson, A. 63
Dixit, J. 246
Dostoevsky, F. 142

Ekman, P. 256

Faulkner, W. 42
Foa, E. B. 207
Freud, S. 25, 44, 45, 206

Hart, O. V. D. 46

Hebb, D. O. 233, 234

Heisenberg, W. 36

Hubbard, L. R. 206

Hustmyre, C. 246

Huxley, A. 263

Janet, P. 45, 46

Kandel, E. 235, 236, 238

Kandel, E. R. 47, 234, 262

Kierkegaard, S. 239

Kolk, B. V. D. 46, 49

LeDoux, J. 236, 237, 238, 239

Lehrer, J. 238

Loftus, E. 51, 52, 231

Morris, D. J. 202, 203, 205

Nader, K. 236, 237, 238, 239

Penfield, W. 137, 138

Proust, M. 78

Romney, M. 34

Shatz, C. 234

Sheldrake, R. 276, 277

Solomon, Z. 269

Twain, M. 36

Weir, P. 273

Williams, B. 34

Wolpe, J. 206

Yehuda, R. 270

내용

SE 120, 144, 186, 205, 208, 227, 275

SIBAM 106, 109

Somatic Experiencing 81

감각 106

감정 37, 65, 66, 68, 69, 70, 95, 96, 97, 100, 102, 216, 217, 218, 219, 220, 227

감정 기억 65, 66, 76, 77, 92

건강한 공격성 122, 141, 196, 197, 210

그라운딩 124, 131, 222, 223, 243

긍정 오류 98, 99, 215, 219,

기억 복원 220, 221

기억 삭제 51, 247, 251, 252, 254, 255, 260, 261, 262, 263, 264, 265

기운을 잃고 무너져 내림 103, 104

내수용 106, 117, 125, 141, 144, 190, 222, 223, 227, 229, 246

느껴진 감각 66, 108, 119

단기 기억 235

도망 72, 92, 95, 96, 101, 103, 104

무너져 내림 101

미아스마 276

밀착 166, 167, 168, 175

복원 47, 48

복원된 기억 48, 49, 50, 216, 220

부동성 96, 102, 104

부정 오류 99

상호주관성 69

서술 56

서술 기억 56, 57, 58, 59

섬엽 143, 144

세대를 타고 전해지는 트라우마 267, 270, 273

센터링 222

수위 조절 100, 196, 205, 227, 249

신체적 준비 72, 92

신체적 준비하기 209

실감정증 70

싸움 72, 92, 95, 96, 101, 103, 104

암묵 기억 55, 64, 65, 80, 81

얼어붙어서 92

얼어붙음 101, 103, 104

얼음 반응 72

엔그램 41, 42, 100, 134, 174, 176, 177, 179, 217, 226, 252, 256, 258, 278

외현 기억 28, 55, 56

원자가 73, 85, 87, 89

위기 반응 72

위기 사건에 대한 디브리핑 242, 247, 250

유기체 73

응고 236

의미 108

이미지 107

이완된 채 경계 132

이완된 채 경계하기 96, 101, 105
이터널 선샤인 252, 260, 264
일화 56
일화 기억 57, 58, 59, 60, 62, 63, 77

자율신경계의 방출 168, 179, 228
장기 기억 235, 236
재응고 233, 241, 243, 244, 249
재협상 100, 101, 105, 109, 111,
    119, 128, 131, 134, 144, 157, 229,
    248
절차 92
절차 기억 65, 71, 72, 73, 76, 77, 85,
    89, 90, 92, 93, 94, 119, 131, 132,
    142, 186, 228, 230, 243, 246, 256,
    257, 264, 275, 276
접근 혹은 회피 73, 87, 85, 86, 102
정서 108
정향 101, 102, 110, 186, 188, 197,
    209, 210, 246
정확성 효과 219
정확성의 덫 216, 218
지속적 노출 247, 250
지속적 노출 치료 203, 204, 205,
    207, 211, 242
진자 움직임 120, 144, 190

타이밍 238, 240, 242, 243
트라우마의 재발 211, 247

플래시백 43, 217

해리 45, 47, 106, 128, 189, 247, 280
해제 반응 48, 205, 216
행동 107
행동화 43
형태 공명 277

저자 소개

Peter A. Levine

피터 르빈은 의료 생물 물리학과 심리학 양쪽에서 박사학위를 받았습니다. 트라우마를 치료하기 위한 신체 인식 접근인 SE(Somatic Experiencing)의 개발자로 미국항공우주국(NASA)의 우주 왕복선 프로젝트에서 스트레스에 관한 자문을 맡았고, 세계문제 연구소(the Institute of World Affairs)가 대형 재난과 민족-정치적 전쟁에 대한 대응을 개발하기 위해 구성한 사회적 책임을 위한 심리학자 특별위원회의 회원이었습니다. 르빈의 베스트셀러 『내 안의 트라우마 치유하기(Waking the Tiger: Healing Trauma)』는 지금까지 스물네 개의 언어로 번역되었습니다. 신체 심리치료 미국협회(the United States Association for Body Psychotherapy: USABP)는 2010년에 르빈에게 평생공로상을 수여하는 것으로 신체 심리치료 분야에 대한 그의 독창적인 기여를 기렸습니다. 캘리포니아에 있는 리스-데이비스 아동 연구센터(the Reiss Davis Child Study Center)에서도 유아와 아동 정신의학에 대한 르빈의 업적을 인정했습니다.

르빈 박사의 교육 프로그램, 프로젝트와 문헌들에 대한 정보가 필요하면 www.traumahealing.com과 www.somaticexperiencing.com을 방문해 보시기 바랍니다.

역자 소개

권승희(Kwon Seunghee)

미국 인디애나 대학교(Indiana University)에서 상담심리학을 전공했고, 한동안은 미국에서 그리고 지금은 우리나라에서 상담하는 사람으로 살고 있습니다. 다양한 고민을 안고 계신 분들을 만나고 있지만 트라우마는 그중에서도 특히 관심과 애정을 갖고 있는 주제 중 하나입니다.

트라우마와 기억
살아 있는 과거를 찾아서
TRAUMA AND MEMORY
Searching for the Living Past

2019년 6월 10일 1판 1쇄 발행
2022년 11월 25일 1판 3쇄 발행

지은이 • Peter A. Levine
옮긴이 • 권 승 회
펴낸이 • 김 진 환
펴낸곳 • (주) **학 지사**
　　　　04031 서울특별시 마포구 양화로 15길 20 마인드월드빌딩 5층
대표전화 • 02) 330-5114　　팩스 • 02) 324-2345
등록번호 • 제313-2006-000265호

홈페이지 • http://www.hakjisa.co.kr
페이스북 • https://www.facebook.com/hakjisabook

ISBN 978-89-997-1812-0 93180

정가 **14,000원**

출판미디어기업 **학 지사**

간호보건의학출판 **학지사메디컬** www.hakjisamd.co.kr
심리검사연구소 **인싸이트** www.inpsyt.co.kr
학술논문서비스 **뉴논문** www.newnonmun.com
원격교육연수원 **카운피아** www.counpia.com